한국축구
바꿔야 산다!

대한축구협회 90주년
K리그 40주년

Change Korean Football!

한국축구 바뀌어야 산다!

2023년 위기의 한국축구, 이대로는 안 됩니다!

Cesare Nam 지음

한국축구의 여러 분야를 망라하기 위해 노력한 흔적이 보이고,
무엇보다 축구에 대한 남다른 애정이 느껴진다.
함께 한국축구를 응원하는 마음으로 읽을 수 있는 책!

- 김정용 풋볼리스트 편집장/스포츠기자 -

밥북

| Prologue |

2022년 11월에 열린 카타르 월드컵은 살아있는 축구 레전드 리오넬 메시(Lionel Messi)가 속한 아르헨티나가 36년 만에 월드컵 우승을 차지하였습니다.

그동안 유럽과 남미의 강세였던 이전의 월드컵과는 달리, 2022 카타르 월드컵에서는 색다른 장면들이 나왔습니다. 아시아에서 한국이 12년 만에 16강에 진출하였습니다. 일본과 호주도 나란히 16강에 진출하였다. 여기에 아프리카에서는 모로코가 모두의 예상을 뒤집고 4강 신화를 달성하는 놀라운 역사가 일어났습니다.

우리는 카타르 월드컵에서 한국축구가 기적적으로 16강에 진출하는 모습을 보고 한국축구도 국제무대에서도 저력이 있다는 것을 보여 주었습니다. 하지만 16강전에서 세계최강 브라질에 4:1로 지면서 아직 한국축구가 갈 길이 멀다는 것을 보여 주었습니다. 브라질 16강전을 보면서 한국축구가 어떻게 하면 더 발전할 수 있을까 고민해 보고, 축구 선진국인 유럽과 남미 수준으로 성장해서 2002년 한일 월드컵 4강 신화 재현을 더욱

진지하게 생각할 수 있는 좋은 시간이었습니다.

이런 와중에, 2023년 3월 28일, 대한축구협회에서는 2011년 K리그 승부 조작 사건의 가담자를 포함한 범죄를 저지른 축구인 100명을 사면하는 만행을 저질렀습니다. 그 소식을 들은 축구 팬들과 국민들은 대한축구협회의 명분 없는 사면 결정에 크게 분노하였고, 언론에서도 대대적으로 보도하였고, 여론의 거센 비판에 견디다 못한 축구협회는 사면 결정을 3일 만에 철회하고 말았습니다.

대한축구협회의 승부 조작 연루자들에 대한 사면 번복 사건은 한국축구가 아직도 고질적인 후진성이 남아있다는 사실을 적나라하게 보여 준 대형사건이었습니다.

중학교 1학년 때부터 축구를 사랑한 저는 한국축구를 바라볼 때마다 늘 의문을 가지는 것이 있습니다. 국가대표팀의 경기에는 온 국민이 열광하지만, 왜 K리그 경기에는 관심이 없는지 항상 궁금했습니다. 또한, 사면 번복 사건을 바라보면서 형편없는 대한민국의 축구 행정 수준과 국내 축구인들의 윤리의식 수준을 깨닫고 크게 분노하기도 했습니다.

이 책은 이렇게 오랫동안 품어 온 한국축구에 대한 고민에서 시작됐습니다. 어떻게 하면 한국축구가 바뀌고 발전할 수 있을지, 그동안 한국축구를 사랑하는 한 팬으로서 했던 생각과 고민을 담았습니다. 현재 한국축구가 처한 현실과 문제점, 이러한 문제들을 어떻게 하면 해결할 수 있을지, 그리고 한국축구가 나아가야 할 방향과 대안을 열여덟 가지 주제로 나누어 이야기하려 합니다.

물론 부족한 점이 많고 이 책 하나로 한국축구를 당장 바꿀 수도 없는 것은 사실입니다. 하지만 이 책을 통해 한국축구 발전을 위한 논의의 물꼬를 트고 이를 통해 한국축구가 새 길을 찾길 간절히 희망합니다.

2023년 , 축구를 사랑하는 한 축구팬

Cesare Nam

차례

Chapter 6

K리그 역사 1983~2023

Chapter 7

한국축구 리그 시스템

Chapter 8

가장 바람직한 K리그 클럽 운영은?

Chapter 12

더 좋은 마케팅으로 K리그 관심 가지기

Chapter 13

프로축구연맹의 역할과 해야 할 일

Chapter 14 뿌리가 튼튼한 세미프로와 아마추어 축구 만들기

Chapter 15 여자도 축구를 할 수 있는 환경 만들기

Chapter 16 또 다른 축구 – 풋살 & 비치 사커

Chapter 1

2002년 이후 한국축구의 빛과 그림자

1-1. 한일 월드컵 4강 신화가 만들어 낸 한국축구의 진보

2002년 한일 월드컵에서 대한민국이 거둔 4강 신화는 대한민국 축구에 큰 전환점(turning point)이 되었다. 한일 월드컵 4강 신화가 불러일으킨 변화는 다음과 같다.

첫째, 2002년 월드컵 4강 진출은 먼저 4강 신화 주역이었던 선수들이 유럽 리그에 진출할 수 있는 토대가 되었다. 이들 중 박지성은 2003년 PSV 에인트호번(PSV Eindhoven)에 입단해서 2004-2005시즌 UEFA 챔피언스리그에서 팀을 4강까지 이끌었고, 그다음 시즌에 잉글랜드 프리미어리그(EPL) 명문 클럽 중 하나인 맨체스터 유나이티드로 이적하여 7시즌 동안 팀의 주축 선수로서 맹활약할 수 있었다.

둘째, 수많은 사람이 축구에 관심을 가지기 시작했다. 박지성이 유럽 리그로 진출한 2005년 이전의 축구 팬들은 주로 대한민국 축구 국가대표팀과 K리그에만 관심이 있었다. 하지만 2005년 박지성이 맨체스터 유나이티드로 진출한 이후, 많은 한국 축구선수가 유럽 리그에 진출하면서 유럽 축구 리그 중계와 국제 축구 대회 중계방송이 늘어났다. 또한, 늘어난 채널 중계는 더 많은 사람들이 유럽 축구 등에 대한 관심을 이끌었다.

셋째, 4강 신화 덕분에 K리그는 큰 발전을 이룰 수 있었다. 2002년 당시 K리그에는 10개 팀밖에 없었지만 2023년 기준 K리그에 참가하는 축구클럽의 수는 총 25개 팀(K리그 1-12팀, K리그 2-13팀)으로 늘어났다.

넷째, 한일 월드컵 4강 신화는 수많은 유소년에게 꿈을 심어주었다. 2023년 기준 한국축구의 아이콘 손흥민과 한국 여자축구의 아이콘 지소연은 2002년 한일 월드컵 당시 각각 초등학교 4학년, 5학년이었다. 이들은 한일 월드컵을 보고 축구선수의 꿈을 꾸었고, 지금은 대한민국 축구의 상징이 되었다.

1-2. 그 이면에 가려진 그림자들

한일 월드컵 4강 신화가 한국축구에 많은 변화를 가져다주었으나, 빛이 있으면 그림자가 있는 법. 아직 어두운 이면이 남아 있다.

먼저 K리그는 2002년의 K리그 때와 달리, 리그에 참가하는 클럽 수가 대폭 늘어났고, 리그 승강제도를 실시하는 등, 외연적으로 확장할 수 있었으나, 질적으로는 크게 성장하지 못했다.

K리그 경기가 열리는 날마다 경기장에는 여전히 빈 좌석이 많고, 대중들은 유럽 축구에는 큰 관심을 쏟으면서도 K리그에는 여전히 관심을 보이지 않는다. 관중 수로 따진다면 2002년에는 K리그 1의 한 경기 평균 관중이 14,651명이었지만 2019년에는 8,014명밖에 안 되는 것이 오늘날 한국축구의 현실이다.[1] 2002년에 비해 왜 K리그 평균 관중이 줄어들었는지는 나중에 구체적으로 이야기하겠다.

K리그의 관중 수가 줄어드는 것과는 달리 축구 국가대표팀은 대한민국 최고의 인기 스포츠팀이라고 할 정도로 전 국민적으로 많은 관심을 받고 있다. 대한민국 축구 국가대표팀에 대한 관심이 큰 만큼, 국가대표팀 감독 자리는 영광스러운 자리이면서 동시에 부담스러운 자리로 여겨지면서 소위 '독이 든 성배'라고 불릴 정도다. 2002년 거스 히딩크(Guus Hiddink) 감독 이후, 2023년에 국가대표 감독으로 부임한 위르겐 클린

1) 2020년과 2021년은 코로나19로 인해 무관중 경기와 관중 수용 제한 규정을 두었기 때문에 2002년 관중 수와 비교할 수는 없다. 이 점을 감안하여 팬데믹 발생 이전인 2019년을 비교 대상으로 했다.

스만(Jurgen Klinsmann) 감독까지 그동안 거쳐 간 감독은 무려 12명이고, 이 중 무사히 임기를 마친 감독은 겨우 5명에 불과하다.

감독이 자주 바뀐다는 것은 그만큼 국민들의 기대치에 못 미치는 성적과 경기력을 보여 주었다는 의미이기도 하다. 국가대표팀의 저조한 성적이 계속되면, 감독은 수시로 교체될 것이고, K리그와 한국축구에 악영향을 미쳐 한국축구에 대한 국민들의 무관심으로 이어지는 악순환이 될 수 있다.

이뿐만 아니라 축구 행정에서도 많은 말이 나오고 있다. 특히 2023년에 들어서 대한축구협회에서는 비상식적인 행보를 보여 주고 있다. 2023년 2월에 대한축구협회가 클린스만 감독을 선임하는 과정에서 전력 강화위원회가 정한 감독 선임 시스템을 완전히 무시한 채, 정몽규 축구협회 회장이 독단적으로 선임했다는 사실이 대표적이다.

더 심각한 것은 2023년 3월 28일 우루과이전을 앞두고 서울 월드컵경기장에서 대한축구협회 이사회를 개최하는데, 2011년 K리그 승부 조작 사태의 주범과 제명된 축구선수 등, 범죄를 저지른 축구인 100명을 사면하는 초유의 사태가 벌어진 일이다. 다행스럽게도 축구 팬들의 격렬한 반발과 함께 주요 언론의 보도로 3일 만에 사면이 철회되었고, 사태의 책임으로 부회장단과 이사진이 전원 사퇴를 하였다. 하지만 정작 가장 큰 책임을 져야 할 정몽규 회장은 자리를 지키고 사면 번복 사태에 대한 진상규명과 재발방지책은 여전히 마련되지 않고 있다.

축구협회의 비상식적인 행보로 국민들이 한국축구계를 승부 조작, 비리, 폭력 등에 관용을 베푸는 상식과 원칙이 없는 곳이라고 생각하고, 한국축구에 대해서 더 부정적으로 바라보게 될까 봐 우려된다.

1-3. 빛과 그림자를 통해서 좋은 대안 찾기

나날이 발전하는 세계 축구 속에서 한국축구가 당당히 세계 무대에 서기 위해서는 여전히 가려져 있는 수많은 적폐를 청산해야 한다. 그렇지 않으면 한국축구에 대한 신뢰는 나락으로 떨어질 것이고 점차 사람들의 관심이 식을 것이다.

지금보다 한국축구가 더 발전하려면 두 가지 목적을 가지고 방향성을 설정해야 한다.

첫 번째, 내실이 튼튼한 한국축구가 되어야 한다. 'FC 코리아'라는 오명을 벗기 위해서는 국가대표팀뿐만 아니라, K리그, 아마추어, 여자축구, 풋살, 비치 사커 등 다른 축구 콘텐츠도 역시 제대로 된 시스템으로 이뤄져 모두가 즐길 수 있는 축구 문화를 만들어 가야 한다.

두 번째, 건강한 한국축구가 되어야 한다. 한국축구는 승부 조작과 같은 범죄행위를 포함한 부당하고 부정한 행위에 대해 단호하게 대처해야 한다. 또한, 어떠한 부정한 행위라도 관용을 절대 베풀지 않아야 한다. 그랬을 때 더 많은 사람이 한국축구를 신뢰하고 사랑받을 것이다.

필자는 이 두 가지 선행 과제를 중점에 두고 책을 썼다. 그저 한국축구의 문제점 파악에 그치는 것이 아니라, 한국축구의 발전을 위한 로드맵과 비전을 독자 여러분과 함께 고민해 보고자 한다. 그 시작으로 대한민국의 축구 역사를 알아보기로 하자.

Chapter 2

한국축구의 역사 1933~2023

이번 챕터에서는 대한민국 축구의 역사를 살펴보면서 한국축구가 어떻게 발전했는지, 해결해야 할 과제는 무엇인지를 알아보도록 하자.

대한민국 축구의 역사를 얘기하려면 2002년 한일 월드컵 4강 신화 달성 전과 후로 나눠진다. 한일 월드컵 4강 신화는 한일 월드컵 4강 신화가 그동안 우물 안의 개구리였던 한국축구를 더 발전시킨 역사적인 사건이자 전환점이기도 하다. 그렇다면 한일 월드컵 이전 한국축구의 역사는 어떻게 흘러왔는지 살펴보고, 한일 월드컵 4강 신화 이후 한국축구가 무엇이 달라졌는지 한번 알아보자.

2-1. 2002년 이전의 한국축구

대한민국의 국민들은 아주 오래전부터 축구를 사랑 해왔다. 일제강점기 시절 한국축구는 당시 대도시였던 경성(京城, 현재 서울특별시)과 평양의 축구팀이 대결한 경평전(京平戰)을 시작으로 수많은 도시대항 축구 대회가 열렸을 정도로 많은 사람이 축구에 열광했다.[1)]

1933년 9월 19일에는 지금 대한축구협회의 전신인 조선축구협회(朝鮮蹴球協會)가 설립되었고, 1945년 해방 3년 뒤인 1948년 5월 21일에는 대한축구협회가 창설되었다. 이후 FIFA(국제축구연맹)와 AFC(아시아축구연맹)에 가입하였다.

대한민국이라는 국가로서 처음으로 올림픽에 참가한 1948년 런던 올림픽 당시, 대한민국 축구 국가대표팀도 국제대회에 처음으로 참가한다. 멕시코와의 첫 경기에서는 5:3으로 이겼고, 당시 축구 최강국이던 스웨덴과의 경기에서는 12:0으로 크게 지고 만다. 하지만 당시에는 오히려 선전했다고 했을 정도로 큰 인상을 남겼다.

1954년에는 스위스 월드컵 지역 예선에서 일본을 제치고 처음으로 월드컵 본선에 진출할 수 있었다. 하지만 그 당시에는 한국전쟁이 끝난 직후라 개최국 스위스로 이동하기에는 너무나 어려웠던 시절이었다. 우여곡절 끝에 국가대표팀은 헝가리와 첫 경기를 치르기 10시간 전에 스위스에 도착할 수 있었고, 제대로 된 적응 훈련도 못 한 상황에서 당시 세계최강 헝가리와 경기를 치렀다. 경기는 헝가리의 계속되는 파상 공세 속에서 경기

1) 박숙경, 「29년 첫 경평축구 개최」, 『한겨레신문』, 1994.10.4.

도중 4명의 선수가 이탈하면서 9:0의 패배를 당했다(당시에는 선수교체 규정 자체가 없었다). 하지만 당시 사람들은 헝가리가 9점밖에 못 낸 것에 놀라워할 정도로 대한민국이 선전한 경기였다. 이 선전의 중심에는 갈비뼈가 부서질 정도로 골문을 지키며 놀라운 선방 쇼를 펼친 골키퍼 홍덕영 선수가 있었다. 그 이후 튀르키예와의 경기에서 7:0으로 패배하면서 조별 예선에서 탈락했다. 이후 1986년 월드컵 본선 진출까지 무려 32년을 기다려야 했다.[2)]

한편, 1956년부터 AFC 아시안컵이 시작되고, 우리는 첫 대회와 두 번째 대회에서 우승을 차지할 수 있었다(안타깝게도 그 이후에는 아시안컵 우승을 거머쥐지 못하고 있다).

1966년 잉글랜드 월드컵에서 북한이 이탈리아를 제치고 8강에 진출하였다. 전 세계 사람들은 북한의 8강에 놀라워한 한편, 우리는 한국전쟁 이후 북한과 체제 경쟁을 하는 상황이었기에 상당한 자극을 받게 되었고, 북한의 선전에 자극받은 중앙정보부는 1967년에 양지 축구단을 창설하였다. 양지 축구단은 1970년에 해체될 때까지 약 3년 동안 활동한다.[3)]

그 이후 대한민국 국가대표팀은 화랑 1진과 충무 2진으로 나눠 운영했고, 비록 월드컵 본선에 진출하지는 못했으나, 이회택, 김호곤, 차범근, 허정무 등 향후 대한민국 축구에 중요한 밑거름이 되는 선수들을 배출할 수 있었다.

이들 중, 차범근은 1979년 독일 아인트라흐트 프랑크푸르트(Eintracht

2) 김현원, 「[김현원의 재밌는 월드컵 ③] 상전벽해…1954년 스위스서 2018년 러시아까지」, 『더아시안』, 2018.6.21.

3) 임기상, 「중앙정보부가 창단한 '양지' 축구단을 아십니까?」, 『노컷뉴스』, 2014.6.26.

Frankfurt)에 입단, 한국인 최초로 분데스리가(Bundesliga)에 진출하였다. 차범근은 프랑크푸르트 입단 이후, 한 시즌 만에 팀의 UEFA컵(현 유로파 리그) 우승을 차지하는 데 큰 공헌을 하였다. 이후 바이어 04 레버쿠젠(Bayer 04 Leverkusen)으로 이적하여 1988년에 또다시 레버쿠젠의 UEFA컵 우승을 이끌었다. 차범근은 총 372경기 121골이라는 놀라운 활약으로 지금까지도 분데스리가에서는 살아있는 전설로 추앙받고 있다.[4)]

차범근의 대활약과 함께 1983년 FIFA U-19 챔피언십(현 FIFA U-20 월드컵)에서는 모두의 예상을 깨고 대한민국이 4강 신화를 이루었다. 이때부터 대한민국 축구가 국제무대에서 조금씩 주목받기 시작했다.

이러한 인고의 노력 끝에 마침내 대한민국은 1986년 32년 만에 월드컵 본선(멕시코)에 진출할 수 있었다. 월드컵 본선에서 아르헨티나, 이탈리아, 불가리아와 한 조가 되어 상대하였으나, 아쉽게도 1무 2패라는 성적으로 조별 예선에 탈락하고 말았다. 비록 예선 탈락했지만, 이후 축구 국가대표팀은 10연속 월드컵 본선 진출을 이루어 냈다.

1996년 5월 31일, FIFA 총회에서 한국과 일본이 2002년 월드컵 공동 개최지로 확정되었다. 한국은 이 월드컵을 대비하여 2001년 거스 히딩크 감독을 국가대표팀 감독으로 부임하였다. 히딩크 감독이 부임한 이후로 대한민국 국가대표팀은 프랑스와 체코에 5:0 대패하는 시행착오를 겪었음에도, 거기에 흔들리지 않고 월드컵을 대비하였다.

2002년 한일 월드컵 본선에서 대한민국은 조별 예선에서 2승 1무로 사상 처음으로 16강에 진출하였다. 이후 16강 토너먼트에서 안정환의 극

---

4) 김덕기, 「[F& LEGEND] 차범근의 위대한 분데스리가 족적 上 ~ 下」, 『스포탈코리아』, 2013.9.18.~9.20.

적인 골든골로 8강에 진출하였다. 스페인과의 경기에서도 승부차기 끝에 4강에 진출하였다. 비록 4강에서 독일에 아깝게 패배하여 결승 진출에는 실패하지만, 월드컵 4강 신화는 대한민국 축구와 스포츠 역사를 바꾸는 놀라운 사건이었다.

한일 월드컵 이전의 대한민국 축구는 아시아 무대에서 변함없이 맹주의 모습을 보여 주기도 했지만, 늘 월드컵에서는 조별 예선 문턱에서 무너졌었다. 특히 1998년 프랑스 월드컵에서 5:0으로 대패했던 네덜란드 전은 대한민국 국민에게 상당한 충격을 주었다. 당시 패배 이후 한국축구가 그동안 우물 안의 개구리라는 것을 확실히 알게 되었다.

이후 1998년 프랑스 월드컵 당시 네덜란드 감독이었던 거스 히딩크를 국가대표팀 감독으로 추대하고 강팀과 계속되는 맞대결과 강도 높은 장기간 합숙 훈련과 체력 훈련을 통해 한일 월드컵 4강 신화를 이룰 수 있었다.

2-2. 2002~2010년 한국축구

한일 월드컵 4강 신화라는 금자탑을 이룬 한국축구는 히딩크 감독의 후임 감독으로 2003년 움베르투 코엘류(Humberto Coelho)를 선임하였다. 코엘류 감독은 히딩크 감독처럼 4강 신화를 재현해 줄 것이라고 믿었으나, 그 당시 우리는 현실 인식을 제대로 파악하지 못하고 여전히 4강 신화의 영광에서 벗어나지 못한 상황이었다. 여기에 코엘류 감독에 대한 축구협회의 지원은 예전 같지 않았고 그 결과 좋지 않은 성적을 거둘 수밖에 없었다. 2003년 오만에서 열린 2004년 아시안컵 예선에서 베트남과 오만과의 경기에서 충격 패를 당하고 만다. 여기에 2006년 독일 월드컵 아시아 지역 예선 3차, 약체 몰디브와의 원정 경기에서 0:0 무승부라는 초라한 성적표를 남기면서 코엘류 감독은 지휘봉을 내려놓고 물러나게 된다.

코엘류 후임으로 온 조 본프레레(Jo Bonfrère) 감독은 2006년 독일 월드컵 본선 진출을 확정 짓고 나서 가진 동아시안컵에서 2무 1패의 최악의 성적과 독일 월드컵 최종 아시아 최종 예선 사우디아라비아와의 경기에서 1:0으로 패배하면서 감독직에서 물러나고 말았다.

한편, 2002년 한일 월드컵 4강 신화의 주역이었던 선수들은 하나둘씩 유럽 리그에 진출하였다. 이들 중에서 2003년 PSV 에인트호번(PSV Eindhoven)으로 이적한 박지성과 이영표는 2004-2005시즌에 네덜란드 1부 리그인 에레디비지에(Eredivisie)와 네덜란드의 FA컵인 KNVB 베이커(KNVB Beker)에서 팀의 우승을 이끌었고, UEFA 챔피언스리그

(UCL) 4강의 주역으로 활약하였다. 이후 에인트호번에서 활약한 박지성과 이영표는 각각 맨체스터 유나이티드와 토트넘 홋스퍼(Tottenham Hotspur FC)로 이적하였다. 특히, 박지성은 7시즌 동안 맨체스터 유나이티드에서 활약했다.

조 본프레레 감독 다음으로 온 딕 아드보카트(Dick Advocaat) 감독은 2006년 독일 월드컵 조별 예선을 치르는데, 부임 이후 토고와의 첫 경기에서 2:1로 승리를 거두면서 처음으로 개최국이 아닌 곳에서 승리하는 기록을 남기기도 했다. 프랑스와의 경기에서는 1:1의 극적인 무승부를 거두면서 첫 원정 16강 진출의 가능성을 높일 수 있었으나, 스위스와의 3차전에서 2:0으로 지면서 16강 진출은 다음을 기약해야 했다.

딕 아드보카트 감독 사퇴 이후, 핌 베어벡(Pim Verbeek) 감독이 U-23 대표팀 감독을 겸임하면서 2006년 도하 아시안게임과 2007년 아시안컵 국가대표를 이끌었다. 하지만 아시안게임에서 노메달, 아시안컵 3위라는 실망스러운 경기력과 성적으로 아시안컵 직후 물러났다.

베어벡 감독이 물러나고 나서 후임으로 허정무 감독이 7년 만에 재 부임하였다. 허정무 감독은 오랜만에 맡은 국내 출신의 국가대표 감독이었기에 여러 우려가 있었다. 2010년 남아공 월드컵 지역 3차 예선까지만 해도 3승 3무로 좋지 못한 성적을 거두었고, 최종예선에서는 북한, 이란, 사우디아라비아, UAE와 같은 조에 편성되어 과연 대한민국이 본선에 진출할 수 있나 우려될 정도였다. 북한과 첫 경기에서 무승부를 거둘 때까지만 해도 아무도 그 의문을 거둬들이지 않았다. 그러나 그 이후 주장을 김남일에서 박지성으로 교체한 이후, 파죽지세로 4승 4무, 조 1위로 월드컵 본선에 진출할 수 있었다.

월드컵 본선 진출 확정 이후 동아시안컵에서 중국에 3:0으로 지는 불안한 모습을 보이기도 했다. 하지만 월드컵 본선에서 아르헨티나, 나이지리아, 그리스와 같이 막강한 전력의 팀과 조 편성이 되었음에도, 1승 1무 1패, 조 2위로 첫 원정 16강에 진출할 수 있었다. 이후 16강에서 만난 우루과이와의 경기에서 끝내 2:1로 졌지만 2002년 한일 월드컵 4강이 단지 홈그라운드의 이점과 운 때문이 아니었음을 보여 주었고, 한국축구도 얼마든지 세계적 경쟁력이 있다는 사실을 증명해 보였다.

이때쯤 K리그의 클럽들은 아시아 무대에서 좋은 성과를 거두고 있었다. 2006년 전북 현대모터스가 AFC 챔피언스리그(ACL)로 개편되고 나서 첫 우승을 차지해 지금의 K리그 최강팀의 기반을 마련할 수 있었고, 2009년에는 포항 스틸러스가, 2010년에는 성남 일화 천마(현 성남 FC)가 ACL 우승을 차지했다.

여자축구도 또한 좋은 성적을 거둔다. 2010년 U-20 여자 월드컵에서 3위를 차지하는데 당시 맹활약한 지소연은 실버볼과 실버슈를 받는 영예를 얻었고, 같은 해 열린 U-17 여자 월드컵에서는 여자 대표팀이 피파 주관대회에서 첫 우승을 거머쥐면서 주역이었던 여민지는 골든볼과 골든슈를 받는 쾌거를 달성하기도 했다.

2-3. 2010~2014년 한국축구 암흑기의 시작

2010년 7월 중순, 허정무 감독이 감독직에서 물러나고 후임에 조광래 감독이 부임하였다. 조광래 감독은 그 당시 최강이었던 FC 바르셀로나의 축구 스타일인 '티키타카', 즉 '점유율 위주 축구'를 국가대표팀에 이식하려고 했다.

그런데 대표팀의 주축 선수였던 박지성과 이영표가 2011년 AFC 아시안컵 이후 국가대표 은퇴를 선언하였고, 주장이었던 박지성 이후 주장을 했던 박주영은 아스널(Arsenal FC) 이적 이후 경기 출전 수가 급격히 줄면서 경기 감각에 문제가 생겼다. 설상가상으로 이청용은 2011-2012시즌이 시작하기 전에 뉴포트 카운티 A.F.C.(Newport County A.F.C.)의 톰 밀러(Tom Miller)로부터 받은 살인 태클의 영향으로 한동안 경기 출장을 못 하면서 대표팀 전력에 큰 문제가 생기게 된다.

이런 와중에 조광래 감독은 계속 자신만의 철학이 담긴 축구를 고집하였다. 거기다, K리그 선수와 해외파 선수를 대놓고 차별할 정도로 선수 선발에도 문제가 드러났다. 급기야 2014년 브라질 월드컵 3차 지역 예선인 레바논과의 원정 경기에서 2:1로 충격적인 패배를 당하면서 조광래 감독이 경질되고 만다.

조광래 감독 경질 이후 후임 감독으로 당시 K리그 우승팀 전북 현대모터스 감독인 최강희가 선임되었다. 여기서 문제는 최강희 감독은 본인은 대표팀 감독직을 원하지 않았다는 점이다. 하지만 당시 축구협회 회장이었던 조중연의 간곡한 설득으로 브라질 월드컵 최종예선까지만 맡는다는 조건으로 감독직을 수락하게 되었다. 최강희 감독은 기존 목표대로 브라질 월드컵 본선 진출을 확정지을 수 있었다.

그러나 자신의 의지와 달리 맡은 자리였기에 전북 감독 시절에 보여 준 위상은 온데간데없었고, 조광래 감독이 그러했듯이 선수 선발에서도 논란을 초래하였다. 경기력은 좋아지지 않았고, 하마터면 우즈베키스탄과의 최종전에서 우즈베키스탄이 1골만 더 넣었다면 3위로 플레이오프에서 떨어질 뻔한 아찔한 상황이 연출되기도 했다.

최강희 감독은 다시 전북으로 돌아갔고 빈자리에 한일 월드컵 당시 국가대표팀의 주장이자 런던 올림픽에서 한국축구 사상 첫 메달인 동메달을 안긴 감독이었던 홍명보 감독이 부임하였다. 부임 당시 많은 언론과 축구 팬, 축구 관계자들은 홍명보 감독에 기대를 걸었다. 당시 한국축구가 위기에 처한 상황에서 홍명보 감독이 이끄는 런던 올림픽 국가대표팀이 영국과의 8강전 경기와 일본과의 3·4위전 경기에서 승리하고 동메달을 얻었기 때문에 브라질 월드컵에서도 좋은 성과를 거둘 것으로 기대했다.

하지만 홍명보 감독은 올림픽 때 성과를 월드컵에서는 보여 주지 못했다. 특히 선수 선발에서 드러난 잡음과 경직된 전술로 월드컵 본선에서 그나마 해 볼 만하다고 여겨졌던 알제리에 4:2 충격적인 대패를 겪었고, 이후 졸전 끝에 1무 2패로 H조 꼴찌로 탈락하고 만다. 여기에 일부 선수들의 태도 문제 논란과 이슈가 겹치면서 귀국길에 팬들이 엿 사탕을 던지며 야유할 정도였고, 국가대표팀에 대한 불신은 극에 달하게 되었다.

그런데도 축구협회는 홍명보 감독을 2015년 AFC 아시안컵까지 재신임하려고 했다. 그러나 월드컵 준비 과정에서 토지 매매를 알아보았다는 뉴스가 나오면서 여론은 급속도로 악화하고 말았다. 여기에 홍명보 감독은 사퇴 기자회견 때 K리그를 비하하는 발언으로 한국축구와 팬들에게 씻을 수 없는 상처를 남기고 결별하고 만다(이후 홍명보 감독은 2021년 울산 현대 감독을 맡았고 그 당시 기자회견 발언에 대해 사과하였다. 또한, 선수 선발과 전술에서 브라질 월드컵 당시와 비교했을 때보다 큰 발전을 보여 주면서 2022년 울산 현대가 17년 만에 K리그 1에서 우승할 수 있었다).

그렇게 홀대받던 K리그는 2011년에 벌어진 승부 조작 사건으로 인해 존폐 위기에 서게 된다. 그 당시 최성국과 김동현 등 내로라하는 선수들이 승부 조작에 가담한 사실이 밝혀지면서 54명의 선수가 연루되고 이 중에서 50명은 영구 제명되었다. 그뿐만 아니라, 상주 상무 피닉스의 이수철 감독이 승부 조작에 가담했던 김동현 선수의 부모로부터 억울한 누명을 쓰고 극단적인 선택을 하는 안타까운 사건마저 벌어졌다.

더 안타까운 점은 승부 조작 사건으로 K리그가 축구 팬뿐만 아니라 많은 대중으로부터 신뢰를 잃게 되었다는 사실이다. 그런데도 2013년 당시 일부 축구클럽에서는 선수 수급 문제라는 말도 안 되는 이유로 승부 조작범들에게 징계 경감을 시도하기도 했지만, 축구협회에서는 허락하지 않았다). 여기에 더해 2015년의 경남 FC와 2016년의 전북 현대가 심판을 매수한 사실이 발각되는 일까지 벌어졌다.

2011년 승부 조작 사건으로 나락을 걷던 K리그는 오랜 염원 제도였던 승강제가 2012년에 시행될 수 있었다. 그 해 승강제를 위해 스플릿 시스템(현 파이널 라운드)을 도입하였고 다음 해에는 2부 리그인 K리그 챌린지(현 K리그 2)를 출범하였다.

2-4. 2014~2018년 계속되는 암흑기, 그러나 또 하나의 기적

홍명보 감독이 사퇴한 이후, 후임으로 온 감독은 독일 축구 전설 울리 슈틸리케(Uli Stielike)였다. 슈틸리케 감독은 대부분 한국축구 팬에게는 생소했다. 그는 선수 시절 당시 독일 최강이었던 보루시아 묀헨글라트바흐(Borussia Mönchengladbach)와 스페인 명문 레알 마드리드(Real Madrid CF)에서 뛸 정도로 화려한 경력을 자랑했지만, 감독으로서의 경력은 너무나 초라했기 때문이었다. 하지만 슈틸리케호는 초반에는 2015년 AFC 아시안컵 준우승, 러시아 월드컵 2차 예선 전승 무실점이라는 압도적인 모습으로 팬들을 환호하게 했다.

그러나 월드컵 지역 최종예선에서는 장현수 풀백 기용과 의미 없는 점유율 위주 축구라는 최악의 경기 운용으로 일관하였고 이란, 중국, 카타르와의 경기에서 연달아 졸전을 거둔 나머지 경질되고 만다.

슈틸리케 감독 경질 이후 2017 U-20, 2016 U-23 대표팀 감독과 A대표팀 코치, 2010년 성남 일화의 ACL 우승을 이끌었던 신태용 감독이 후임으로 들어왔고, 러시아 월드컵 본선 진출을 확정 지을 수 있었다. 하지만 두 경기는 0:0 무승부였고 이후 경기에서는 좋지 않은 경기력을 보여 주면서 가뜩이나 신뢰가 무너진 한국축구는 팬들로부터 외면받게 되었다. 이 와중에 슈틸리케의 후임 감독 선임 당시에 일어난 히딩크 감독 선임 논란과 더불어 축구협회에 대한 개혁의 목소리가 점차 거세졌다. 설상가상으로 러시아 월드컵 F조에 독일, 멕시코, 스웨덴과 같은 조에 편성되어 신태용호에 대한 기대도 낮았다.

러시아 월드컵 본선, 스웨덴과의 첫 경기에서는 1:0, 멕시코와 경기에서는 2:1로 지게 되었고, 디펜딩 챔피언 독일과의 마지막 경기에 국민들의 기대는 무척이나 낮았다.

하지만, 독일은 월드컵 전에 일어난 내분으로 예전의 강력했던 전차군단이 아니었다. 또한 독일은 러시아 월드컵 본선에서 1승 1패로 16강 진출도 장담할 수 없는 상황이었다. 경기는 예상대로 초반에는 독일이 주도했지만, 후반 추가 시간까지 골키퍼 조현우 선수의 선방으로 독일의 득점이 나오지 않았고, 후반 추가 시간에 우리가 2골을 연이어 넣어 독일을 꺾는 기적을 만들었다. '카잔의 기적'을 계기로 국민에게 신뢰를 잃었던 한국축구가 신뢰를 다시 회복하는 계기가 되었다.

2-5. 2018~2023년 한국축구의 부흥기

'카잔의 기적'을 만든 신태용 감독은 계약만료로 물러나게 되었고 그 후임으로 포르투갈 출신의 명장 파울루 벤투(Paulo Bento)가 감독을 맡았다. 벤투호는 2019년 아시안컵 8강에서 카타르에 지고, 한일전에서는 2연속 3:0 패배당하면서 벤투 감독이 표방한 빌드업 축구에 대한 수많은 의문이 제기되기도 했다.

카타르 월드컵 아시아 최종예선에서 맞붙은 모든 상대가 이란, UAE, 이라크, 시리아, 레바논 등의 중동 국가와 편성되는 악재를 맞기도 했지만, 7승 2무 1패라는 압도적인 성적을 기록하였다. 그것도 최종예선에서 무려 두 경기를 남긴 상황에서 일찍이 본선 진출을 확정 지었다. 또한, 11년 동안 이기지 못했던 이란과의 홈 경기에서 2:0으로 이긴 성과를 거두기도 했다.

이러한 기대 속에서 월드컵 본선 조 편성에서는 포르투갈, 가나, 우루과이와 조 편성이 되면서 쉽지 않은 경기가 예상되었다. 하지만, 본선 첫 경기였던 우루과이전에서는 우리 팀이 경기를 주도하였고 0:0 무승부를 거둘 수 있었다.

그러나 16강 진출을 위해 반드시 이겨야 하는 가나와의 두 번째 경기에서는 전반에만 2골을 내주었지만, 후반전에 교체 출장한 조규성이 2골을 넣으면서 동점을 얻었지만 안타깝게도 모하메드 쿠두스(Mohammed Kudus)에게 1골을 내어주면서 3:2로 지게 된다.

가나전에서 주심 앤서니 테일러(Anthony Taylor)의 석연치 않은 판정에 강력하게 항의한 벤투 감독이 퇴장당하면서 포르투갈전에서 직접 팀을 지휘할 수 없었고, 수비진의 핵심 선수였던 김민재가 부상으로 향후 경기에 출전하지 못하게 된 것이었다. 여러 가지 악재가 쌓인 가운데, 우리 팀은 이미 16강 진출을 확정한 포르투갈과 경기를 치르게 되었다.

경기 초반 대한민국은 히카르두 오르타(Ricardo Horta)에게 선제골을 내주고 말았지만, 포르투갈 주장 크리스티아누 호날두(Cristiano Ronaldo)의 어시스트(?)를 받은 김영권이 동점 골을 넣었고, 후반 추가시간 황희찬의 극적인 역전 골로 2:1로 승리할 수 있었다.

한편, 한국과 포르투갈의 경기와 같은 시각에 열렸던 우루과이와 가나전에서는 우루과이가 가나를 2:0으로 이겼고, 한국과 골 득실과 동률이었지만 한국이 다득점(한국 +4, 우루과이 +2)에 앞서면서 승리하면서 극적인 16강 진출로 이어졌다.

이후 세계최강 브라질과의 16강전 경기에서 상대에게 전반에만 4골을 내준 가운데, 후반전 백승호의 골로 1점을 만회하여 4:1로 졌지만, 12년 만의 월드컵 16강 진출이라는 아름다운 성과를 거두고 벤투 감독은 계약 만료와 함께 아름답게 작별할 수 있었다.

슈틸리케호부터 벤투호까지 대한민국 축구 국가대표팀은 많은 혼란과 영광의 순간들이 있었지만, 한국축구는 계속해서 발전하고 있었다.

2014년 인천 아시안게임에서 28년 만에 첫 금메달을 획득했고, 2018년 자카르타-팔렘방 아시안게임에서도 두 대회 연속으로 금메달을 따게 되었다. 2회 연속으로 아시안게임 금메달 수상을 하면서 손흥민, 김민재, 황인범, 황희찬 등 대한민국에서 내로라하는 선수들이 병역특례를 받게 되어 지금까지 유럽 무대에서 맹활약하는 계기가 되었다. 또한 2019년 U-20 월드컵에서는 대한민국 대표팀이 남자축구 최초로 FIFA 주관대회에서 결승전에 올라 준우승을 차지했고, 골든볼(MVP)에 이강인 선수가 선정되었다.

그뿐만 아니라 2018년의 '카잔의 기적' 덕분에 K리그도 많은 스포츠 팬으로부터 관심을 받을 수 있었다. 일례로, 2018년 당시 '카잔의 기적'에서 큰 활약을 펼쳤던 골키퍼 조현우가 소속한 대구 FC는 2019년에 새 구장인 DGB대구은행파크로 옮긴 뒤로 좋은 성적을 거두면서 K리그 인기 클럽으로 발돋움할 수 있었다.

이외에 다른 K리그 축구클럽의 경우도 전과 다른 인기와 성적을 보여 주기도 했고, ACL에서 우승하거나 준우승을 한 팀들이 지속해 등장할 수 있었다. 2016년에 전북 현대모터스가, 2020년에는 울산 현대가 우승을 차지했고, 2021년 코로나 변수 속에서도 ACL 16강에 K리그 4개 팀 전원이 올라갔으며, 8강에서는 3개 팀이, 이 중 포항 스틸러스는 어려운 상황에서도 결승에 진출하여 준우승을 차지할 수 있었다.

한편, 21-22 EPL 토트넘에서 뛰고 있는 대한민국 축구 국가대표팀의 주장 손흥민은 총 23골로 리버풀(Liverpool FC) 소속의 모하메드 살라(Mohamed Salah)와 함께 공동 득점왕을 차지했고, 그 공로로 축구선수 최초로 체육훈장 청룡장을 받을 수 있었다. 이 체육훈장 청룡상은 2022년 6월 2일 윤석열 대통령이 브라질전 A매치 경기 전에 찾아와 손흥민에게 직접 수여해 주었다.

또한, 22-23시즌을 앞두고 SSC 나폴리(SSC Napoli)로 이적한 김민재는 팀을 33시즌 만에 세리에 A 우승을 시키고, 최우수 수비상을 수상하기도 했다.

2023년 초, 파울루 벤투의 후임 감독으로 독일의 축구 전설 위르겐 클린스만(Jürgen Klinsmann)으로 선임되었다. 선임 과정에서 잡음이 많았지만, 클린스만은 2006년 독일 월드컵 당시, 자국 독일을 3위로 올려놓고 독일 축구 부흥기의 기반을 쌓았고, 2014년 브라질 월드컵 때는 미국을 16강으로 이끌었다. 앞으로 그때의 성과가 한국에서도 증명되고 한국축구의 발전 기반을 마련하길 바랄 뿐이다.

2-6. 한국축구의 역사를 통해 알 수 있는 것

지금껏 짚어본 한국축구의 역사를 보면서 알 수 있는 사실이 있다. **먼저 한국축구는 아시아를 호령하는 맹주이면서 동시에 전 세계에서도 한국축구를 인정하고 알아준다는 사실이다.** 2002년 한일 월드컵에서 4강 신화를 달성한 이래로, 2010년 남아공 월드컵과 2022년 카타르 월드컵에서 16강을, 2012년 런던 올림픽에서 동메달이 이를 보여 준다. 또한 1986년 멕시코 월드컵부터 2022년 러시아 월드컵까지 10회 연속으로 본선에 진출하였고, 1988년 서울 올림픽부터 2020년 도쿄 올림픽까지 9회 연속으로 본선에 진출하는 저력을 과시했다.

다음으로, 한국축구의 역사적인 순간을 함께한 훌륭한 선수들을 꾸준히 배출하고 있다는 점이다. 차범근, 박지성, 그리고 손흥민과 김민재까지 훌륭한 선수들이 유럽 무대에서 맹활약하고 있다는 사실은 한국축구의 저력을 대외적으로 충분히 보여 주는 요소이다.

이처럼 대한민국에서 훌륭한 선수들을 꾸준히 배출할 수 있었던 원동력은 바로 K리그가 아시아 무대에서 좋은 성적을 거두고 있기 때문이라는 사실을 거론하지 않을 수 없다.

현재 K리그 시장이 작아 우수한 기량의 선수들이 해외로 유출되고 있지만, 2023년 현재 K리그는 AFC 리그 순위에서 사우디아라비아에 이어 2위로 자리 잡고 있는데, 이 사실은 K리그가 아시아에서 최강 리그이고, 훌륭한 선수를 배출하고 있다는 사실을 보여 준다.

하지만 축구협회의 아마추어적 행정이 한국축구의 발전을 저해하고 있다는 사실이다. 브라질 월드컵과 러시아 월드컵 당시에 보여 준 대표팀의 모습은 자칫 월드컵 본선 진출 실패로 이어질 뻔했는데, 이러한 일의 이면에는 아마추어적 행정력이 근본적인 원인이었다. 또한, 신태용 감독 부임 전후에 일어난 히딩크 감독 선임 논란은 실제로 축구협회 개혁까지 이어지게 되었다.

하지만 2021년에는 과거 한국축구를 암흑기에 몰아넣은 인사들이 다시 축구협회로 돌아왔고, 클린스만 감독 선임 과정에서 회장의 독단적인 선임으로 다시 말이 많아지기 시작했다. 여기에, 2011년 K리그 승부 사태의 주범을 포함한 범죄를 저지른 축구인 100명을 기습적으로 사면하려다 국민과 축구 팬의 반발로 철회한 사태는 축구협회가 개혁하지 못하면 오히려 한국축구가 퇴보되는 절체절명의 상황까지 오게 되었다.

이번 챕터에서는 한국축구의 역사를 되돌아보면서 앞으로 한국축구가 지금보다 더 발전하려면 어떻게 해야 하는지 더 깊게 고민해 볼 시간을 가졌다.

다음 챕터부터는 본격적으로 좀 더 깊게 한 분야씩 파고들면서 발전 방향을 찾아보고자 한다. 그 첫 시작은 한국축구의 뿌리인 유소년 시스템을 소개해 보고자 한다. 따라서 챕터 3에서는 한국축구의 유소년 시스템이 지금보다 발전하려면 어떻게 해야 하는지 한번 알아보자.

Chapter 3

한국 유소년 축구 제2의 박지성, 손흥민 만들기

2023년 U-20 월드컵에서 대한민국은 모두의 예상을 깨고 두 대회 연속 4강을 이루었다. 이러한 성과의 배경에는 탄탄한 유소년 시스템이 있었다고 볼 수 있다. 2023년 U-20 월드컵 멤버 중에서 해외에 뛰고 있는 김용학과 대학생 선수 김정훈, 최석현을 제외하고 나머지 선수는 K리그 선수이고 대부분 K리그 유스팀에 거쳐 갔다.

2023년을 기준으로 K리그 유소년팀 출신이 무려 35.1%[1)]가 되고 K리그는 기존 연고지에 있는 학교와 협약을 맺거나 자체적으로 유소년팀을 만들어서 좋은 유망주를 키우고 있다. 'K리그 주니어'라는 유소년 리그를 만들어 어린 선수들의 경쟁력을 끌어올리고 있다. U-22 의무 출전 규정을 만듦으로써, 구단에 있는 유망주가 K리그라는 큰 무대에서 경험할 수

1) 박대로, 「K리그1 등록선수, 평균 38.8명…작년 우승 울산은 31명」, 『뉴시스』, 2023.3.27.

있는 여건을 마련하고 있다.

축구협회에서도 유소년 축구에 꾸준히 투자하고 있다. 먼저 축구협회 전체 예산 중 1/4(2019년 기준으로 총예산 884억, 유소년 투자 160억)[2]을 유소년 축구에 투자하고 있고, 전국 초중고 축구 리그를 시행하며 유망주가 학업과 스포츠를 병행할 수 있도록 여건을 조성하고 있다.

2020년 8월에는 벨기에의 유소년 시스템 '퓨처팀 시스템'을 시범 도입하였다. '퓨처팀 시스템'은 선수의 발육에 따라 상세하고 체계적으로 해당 선수에 맞는 성장을 도와주는 시스템을 말한다.[3] 또한, 초·중학생들 대상으로 '11:11'이 아닌, '7:7', '8:8' 축구 같은 '스몰사이드 게임'을 도입하여 더욱더 체계적으로 축구를 재밌게 배울 수 있게 해주고 있다.[4]

2014년부터는 '골든에이지 시스템'을 도입하여 우수 축구 유망주들을 체계적으로 관리할 수 있게 만들었는데, 그 결실로 2019년 U-20 월드컵 준우승과 2023년 U-20 월드컵 4강이라는 좋은 성과를 얻을 수 있었다.

그렇다면 대한민국 축구 유소년 시스템은 현재 어떻게 되어가고 있는지 좀 더 구체적으로 알아보고, 어떻게 하면 유소년 육성 시스템이 한층 더 발전할 수 있는지 이야기해 보자.

---

2) 최현길, 「대한축구협회가 분석한 U-20 월드컵의 성공 요인은?」, 『스포츠동아』, 2019.7.1.
3) 사단법인 대한축구협회, 「벨기에 황금세대의 원동력 된 퓨처팀, 한국에서도 본격적으로 시작된다」, 2020.9.8.
4) 사단법인 대한축구협회, 「뮐러 위원장이 말하는 코칭방법론과 스몰사이드 게임 3~9」, 2020.

3-1. 과거 한국 유소년 축구 시스템 – 학원 축구 엘리트 시스템

대한민국 축구 유소년 시스템의 역사는 크게 3단계로 나눠서 이야기할 수 있다. 이 중, 첫 번째 시스템은 과거 한국축구 유소년 시스템이었던 **학원 축구 엘리트 시스템**(School Elite System)이다. 학원 축구 엘리트 시스템은 크게 4가지 특징으로 운영된다.

첫 번째 특징은 초등학교부터 대학교, 프로 진출까지 진학의 목표로 **'에스컬레이터 시스템'**으로 구성되어 있다는 점이다.

두 번째 특징은 중점 목표를 학교 진학에 두다 보니 극히 일부 뛰어난 선수를 제외하고는 대부분은 **상위 학년 위주로 선발**된다는 점이다.

세 번째 특징은 진학 목표를 위해서 학교에서의 경기 성적도 좋아야 하는데, 학교에서의 경기 성적을 내기 위해서는 대회에 참가해야 한다는 것이다. 그 대회는 청룡기, 백운기와 같은 토너먼트 대회가 대표적이다. 이러한 토너먼트에 참가해서 더 좋은 성적을 거두면 상위 학교 진학에는 상당히 유리할 수 있다. 그래서 학원 축구 시스템에서는 토너먼트를 위해서 아침부터 밤늦게까지 죽으라고 훈련하였고 별도의 숙소에서 합숙까지 하기도 했다.

네 번째는 학교에서 직접 축구클럽을 운영하고 있다는 점이다. 학원 축구 시스템은 오랜 기간 우수한 축구선수를 배출할 수 있었다.

하지만 학원 축구 시스템의 한계로 꼽히는 소수 정예 육성은 수많은 문제점을 일으키기도 했다.

첫 번째 문제는 학원 축구 시스템이 학교에서 직접 운영하는 구조이다 보니 **한정된 예산 안에서 운영**해야 하는 한계를 드러냈다는 점이다. 학교에서는 부족한 예산을 충당하기 위해 학부모의 회비로 충당하는데 이는 교내에서의 학부모의 권한을 부풀리게 되었다. 이 문제는 지도자와 학부모 사이, 혹은 학부모와 학부모 사이에서 드러나거나 드러나지 않는 알력 다툼이 생겨나면서 소위 학원 비리라는 현상으로 이어졌다.[5)]

두 번째 문제는 상위 학교 진학만을 목표로 하다 보니 유소년 선수들이 **기본기 위주보다 당장의 경기 성적만을 중요시**하는 풍조가 생겼다는 것이다. 2002년 이전 대한민국 월드컵 축구 대표팀이 1986년부터 4회 연속으로 본선에 진출하지만, 선수 기본기 부족으로 번번이 월드컵 본선에서 조별 예선 탈락을 했다.

또한 성적 위주의 선호 풍조는 포지션별로 스타 플레이어 선수를 배출하는 데도 특정 포지션으로 비중이 치우치게 되는데, 당장 성과를 거둘 수 있는 포지션에 골키퍼와 공격수 위주로 좋은 선수들이 많이 배출되었지만, 반대로 좋은 수비수는 거의 나오지 못했다. 괜히 국제무대에서 수비 불안 이야기가 나오는 것이 우연이 아니었다.

여기에 학원 축구 출신 선수들은 일반 학생들과는 달리 아침부터 밤늦게까지 합숙하면서 축구 훈련만 매진하다 보니 폐쇄적인 환경에서 당장 성적만을 위해 지도자가 선수들을 체벌하는 것이 일상이 되었고, 선배가 후배들의 군기를 잡는다는 목적으로 구타와 폭행을 일삼는 일도 번번이 일어나게 되었다.

또한 학원 축구 출신의 선수들 대부분은 축구 훈련에 매진하면서 대부분

---

5) 김형준, 「"박지성도 맞으며 축구했다고?" 차라리 한국 떠나는 꿈나무」, 『한국일보』, 2021.2.20.

선수가 의무 교육을 소홀히 하면서 기본 학업 성취에서 미달하는 문제를 일으켰고, 이것이 2011년 K리그 승부 조작 사건의 근본적인 원인이 된다.

3-2. 현재 한국 유소년 축구 시스템 - 과도기적 유소년 시스템

2002년 한일 월드컵에서 대한민국이 4강 신화를 이룩하자, 축구선수가 되려는 유소년들이 폭발적으로 증가하였다. 급속도로 늘어난 선수 지망자 수만큼, 수많은 유소년 클럽들도 우후죽순 생겨났다. 그러면서 축구협회에서도 한일 월드컵의 유산을 활용해 적극적으로 유소년 시스템에 본격적으로 투자하기 시작했고 기존의 유소년 정책들을 바꾸게 되었다.

먼저 유소년 선수가 전국대회에서 4강에 진출하면 상위 학교에 진학할 때 가산점을 주는 **체육특기자 전형을 폐지**했다.

두 번째는 그동안 토너먼트 대회로만 시행했지만, 2009년부터는 권역별로 나눈 '전국 초중고 축구 리그'를 시행하였다.

세 번째는 초등학교 대상으로 '7:7', '8:8' 축구 시스템인 '스몰사이즈 게임'을 도입하게 되었다.

네 번째는 2014년부터 초등학생 유소년 선수 중 우수한 선수들을 육성하는 '골든에이지 프로그램'을 시행하였다.

한편, 프로축구연맹 차원에서도 K리그 클럽들이 의무적으로 유소년 시스템을 구축했고, 'K리그 주니어'라는 자체적인 리그에 참가해서 K리그 자체적으로 좋은 선수들을 발굴할 수 있도록 만들었다.

2022년 K리그 클럽 산하 유소년 클럽

팀명	U-18	U-15	U-12
강원 FC	강릉제일고	주문진중	자체 운영
경남 FC	진주고	군북중	자체 운영
광주 FC	금호고	자체 운영	자체 운영
김천 상무	경북미용예술고	자체 운영	자체 운영
김포 FC	자체운영	자체 운영	자체 운영
대구 FC	현풍고	율원중	신흥초
대전 하나 시티즌	충남기계공고	자체 운영	자체 운영
부산 아이파크	개성고	낙동중	자체 운영
부천 FC 1995	자체 운영	자체 운영	자체 운영
FC 서울	오산고	오산중	자체 운영
서울 이랜드	자체 운영	자체 운영	자체 운영
성남 FC	풍생고	자체 운영	자체 운영
수원 삼성 블루윙즈	매탄고	자체 운영	자체 운영
수원 FC	자체 운영	자체 운영	자체 운영
안산 그리너스	자체 운영	자체 운영	자체 운영
FC 안양	안양공고[6]	자체 운영	자체 운영
울산 현대	현대고	현대중	자체 운영

6) 2024년부터 자체 운영.

인천 유나이티드	대건고	광성중	자체 운영
전남 드래곤즈	광양제철고	광양제철중	광양제철남초
전북 현대모터스	전주영생초	김제금산중	자체 운영
제주 유나이티드	자체 운영	제주중	자체 운영
천안 시티 FC	천안공고	자체 운영	자체 운영
충남 아산 FC	자체 운영	자체 운영	자체 운영
충북 청주 FC	자체 운영	자체 운영	자체 운영
포항 스틸러스	포항제철고	포항제철중	포항제철초

지금의 유소년 시스템은 기존 학원 축구 시스템과 축구 선진국에서 적용되는 아카데미 클럽 시스템이 혼합된 '과도기적 유소년 시스템(Mixed Youth System)'으로 운영되고 있다. '과도기적 유소년 시스템'은 아주 생소할 수 있겠지만 지금 한국축구 유소년 시스템의 핵심이기도 하다.

과도기적 유소년 시스템의 특징은 다음과 같다.

첫 번째, 토너먼트 대회 비중은 크게 줄었고 대신 **주말 리그 체제가 운영**되기 시작했다. 현재 전국 초중고 축구 리그, K리그 주니어, U리그(대학리그)가 운영되고 있다.

두 번째, 토너먼트 가산점이 사라지고 주말 축구 리그가 활성화되면서 **선수들의 학습권을 보장**하기 시작했고 '공부하는 축구선수들'이 점차 늘어났다. 대표적으로 2019년 강릉중앙고 축구부 소속 유준하(현 경남 FC)는 서울대 수시 일반전형으로 체육교육과에 진학했다.

세 번째, 기존의 학원 축구 시스템은 유지하는 대신, **연령별로 나눠서 운영**되고 있다.

대표적으로 K리그 산하의 유소년팀을 사례로 들 수 있는데, K리그 일부 클럽들은 연고 지역 내에 있는 학교와 협약을 맺어서 유소년팀을 운영하고, 거기에 중학교 경우에는 U-14, U-15로, 고등학교 경우에는 U-17, U-18로 나눠서 운영되고 있다.

네 번째, 전국 초중고 전국리그 U-12(초등부), U-15(중등부), U-18(고등부)과 대학교 축구클럽이 참가하는 U리그로 구성되어 있어, 학원 축구 시스템이 아직 한국축구에서 영향력이 있지만, 물론 축구협회에서는 2018년부터 U-12, U-15 축구 리그 왕중왕전을 폐지해 **성적보다 육성**을 중시하기 시작했다.

이런 시스템은 여러 문제를 드러내고 있다. 먼저 전국 초중고 축구 리그는 전국에 있는 유소년 축구클럽들이 참가하는데, 여기서 학교 축구클럽과 일반 유소년 축구클럽 간의 차이가 상당히 크다. 학교 축구클럽은 상위 학교 진학을 목표로 성적을 중시하는 반면, 일반 유소년 축구클럽은 대회 참가에 의의를 두다 보니 리그에서 커다란 동기 부여가 나타나지 않다는 문제점을 안고 있다. 이러한 문제점 때문에 2018년부터 축구협회에서는 U-12(초등부)와 U-15(중등부) 왕중왕전을 폐지하게 되었다.

이런 문제로 학원 축구도 학교에서 직접 운영하는 것에서 벗어나 자체적인 클럽 시스템으로 전환, 운영하고 있다.

대표적으로 평택 진위고에서는 축구클럽 형태로 '평택 진위 FC'를 운영하고 있는데 각종 대회에서 좋은 성적을 거두고 좋은 선수들을 배출하고 있다. 대표적인 선수로는 U-20 국가대표팀과 대전 하나 시티즌에서 맹활약하고 있는 배준호가 있다.

물론 기존의 학원 축구 시스템이 가진 고질적인 문제가 쉽게 해결될 수는 없다. K리그에서 위탁받은 학교 축구클럽은 K리그 클럽 내부에서 지원받고 있고, K리그 클럽이 아니더라도 지역 기업에서 후원받는 학교 축구클럽도 존재하지만, 반대로 그렇지 못한 학교 축구클럽은 여전히 재정적인 문제에 자유롭지 못한 것이 현실이다.

이러한 상황 속에서 한국 유소년 시스템을 통해 2019년, 2023년 U-20 월드컵 두 대회 연속 4강 진출 등 좋은 성적을 거두기도 했으나, 좋지 못한 성적을 거둔 예도 있었다.

2022 AFC U-23 아시안컵에서 U-21 멤버로 구성되어 있던 일본과 8강전에서 3:0으로 대패한 게 대표적이다. 이 경기의 결과는 3년 전 U-20 월드컵 준우승 멤버를 가지고도 제대로 활용하지 못한 황선홍 감독의 역량 문제가 컸지만, 유소년 시스템의 문제점에 대해 다시 생각하는 계기가 되었다.

오늘날 일본축구는 우리보다 더 좋아진 것은 사실이다. 이는 일본이 예전부터 우리보다도 적극적으로 유소년 투자를 했다. 일본의 유소년 축구 육성 목표에는 '일본축구의 경쟁력 강화', '사회인으로 자립할 수 있는 인간 교육과 지역 스포츠 진흥', '연령별 선수 육성', '학교와 지역의 협력', '시설의 확보와 정비', '지도자 양성과 확보' 등이 있다.

이러한 목표를 가지고 투자를 한 결과, 2018년 기준, 일본 고등학교 축구선수가 17.4만 명으로 야구보다 3만 명이나 앞서게 되었고, 2021년 기준 U-12 축구선수의 수가 25.3만 명으로 집계되면서 많은 일본 유소년들이 축구선수를 꿈꾸며 축구를 하고 있음을 보여 주었다.[7)]

일본축구에서는 선수가 어릴 때부터 기본기를 철저히 익히는 교육을 하고 있고, 기존의 일본축구의 장점이었던 패스 위주의 경기 운영으로 기존의 약점이었던 빈약한 피지컬 문제를 보완하고 일본 선수들이 활발하게 유럽축구 리그에 진출과 함께 유망주 중에서 혼혈출신의 선수가 다수 등장하면서 기존 일본축구에서 지적되었던 빈약한 피지컬 요소를 보완할 수 있었다.

---

7) 류청, 「한일전 0-3 '3연패'? 더 큰 문제는 유소년과 저변」, 「네이버 스포츠 스토리텔러」, 2022.6.23.

한국도 유소년 육성에 투자하고 나름 좋은 결실을 보고 있지만, 일본에 비하면 아직은 부족한 게 많다. 또한, 아직도 월드컵과 같은 국제대회에 나가면 기본기 부족과 수비 불안이라는 고질적인 꼬리표를 달고 있는 것도 사실이다. 물론 손흥민과 김민재 같은 우수한 선수가 나오기는 하지만 지금 우리는 그 선수들에 철저히 의존하고 있는 것이 현실이다. 따라서 그 문제를 어떻게든 보완해야 한다.

앞에서 언급한 문제를 해결하려면 전문성을 갖춘 양질의 유소년 전문 지도자가 필요하며, 장기적인 안목의 축구 철학도 필요하다. 현재 축구협회 차원에서 전임 지도자를 두고 있는데, 2014년 아시안게임 금메달을 획득한 고 이광종 감독과 2019년 U-20 월드컵 준우승 이끈 정정용 감독, 2023년 U-20 월드컵 준우승 이끈 김은중 감독, 그리고 U-17 월드컵 대표팀 이끄는 변성환 감독이 연령대별 대표팀을 이끌고 있다. 반대로 아시안게임과 올림픽 대표팀 감독의 경우, 이름값으로 선임하는 경우가 대부분이다. 그래서 이러한 문제를 극복하기 위해서는 저연령대별 국가대표팀부터 U-23 국가대표팀까지 연령대별 전임지도자로 가야 하고 클럽도 마찬가지로 연령대별 전문 지도자로 클럽의 철학과 축구 스타일을 체계적으로 가르쳐야 할 것이다.

3-3. 미래 한국 유소년 축구 시스템 – 클럽 아카데미 시스템

한국 유소년 축구는 당장 성적을 쫓는 방식보다 철저한 육성 기반의 **클럽 아카데미 시스템**(Club Academy System)으로 바뀌어야 한다.

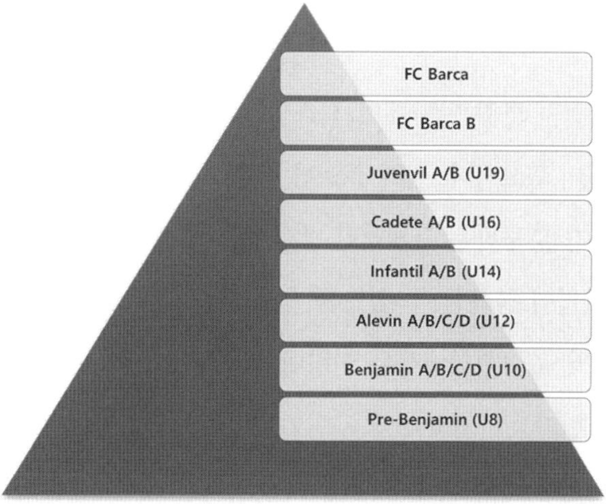

FC 바르셀로나의 '라 마시아' 시스템

클럽 아카데미 시스템은 유럽 축구 선진국들이 적용하는 유소년 축구 시스템이다. FC 바르셀로나의 '라 마시아(La Masia)'처럼 **육성을 중시하는 축구 전문학교로 운영**되는 점이 특징이다. 클럽 아카데미 시스템은 **클럽에서 선수들의 축구 훈련을 담당하고, 일반 학교에선 선수들의 학업을 담당하는 역할**로 전환하여 학생들의 훈련과 학습권을 보장한다.

그리고 유소년 클럽들은 기존의 실전 중심형 합숙 훈련에서 벗어나 **기**

본기 중심의 훈련으로 바뀌게 된다. 또한, 선수들의 기본기 향상을 위해 축구협회에서 초등학생들을 대상으로 실시하는 '5:5', '7:7', '8:8' 등의 **스몰사이즈 축구 훈련이 활성화**될 것이고, **풋살도 더 적극적으로 장려**될 것이다. 그러면서 체계적인 포지션별 교육이 가능해진다. 이어 기존의 전국 초중고 축구 리그와 U리그에서 선수의 나이, 발육 상태, 축구 실력 등을 감안한 **연령대별 축구 리그로 확대 개편**될 수 있다.

이런 이상적인 클럽 아카데미 시스템을 제대로 구축하려면 다음과 같은 전제 조건이 필요하다. 먼저 **유소년 전문 지도자의 체계적인 육성**과 함께 **한국축구가 추구하는 구체적인 방향성을 제시**해야 한다. 그리고 더 많은 유소년 클럽이 참가할 수 있도록 생활 축구와 아마추어 리그가 더 활성화되고 지역 축구협회에서는 연령대별 축구 리그와 풋살 리그를 개최하도록 해야 한다.

더 나아가서는 학원 축구가 클럽 아카데미 시스템에 적응할 수 있도록 지역 유소년 축구클럽이나 세미 아마추어 클럽과의 협약을 통해 기존 학교의 역할이 바뀔 수 있도록 만들어야 한다.

만약 클럽 아카데미 시스템이 한국 유소년 축구 시스템에 제대로 적용된다면 기존의 성적과 진학의 목표가 중심이던 학원 축구 시스템에서 완전히 탈피할 것이다. 또한, 탄탄한 기본기 훈련으로 선수 개개인의 플레이는 창의적으로 발전시키고 지금보다 더 좋은 전술 이해도를 갖추는 동시에 국제경쟁력도 갖춤으로써 제2의 차범근, 박지성, 손흥민, 김민재 등과 같은 선수가 배출될 것이다. 그리고 학교에서는 클럽 운영으로 인한 재정

부담이 줄고 유소년 클럽과의 협약을 통해 선수들에게 제대로 교육할 수 있는 교육기관의 역할을 충실하게 수행할 것이다.

여기에 연령대별 리그와 풋살 리그도 활성화되면 선수들이 축구를 즐길 수 있게 될 것이며, 더욱더 체계적으로 축구를 배울 기회를 얻을 것이다. 더 나아가 클럽 아카데미 시스템이 성공한다면 대한민국 선수 육성에도 최고의 모델이 될 것이며, 교육과 사회 방면에서도 큰 변화를 일으킬 것이라 확신한다.

지금까지 한국축구 유소년 시스템을 분석하고 지금 상황에서 과제가 무엇인지, 그리고 그에 대한 대안도 생각해 보았다.

다음 챕터에서는 축구 국가대표팀을 2010년부터 지금까지 어떻게 운영이 되는지, 앞으로 국가대표팀은 어떤 방식과 모습으로 나아가야 하는지 이야기해 보도록 하자.

Chapter. 4

국가대표팀은 지금 안녕하십니까?

대한민국에서 가장 인기 있는 '프로스포츠'는 야구이다. 그렇지만 대한민국에서 가장 인기 있는 '스포츠팀'은 대한민국 축구 국가대표팀이다. K리그와 달리, 축구 국가대표팀 경기는 경기장 좌석의 최소 절반 이상을 채우거나 만석이 되기도 한다. 또한, 축구 국가대표팀 경기의 시청률은 10%에 육박하고, 축구 국가대표의 유튜브 채널인 'KFATV_대한민국 축구 국가대표팀'의 구독자는 약 44.5만 명(2023년 6월 기준), 축구 국가대표 인스타그램 팔로워 수는 약 75.9만 명(2023년 6월 기준)이 될 정도로 경기 외의 콘텐츠에서도 큰 인기를 누리고 있다.

그뿐만 아니라 OTT 쿠팡 플레이는 2021년부터 축구 국가대표팀과 4년간 후원 계약을 맺어 축구 국가대표팀 경기 온라인 중계를 독점 중계하고 있으며, TV조선은 2년 200억 원에 계약권을 따내어 2022년부터 축구 국가대표팀 친선경기를 단독으로 중계하고 있다. 그리고 1996년부터 축구 국가대표팀 유니폼 스폰서이기도 한 나이키(NIKE)는 2020년부터 11년간 재계약을 맺을 때 디자인의 수준을 최상급 단계로 올려 한국 고유의 디자인을 담은 유니폼을 제작하기도 한다.

이 정도로 축구 국가대표팀은 한국축구 팬들뿐만 아니라 전 국민에게 주목받을 정도로 엄청난 인기를 누리고 있다. 괜히 'FC 코리아'라는 말이 나오는 것이 아니다.

이런 인기만큼 전 국민에게 주목받는 축구 국가대표팀 감독이라는 자리는 엄청난 영광이면서 동시에 독이 든 성배라고 할 수 있다. 따라서 국가대표팀 운영에는 그만큼 축구협회의 엄청난 지원과 철저한 관리가 중요한데, 과연 축구 국가대표팀에 대한 지원과 관리가 얼마나 잘 이루어지는지 2010년부터 지금까지 한국축구를 살펴보도록 하자.

4-1. 2010~2011년 조광래 감독

2010년 남아공 월드컵에서 축구 국가대표팀은 원정 첫 16강이라는 업적을 달성했다. 그 당시 감독이던 허정무 감독은 월드컵 이후 계약종료로 자리에서 물러났다.

허정무 감독 후임으로 조광래 경남 FC 감독이 부임했는데 당시 축구협회에서는 조광래 감독이 한국 감독으로서 자신의 역할을 충분히 발휘할 것으로 판단했을 것이다. 조광래 감독은 소위 만화 축구라는 당대 축구 최강 클럽이었던 FC 바르셀로나와 남아공 월드컵 우승국 스페인 국가대표팀이 구사한 '티키타카(Tiki-Taka)' 기반의 패스 위주의 점유율 축구를 추구했다.

2011년 카타르 아시안컵을 끝으로 주장 박지성과 이영표가 국가대표팀에서 은퇴하자, 조광래호는 박주영을 주장으로 선임한 뒤, 당시 주목받았던 선수인 이청용, 기성용, 구자철, 지동원 등의 선수를 중심으로 팀을 구성했다.

하지만 문제는 11-12시즌 시작 전, 이청용이 큰 부상을 당하면서 긴 시간의 재활과 치료를 받아야 했고, 주장 박주영은 아스널(Arsenal FC)로 이적한 이후로 거의 경기에 출장하지 못해 경기 감각을 잃어버린 상태였다. 대부분 유럽파 선수들의 기량이 좋지 못할 때였다. 그런 가운데 2011년 8월 일본 삿포로에서 열린 한일전에서 3:0으로 대패당했고, 9월부터 시작된 브라질 월드컵 아시아 3차 예선에서조차 고전하였다.

이러한 문제에도 불구하고 조광래 감독은 꾸준히 기량이 떨어진 주전 유럽파 선수들이 포함된 라인업을 고수했으며, 여전히 패스 위주의 점유율 축구를 고집하였다.

그로 인해 아시아 3차 예선 도중 불거진 손흥민의 출전 문제로 인해 조광래 감독과 손흥민의 부친 손웅정 간에 갈등이 생겼고, 결정적으로 11월 레바논 원정 경기에서 2:1로 패배를 당해 자칫 탈락 위기까지 처했는데, 12월 조광래 감독은 월드컵 3차 예선 쿠웨이트 홈 경기를 남기고 경질당하고 말았다.

하지만 이 과정도 그리 석연치 않은 구석이 많았다. 조광래 감독을 경질한다면, 11월 레바논 원정 경기 직후에 하거나, 쿠웨이트 홈 경기 이후에 판단해야 했는데 그러질 못한 것과 함께, 조광래 감독과 이회택 당시 기술위원장과의 갈등은 재임 기간부터 사퇴할 때까지 이어졌다.[1]

4-2. 2012~2013년 최강희 감독

그보다 더 최악의 결정은 조광래 감독의 후임 선정이었는데, 후임 감독은 당시 잘 나갔던 최강희 전북 현대 감독을 본인 의사와 달리 강제로 선임한 것이었다. 사실 최강희 감독 본인은 국가대표팀 코치한 경험이 있어 국가대표팀 감독 자리를 맡는 것을 원치 않았지만, 조중연 당시 축구협회 회장의 설득[2]으로 축구 국가대표 감독을 억지

1) 오해원, 「'만화축구' 표방하던 조광래 감독은 왜 경질됐나?」, 『문화일보』, 2011.12.8.
2) 박재호, 「조중연 "소주 5병 비우며 최강희 설득했다"」, 『스포츠조선』, 2011.12.26.

로 맡게 된다. 여기서 조중연 회장과 최강희 감독은 한때 감독과 선수라는 관계였기에 사실상 인맥으로 감독 자리에 올랐다고 볼 수 있다. 최강희 감독은 조중연 회장의 간곡한 설득 끝에, 국가대표팀을 월드컵 본선에 진출시키고 다시 전북 현대로 복귀한다는 조건으로 감독직을 수행하게 되었다.

이후, 최강희호는 2012년 2월 월드컵 3차 예선 쿠웨이트 홈 경기에서 2:0으로 승리하여 최종예선에 진출하였고, 최종예선에서 이란, 우즈베키스탄, 카타르, 레바논을 만났고, A조 2위로 본선 진출을 확정하였으나, 최종예선 첫 두 경기인 카타르 원정 경기와 레바논 홈 경기를 제외하고는 경기력이 너무나 최악이었다는 아쉬움을 남겼다.

특히 카타르 홈 경기에서는 거의 비길 뻔하다가 손흥민의 극적인 골로 2:1로 승리를 거두었고, 레바논 원정 경기에서도 거의 질 뻔하다가 김치우의 프리킥 골로 1:1로 비길 수 있었다.

그러다가 2013년 6월 울산 문수축구경기장에서 열린 이란과의 최종예선 마지막 경기에서 15번의 슛에도 번번이 막혔고, 후반 15분 김영권의 실수로 레자 구차네자드(Reza Ghoochannejhad)에게 골을 내주고 말았다. 그 결과 1:0으로 패배했고, 이란 선수들은 자신들의 국기를 들고 그라운드를 한 바퀴 선회하는 세레모니를 함으로써 대한민국 국가대표팀에 굴욕을 선사했다. 여기에 카를로스 케이로스(Carlos Queiroz) 감독에게 주먹감자 세레모니까지 당하는 굴욕을 겪기도 했다. 한편 동시에 열린 우즈베키스탄과 카타르의 경기에서 우즈베키스탄이 5:1로 승리하였는데, 사실 우즈베키스탄이 한 골만 더 넣었다면 대한민국은 3위로 플레이오프에서 떨어지는 상황이 될 뻔한 상황이었다.

이처럼 어수선한 경기 결과의 배경에는 최강희 감독이 전북 때와 달리 그렇게 열정적이지 않았다는 것이었다.

그뿐만 아니라, 선수단 장악력에도 문제가 있었다. 유럽파 선수들과의 갈등이 있었으며, 전북 현대 감독으로 복귀한 뒤에도 기성용의 SNS 뒷계 논란이 불거진 적도 있었다. 하지만 이렇게 된 원인에는 최강희 감독의 강제 선임을 강행했던 축구협회가 있었다는 것은 변함이 없을 것이다.

4-3. 2013~2014년 홍명보 감독

최강희 감독은 월드컵 본선 진출이라는 목표를 달성한 뒤, 다시 전북 현대 감독으로 복귀했고 그의 후임 감독으로 홍명보 감독이 선임되었다. 홍명보 감독은 2002년 한일 월드컵 때 국가대표팀 주장이자 2012년 런던 올림픽 감독으로 동메달을 이끈 경력이 있었다. 하지만 홍명보 감독은 선임 이전 경력에서 성인 클럽과 국가대표팀 감독을 맡은 적이 없었다는 점이 걸림돌이었다. 그런 우려를 뒤로하고 홍명보 감독은 “One Team, One Sprit, One Goal”이라는 철학으로 소속팀에서 활약하는 선수를 국가대표로 선발하겠다고 약속했다.

하지만 실상은 대부분이 출전을 하지 못하고 부진한 성적을 내고 있는 런던 올림픽 멤버들을 위주로 선발한 것이었다. 특히 상당수 경기에 거의 출전하지 못한 왓포드(Watford FC) 소속의 박주영, 퀸즈 파크 레인저스

(Queens Park Rangers FC)에서 거의 출전하지 못하는 윤석영, 당시 수원 삼성에서 최악의 부진을 겪던 정성룡 등을 선발했다. 반대로 맹활약하고 있는 김신욱, 박주호, 김승규 등은 거의 배제하다시피 했고, 손흥민은 그나마 선발 출전했지만, 경기마다 교체되었다.

게다가 항시 '4-2-3-1'의 대형에, 패스 위주 점유율 축구만 고집하는 경직된 전술만 쓴다는 문제도 있었다.

그 결과, 월드컵을 앞두고 치른 가나와의 경기에서 4:0 참패를 당하고 월드컵에서는 알제리와 2번째 경기에서 전반에 무려 3골을 내줘 4:2로 지는 치욕을 겪어, H조 1무 2패 꼴찌로 탈락하고 만다. 그런데도 축구협회는 홍명보 감독을 2015년 호주 아시안컵까지 유임시키려고 했지만, 월드컵 준비 기간에 홍명보 감독이 구매할 토지를 알아보았다는 언론 보도가 등장하자, 홍명보 감독은 사임하고 말았다.

4-4. 2014~2017년 슈틸리케 감독

그 이후 축구협회는 기술위원장 자리에 이용수 KBS 해설위원을 선임했다. 이용수 기술위원장은 2002년 한일 월드컵 당시 기술위원장으로서 히딩크 감독을 전적으로 믿고 지원해 주었다. 하지만 2002년 한일 월드컵 이후, 축구계의 야권 인사가 되었고 한동안 KBS 해설위원으로 지냈다.

그 당시 이용수 기술위원장 선임 소식 때 축구 팬들은 긍정적으로 바라봤고, 히딩크 감독과 같은 좋은 감독 선임과 함께 2002년 한일 월드컵의 재현을 기대하고 있었다.

기대를 업은 이용수 기술위원장은 처음에는 네덜란드 명장 베르트 판 마르베이크(Bert van Marwijk)를 선임하려고 했다. 베르트 판 마르베이크는 01-02 네덜란드 에레디비지의 명문 팀 페예노르트 로테르담(Feyenoord Rotterdam)의 UEFA컵(현 유로파 리그) 우승을 이끌었고, 2010년 남아공 월드컵에서 네덜란드의 깜짝 준우승을 이끌기도 한 명장이었다.

그런데 문제는 판 마르베이크 감독은 경기 때를 제외하고 네덜란드에만 거주하겠다고 하였고, 거기다 소득세 문제로 인해 협상이 결렬되고 만다.

그러다가 2014년 9월 A매치 때 신태용 코치를 임시감독에 두고 경기를 치를 예정이었는데, 후임 감독으로 울리 슈틸리케(Uli Stielike) 감독이 선임되었다. 슈틸리케 감독은 선수 시절, 독일 국가대표팀 선수로 발탁되었고, 보루시아 묀헨글라트바흐(Borussia Mönchengladbach)와 레알 마드리드에서 수많은 우승컵을 들었던 명실상부한 전설이기도 했다. 하지만 슈틸리케는 감독으로서는 뚜렷한 족적을 남기지 못해 많은 사람의 우려가 따랐다.

그런 우려 속에서 2014년 10월부터 본격적으로 대한민국 국가대표팀 감독직을 수행했다. 슈틸리케호는 2015년 호주 아시안컵에서 준우승을 차지하고, EAFF E-1 챔피언십(동아시안컵)에서 우승을 차지하면서 러시아 월드컵 2차 예선에서 무실점 전승으로 그간의 우려를 말끔히 씻어 낼 수 있었다. 그 당시 많은 여론에서 슈틸리케 감독을 '갓틸리케', '다산 슈틸리케 선생'이라고 부를 정도로 전 국민에게 엄청난 지지를 받았다.

하지만 2016년 9월에 열린 중국과의 첫 홈 경기에서 3골로 앞서다가 막판에 2골을 내주었고, 그다음 시리아와 원정 경기에서 득점 없이 무승부로 경기를 끝냈다. 그 다음 10월에 열린 카타르와의 홈 경기에서 3:2로 간신히 이겼고, 그다음 이란과의 원정 경기에서 무기력한 경기 끝에 1:0으로 지고 만다.

문제는 슈틸리케 감독의 인터뷰였는데, 이란전이 끝나고 세바스티안 소리아(Sebastián Soria) 같은 선수가 없어서 패배했다는 희대의 망언을 한 것이었다. 그날부로 많은 축구 팬은 슈틸리케 감독에 대한 신뢰를 거두기 시작했다.

그러다가 한해를 넘긴 3월, 중국과의 원정에서 손흥민이 경고 누적으로 빠진 상황에 1:0으로 졌고, 시리아 홈 경기에서 1:0으로 간신히 이기게 된다. 계속된 졸전과 성적 부진으로 월드컵 본선 탈락 위기를 겪자 축구협회는 슈틸리케 감독을 경질하려고 했지만, 정몽규 축구협회 회장의 불허로 슈틸리케 감독은 유임되었다. 그리고 6월에 열린 카타르와 원정 경기에서 3:2로 패배하면서 그제야 슈틸리케 감독이 경질되었고, 동시에 이용수 기술위원장도 사임했다.

이런 사태의 원인에는 슈틸리케 감독의 무능함이 있었다. 슈틸리케호가 순항할 당시에는 성남 일화에서 감독 경력이 있었던 신태용 코치가 보완해 줄 수 있었다.

문제는 2015년 2월, U-23 대표팀의 이광종 감독이 백혈병 투병으로 자리에서 물러나자, 신태용 감독이 후임으로 임명되었다. 그 당시만 해도 신태용 감독이 국가대표팀 코치를 겸직하면서 크게 문제가 되지 않았다.

하지만 올림픽 준비 과정에서 박건하 코치와 김봉수 GK 코치가 물러났고, 2016년 리우 올림픽 이후 신태용 코치가 U-20 대표팀 감독으로 부임하면서 코치직에서 물러난다. 여기서 문제는 신태용 코치가 물러나면 상식적으로 다른 코치를 임명하여 그 공석을 채워야 했음에도 그렇게 하지 않았다는 것이다.[3)]

거기다 슈틸리케 감독은 신태용 코치 덕분에 보이지 않았던 밑천이 속속 드러나기 시작했다. 먼저 선수 선발에서 박주호와 이정협 같은 꾸준히 출전하지 못하거나 부진한 성적의 선수들을 계속 선발하려고 했고, 특히 2017년 6월 카타르 월드컵 최종예선 때는 기술위원회의 반대에도 불구

3) 피주영, 「경험 많은 코치 절실한데 기술위는 '두리뭉실'」, JTBC, 2017.4.4.

하고 기량이 떨어지고 노쇠화가 진행되던 곽태휘를 선발[4]했다. 그리고 라이트백(오른쪽 풀백) 전문 차두리가 은퇴한 이후, 전문 라이트백을 쓰지 않고 센터백과 수비형 미드필더 주 포지션인 장현수만 고집하는데, 이러한 잘못된 선수 기용은 월드컵 최종예선에서 좋지 못한 성적을 가져오는 원인이 되고 만다.

그러면서 전술도 계속해서 패스 위주 점유율 축구로만 일관했으며, 선수와 감독의 중간 역할을 담당하던 신태용 코치가 사라지면서 선수단과의 갈등이 생기기도 한다.

그렇지만 더 근본적인 원인은 슈틸리케 감독을 선임한 축구협회에 있었다. 축구협회는 슈틸리케 감독을 물심양면 지원했지만, 슈틸리케호가 갖고 있던 문제에 대해서는 보완하지 않았다. 특히 코치 부분에서 제대로 된 보강이 없었는데 설령 보강을 했더라도 슈틸리케 감독이 원하는 차두리를 전력분석관으로, 막판에 정해성 수석코치를 선임한 것을 제외하면 별다른 지원은 없었다.

4) 류형열, 「"곽태휘 뽑으면 안된다고 했는데…" 슈틸리케, 경기위원들 조언 무시했다 '자승자박'」, 『스포츠경향』, 2017.6.14.

4-5. 2017~2018년 신태용 감독

월드컵 본선 진출 탈락 위기 속에서 예선 2경기가 남은 가운데 축구협회는 신태용 감독을 선임했다. 신태용 감독 선임 이후 남은 월드컵 최종예선 은 이란과의 홈 경기, 우즈베키스탄과의 원정 경기에서 모두 득점 없이 비길 수 있었고, 3위 시리아(13점)와 승점 2점 차로 A조 2위로 본선 진출을 확정 지었다.

그러나 그 과정은 너무나 안 좋았고 거기다 이후 A매치 경기에서는 계속되는 졸전으로 축구 팬들로부터 신뢰를 잃게 되었다. 때마침 터진 거스 히딩크 감독 선임 논란과 함께 축구협회의 개혁을 요구하는 팬들의 빗발치게 되었다.

그 결과 축구협회에서는 신태용 감독을 보좌할 코치로 2010년 남아공 월드컵과 유로 2012 스페인을 우승으로 이끈 토니 그란데(Toni Grande) 수석코치와 하비에르 미냐노(Javier Miñano) 피지컬 코치를 선임했다. 그러면서 기존의 기술위원회를 국가대표팀감독선임위원회(현 전력 강화위원회)와 기술발전위원회로 분리하였고 국가대표팀감독선임위원장(이하 위원장)에는 김판곤 전 홍콩 국가대표팀 감독을 선임했다.

그럼에도 국가대표팀 경기력은 여전히 나아지지 않았다. 거기다 김민재, 권창훈, 김진수, 염기훈, 이근호 등 주축 선수들이 부상으로 월드컵에 나가지 못하면서 기대치는 한층 낮아진 상태였다.

독일, 멕시코, 스웨덴과 한 조로 편성된 상황에서 스웨덴과 첫 경기를 펼치게 되었는데 4-3-3 포메이션으로 원톱에 김신욱을 기용했지만, 스웨덴의 수비 중심 전술에 고전했다. 설상가상 박주호의 부상으로 교체 투입된 김민우의 반칙으로 페널티킥을 내줬고, 스웨덴이 페널티 골을 넣어 1:0으로 지고 말았다.

멕시코와의 2번째 경기는 장현수의 핸드볼 반칙으로 페널티킥으로 골을 내주고, 거기다 치차리토(Javier Hernández)의 골로 전반에만 2골 내주고 만다. 후반전 막판에 손흥민이 만회 골을 넣었지만 2:1로 조별 예선 탈락 위기를 맞게 되었다.

그렇지만 F조 마지막 상대는 2014년 브라질 월드컵 우승팀이자 당대 최강이었던 독일이었고, 많은 사람들은 브라질이 독일에게 7:1으로 졌던 '미네이랑의 비극'과 같은 참패만 당하지 않기만을 바랐다.

하지만 독일 국가대표팀은 예전처럼 강력했던 팀이 아니었다. 요아힘 뢰브(Joachim Löw) 감독의 이해할 수 없는 선수 선발 논란도 이슈였다. 당시 경기력이 부진한 선수들을 기용하는 문제와 함께, 월드컵 시작 전부터 튀르키예계 독일인 선수 메수트 외질(Mesut Özil)과 일카이 귄도안(İlkay Gündoğan)이 레제프 타이이프 에르도안(Recep Tayyip Erdoğan) 튀르키예 대통령과 만난 것 등도 논란이 되면서 팀 분위기는 최악으로 치달았다. 그런데도 독일은 자만했고 예전처럼 제대로 된 전력 분석을 하지 않은 채, 월드컵 경기를 치렀다. 독일은 멕시코와 첫 경기에서 1:0으로 졌고, 스웨덴과의 두 번째 경기에서 졸전 끝에 토니 크로스의 극적인 역전 골로 2:1로 간신히 이길 수 있었다. 하지만 독일은 본선 16강전 탈락 위기 상황에서 우리와 경기를 펼쳤고 계속해서 일방적인 슈팅으로 우리 골문을 두드렸다. 그러나 우리에게는 골키퍼 조현우가 있었고 조현우의 계속된 선방 쇼로 끝내 우리의 골문을 열지 못했다. 후반 추가시간 때 김영권의 선제골과 손흥민의 추가 골로 우리는 독일을 이기는 역사를 쓸 수 있었다.

비록 대한민국은 F조 3위로 16강 진출에 실패하였지만, 강호 독일을 꺾음으로써 전 세계를 깜짝 놀라게 했다. 그동안 팬들로부터 신뢰를 잃었던 축구 국가대표팀은 독일전 이후 다시 신뢰를 회복하기 시작했다. 어려운 상황 속에서 '카잔의 기적'을 만들어 낸 신태용 감독은 계약만료로 물러났다.

4-6. 2018~2020년 벤투 감독 전반기

한편 김판곤 위원장은 여러 가지 개혁과 함께 시스템을 구축했다. 먼저 2018년 1월 중국에서 열린 U-23 AFC 챔피언십(현 U-23 아시안컵)에서 대표팀은 졸전 끝에 4위로 마감하였는데, 축구협회는 김봉길 대표팀 감독을 경질하였고 그 후임으로 김학범 감독을 선임하였다.

김학범 감독을 선임한 결과, 2018년 자카르타-팔렘방 아시안게임에서 금메달을 땄고, 2020년 태국에서 열린 U-23 AFC 챔피언십에서 우승을 차지하였다.

여자축구에서는 2019년 프랑스 여자 월드컵 이후 최인철 감독이 선임되었지만, 과거 인천 현대제철에서 일어난 폭언 사건이 재조명되면서 물러났다. 김판곤 위원장은 최인철 감독 선임에 대해 진솔하게 사과하고, 후임으로 콜린 벨(Colin Bell) 감독을 선임해 여자축구를 한층 더 발전시킬 수 있었다.

이 당시 축구협회는 잘못된 부분을 바로잡는 피드백을 수용해왔다. 대표적으로 2019년 UAE에서 열린 아시안컵에서 의무팀 문제가 있었는데 그 부분을 곧바로 바로잡았다. 그리고 상설화된 기술연구그룹(TSG)을 통해 축구 국가대표팀의 현재 상황에 대해서 분석하고 발전하게 만들었다. 대표적으로 2020년 U-23 AFC 챔피언십에서 MVP 차지한 원두재를 예로 들 수 있다. 애초 김학범 감독은 원두재를 선발할 계획이 없었지만, TSG의 추천을 통해 원두재를 선발[5]하였다. 그 결과, 원두재는 맹활약하였고, 원두재는 팀의 우승을 이끄는 동시에 성인 국가대표팀에 선발될 수 있었다.

여기서 김판곤 위원장이 신태용 감독의 후임을 어떻게 뽑았는지 한번 알아보고자 한다. 과거 감독 선임 때는 인맥과 함께 막연한 확신으로 선임했지만, 김판곤 위원장은 감독의 경력, 축구 스타일, 그리고 감독을 보좌

5) 정다워, 「잘 돌아가던 시스템 붕괴·실종…멕시코전 대참사, 감독만의 책임인가[SS비하인드]」, 『스포츠서울』, 2021.8.3.

하는 코칭 스태프의 능력을 보았고 거기에 계속 감독 후보들을 물색하여 인터뷰를 진행하였다. 그러면서 때마침 정몽규 회장이 사비로 40억 원을 지원해 주면서 더 좋은 감독을 선임할 수 있도록 만들어 냈다.

그래서 2달간의 과정을 걸쳐서 파울루 벤투(Paulo Bento) 감독을 선임하였다. 파울루 벤투 감독은 2002년 한일 월드컵에서 포르투갈 국가대표팀 선수로 출전하였고, 2006년부터 2009년까지 리가 포르투갈(Liga Portuguesa de Futebol Profissional)의 명문 스포르팅 리스본(Sporting CP) 감독을 맡으면서 2번의 준우승을 이끌었고, 포르투갈의 FA컵인 타사 드 포르투갈(Taça de Portugal)에서 우승을 차지하고 2010년부터 2014년까지 포르투갈 국가대표팀 감독을 맡으면서 팀을 유로 2012에서 4강까지 이끌었다.

하지만 부임 당시, 최근 경력을 살펴보았을 때는 성적이 그렇게 좋지 못해 많은 사람이 그의 선임을 우려했다. 그런데도 김판곤 위원장은 현실적인 문제와 함께 벤투 감독의 축구 철학과 그 철학을 보조해줄 코칭 스태프를 좋게 바라봤고, 결정적으로 벤투 본인이 파주 국가대표 트레이닝 센터(파주 NFC)에서 출퇴근하겠다는 적극적인 자세를 보여줌으로써 선임이 이뤄질 수 있었다.[6)]

벤투 감독은 빌드업 축구로 강한 전방 압박에 점유율 축구를 추구했다. 물론 그 과정에서 2019년 UAE 아시안컵 8강전에서 카타르에게 1:0으로 지고, 2연속으로 한일전 3:0으로 지는 많은 시행착오가 있었다. 그

6) 사단법인 대한축구협회, 「김판곤 위원장이 밝힌 벤투 감독 선임 배경」, 2018.8.17.

런데도 국가대표팀감독 선임위원회는 계속해서 벤투 감독을 믿고 지원해 주었다.

그 결과, 카타르 월드컵 아시아 최종예선 조 편성에서 소속된 조의 모든 상대가 전부 중동 국가였지만, 그들을 압도하는 경기력으로 2022년 2월 시리아 원정 경기가 끝나고 2경기를 남긴 상황에서 본선 진출을 확정지을 수 있었다. 또한, 3월 이란 홈 경기에서 2:0으로 이란을 11년 만에 이긴 동시에, 홈 경기에서 17년 만에 이긴 성과를 거두면서 A조 2위, 7승 2무 1패라는 압도적인 성적으로 본선에 진출할 수 있었다.

4-7. 2021~2023년 벤투 감독 후반기와 클린스만 감독 선임

그러다가 벤투 감독과 김판곤 위원장 사이의 중재 역할을 해주었던 홍명보 전무가 울산 현대 감독으로 부임하였고, 정몽규 회장의 3선과 함께 대대적인 인사 개편이 단행했다. 그런데 여기서 문제는 과거 기술위원장을 맡았던 황보관은 대회기술본부장으로, 이용수는 부회장으로 임명되었고 기존의 부회장을 맡고 있었던 김판곤 위원장은 부회장직을 수행하지 않고 권한이 축소[7]되고 만다. 과거 한국축구의 암흑기를 이끌었던 황보관과 이용수가 다시 돌아오면서 많은 축구 팬은 한국축구의 앞날을 걱정했고 그것은 지금도 실제로 일어나고 있다.

---

7) 박종민, 「[단독] 김판곤은 왜 떠났나.. '3개월째 위원장 공석' 유명무실 국가대표전력강화위」, 『한스경제』, 2022.4.12.

먼저 2021년 3월 A매치 한일전이 성사될 당시, 코로나19의 확산을 우려한 국민들의 반대에 부딪힌 적이 있었다. 특히 2020년 11월 A매치 때 코로나19에 확진된 선수들이 있었던 상황에서 또다시 확진자가 나올까봐 많은 우려가 나오기도 했다. 거기에 일본의 경우, 1년을 미룬 2020 도쿄 올림픽의 리허설 차원으로 한일전을 치른다는 것이 알려져 격하게 반대하기도 했다.

이런 반대를 무릅쓰고 한일전은 거의 억지로 성사되었고, 손흥민과 같은 주축 선수들이 결장한 가운데 '이강인 제로톱'이라는 무리수로 정예 멤버로 구성된 일본에 3:0으로 지면서 정몽규 회장이 대국민 사과를 하는 일이 벌어졌다.

이후 김판곤 위원장이 전권을 잡았을 때, A대표팀의 벤투 감독과 U-23 대표팀의 김학범 감독 간의 관계는 원만했지만, 2021년부터 선수 선발 문제에서 두 사람과의 관계에 균열이 일어났다.

본선 때는 코로나19로 인해 AD 카드가 축소된 가운데 황보관 대회기술본부장을 단장 자격으로 파견했지만 정작 중요한 TSG 관계자들을 파견하지 못하는 일[8]도 벌어졌다.

그 결과 도쿄 올림픽 본선에서 대표팀은 8강에 진출할 수 있었지만, 첫 경기였던 뉴질랜드 경기에서는 1:0으로 패배하고 8강 멕시코와의 경기에서 6:3으로 패배하면서 탈락하였다.

---

8) 서호정, 「[서호정] 프로세스 사라진 대표팀 운영… 다시 산으로 가는 축구협회」, 『인터풋볼』, 2021.8.1.

김판곤 위원장이 전권을 쥐고 있을 당시, 연령대별로 감독을 선임할 때도 축구협회에서는 어떠한 개입도 하지 않았다. 하지만 U-23 국가대표팀 김학범 감독의 후임으로 황선홍 감독이 부임하게 되는데, 이 과정에서 전력 강화위원회에서 수많은 후보를 검증하고 인터뷰하는 도중, 정몽규 회장의 직권으로 결정되었다.[9]

그러다가 2022년 2월 김판곤 위원장이 말레이시아 국가대표팀 감독으로 부임하였고 그 후임에는 이용수 부회장이 선임되었다. 이용수 부회장은 슈틸리케 감독 때의 전적으로 인해 2014년과 달리 축구 팬 사이에서도 여론은 최악이었던 인물이었고, 또다시 슈틸리케 감독 시기처럼 한국 축구 암흑기를 만들게 될까 많은 이들이 걱정했다.

그런 우려 속에 끝내 A매치 상대 선정에서 말썽을 일으키게 되었다. 6월 A매치를 4번이나 치렀는데 마지막 경기가 원래 아르헨티나였으나, 아르헨티나 국가대표팀 선수들이 한국과의 평가전에 격렬히 반대하면서 끝내 무산되었다. 축구협회는 아르헨티나를 대체할 국가를 찾아야 하는 상황이었다. 문제는 유럽과 북중미는 네이션스 리그를 치뤄야 해서 애당초 친선경기를 열 수가 없었다.

그리고 카타르 월드컵 H조 첫 경기인 우루과이전 대비 차원에서 6월 A매치 중 3번은 남미팀과 경기를 잡았고, H조 두 번째 상대 가나전의 대비 차원의 친선경기는 아프리카팀으로 경기를 잡으려고 했다. 아프리카 대륙

9) 유튜브 볼만찬기자들, 「황선홍 U23 사령탑 선임 풀스토리 (ft.강인아 잘해보자)」, 유튜브 볼만찬기자들, 2021.9.16.

에서 지역별 축구 스타일을 놓고 비교한다면 중동과 가까운 북아프리카와 그 외의 아프리카 지역과의 축구 스타일은 너무나 달랐다. 우리가 본선에서 상대하는 가나는 서아프리카의 국가였기에, 가나전 대비 차원에서는 월드컵 본선 진출 국가인 카메룬과 세네갈이 적절했다.

그런데 가나전 대비 친선경기의 상대는 이집트가 되었다. 북아프리카 국가였고, 세네갈에 밀려 월드컵 본선 진출에도 실패했던 팀이었다. 거기다 이집트와의 친선경기에서 살라가 불참하면서 살라의 플레이를 보기 위해 경기를 기대했던 많은 축구 팬들이 표를 환불했고, 이집트전은 6만 명이 안 될 정도로 흥행에 실패했다.

그러다가 9월, 일본을 포함한 월드컵 본선에 진출한 국가들은 A매치를 유럽에서 펼쳤지만, 대한한국은 축구협회의 재정적 이유로 국내에서 A매치를 열게 되었다. 대한민국의 A매치 상대는 코스타리카와 카메룬으로 잡았지만, 문제는 국내에서 평가전을 하다 보니 일부 정예 선수들이 오지 않았다.

그리고 월드컵 전에 열린 11월 A매치도 역시, 국내파 위주로 선수를 구성하여 아이슬란드와 경기를 치렀다. 주축 선수가 다수 빠진 가운데서 3만5천 명의 관중을 수용할 수 있는 화성 종합경기타운주경기장에는 고작 15,274명에 불과했고 전체 수용인원의 반도 채우질 못했다. 이는 월드컵 본선에 대비해야 하는 해외 A매치를 잡지 않았다.

정몽규 회장의 직권으로 선임된 황선홍 감독의 U-23 국가대표팀은 2022년 U-23 아시안컵에서 말레이시아, 베트남, 태국 등과 함께 편성되어 2020년 대회의 중국, 이란, 우즈베키스탄과의 조 편성 때보다 상당히 유리한 조 편성을 베트남에 1:1로 비기는 등, 동남아 국가대표팀을 상대로 고전을 면치 못하고 2승 1무의 전적으로 8강에 진출했으나, 2024년 파리 올림픽을 대비하기 위해 U-21 출신 선수들로 편성한 일본에 3:0으로 지고 말았다.

이런 원인에는 먼저 3년 전 U-20 월드컵 준우승 멤버를 주축으로 구성하고도 제대로 활용하지 못한 황선홍 감독의 무능함이 있었다고 볼 수 있다. 황선홍 감독은 부산 아이파크와 포항 스틸러스 감독으로 부임했을 당시, 부산 아이파크를 2010년 FA컵 준우승을 이끌었고, 이후 부임한 포항 스틸러스에서 팀의 FA컵 2연패와 2013년 K리그 클래식(현 K리그 1)과 FA컵 우승을 동시에 석권시킨 명장이었다.

그러나 FC 서울과 대전 하나 시티즌 감독을 맡으면서 하락세를 타기 시작하였다. 2016년 시즌 중에 황선홍 감독이 FC 서울의 감독으로 부임하고, FC 서울의 전북 현대가 심판 매수 사건으로 승점을 삭감당한 덕에 FC 서울이 우승한 것을 제외하고는 FC 서울에서 좋은 성적을 거두지 못했고 거기다 FC 서울 선수단과 갈등이 있었고, 대전 시티즌에서는 허정무 이사장과의 갈등으로 두 팀에서 중도 사임하였다.

그런데도 축구협회는 황선홍 감독을 U-23 대표팀 감독으로 선임했지만, 본선 내내 공격수 고재현을 수비형 미드필더로, 윙백인 김태환을 윙어로 기용하는 이해할 수 없는 선수 기용과 함께 대회 내내 좋지 못한 경기력으로 일관하였다. 여기에 한일전에서는 3:0으로 대패하는 참사가 벌어지고 말았다.

결정적으로는 코로나19 확산 방지 명목으로 U-23 아시안컵 대비를 위한 친선경기 일정을 잡지 않아 제대로 된 전술실험을 하지 못했다. 그렇지만 더 큰 문제는 전력 강화위원회에서는 김판곤 위원장 시절과 달리 그간 드러난 문제점을 해결하기 위해 어떠한 근본적인 해결책을 제시하지 않았다는 것이다.

또 다른 문제점으로, 김판곤 위원장 때 활성화가 된 TSG가 점차 유명무실화되고 있었다. 2022년 7월 EAFF E-1 챔피언십에서 열린 한일전에서 3:0으로 대패를 당했을 당시, 권경원을 수비형 미드필더로 쓰는 무리수와 9월 A매치 때 오래간만에 소집한 이강인을 단 한 경기도 쓰지 않은 벤투 감독의 경직된 선수 기용 문제에 대해서 TSG가 제대로 된 피드백을 하지 않았다. 이로 인해 한동안 축구 국가대표팀에 대한 신뢰가 줄어들기 시작했다. 과연 월드컵에서 좋은 성적을 거둘지는 의문이 들기 시작하였다.

하지만 카타르 월드컵에서 벤투호는 16강 진출 과정에서 보여 준 포기하지 않는 경기력과 집중력으로 많은 국민들에게 박수를 받았고, 월드컵이 끝나면서 벤투 감독과는 계약 만료로 아름다운 작별할 수 있었다.

대한민국이 16강 진출을 이룰 수 있었던 이유에는 선수들의 투혼도 한몫했지만, 벤투 감독이 4년 4개월이라는 기간 동안 체계적으로 구축한 시스템과 이를 바탕으로 일관된 운영 방식이 있었기에 가능했다.[10] 초반에

10) 김형민, 「"난 스테이크 주문은 받아도 축구는 주문 받지 않는다"… 한국서 빛난 벤투의 뚝심」, 『아시아경제』, 2022.12.4.

김판곤 위원장의 엄청난 지원 속에서 시행착오를 겪으면서도 벤투호가 순항할 수 있었지만, 점차 김판곤 위원장의 권한이 축소되고 얼마 안 가 말레이시아의 대표팀 감독으로 부임하면서 벤투 감독과 축구협회와의 사이에서 마찰이 생겼다. 그렇지만 벤투 감독은 끝까지 본인의 철학과 시스템을 고수하였고 월드컵 준비 과정에서는 누구 하나 개입 없이 본인 사단과 함께 준비하였고, 그 결과 벤투 감독은 많은 사람들의 우려에도 불구하고 기적인 16강 진출이라는 결과로 증명했다.

벤투 감독이 물러나고 2023년 1월 4일, 이용수 부회장은 대한축구협회 부회장직과 전력강화위원장직을 사임하고 그 후임에는 미하엘 뮐러(Michael Müller) 기술발전위원장이 선임되었다. 미하엘 뮐러 위원장이 선임될 당시 이용수 전 부회장과 황보관 대회기술본부장에 질린 대부분 축구 팬들이 환영을 하였고 거스 히딩크와 파울루 벤투와 같은 외국인 명장을 모셔오기를 기대하고 있었다. 미하엘 뮐러 위원장도 첫 기자회견 때 기존의 감독 후보 명단을 버렸다고 하였고, 전문성, 경험, 동기 부여, 팀워크, 환경 등 5가지 요소를 보고 선임하겠다고 약속하였다.

수많은 축구 팬들의 믿음 속에서 후임으로 위르겐 클린스만 감독이 선임되었다는 소식이 나왔다. 하지만 대부분의 축구 팬들은 클린스만 선임에 대해 반대를 했다. 선수 시절에는 월드컵 우승을 이끈 전설적인 공격수였고, 감독 시절에는 독일과 미국을 각각 3위와 16강을 이끈 전적이 있었다. 하지만 클린스만이 축구클럽 감독으로 있던 시절의 팀 성적이 부진했다. 클린스만이 감독직을 맡았던 19-20시즌 헤르타 BSC(Hertha BSC)

에서 계속되는 성적 부진으로 자신의 SNS 계정을 통해 사임을 밝히고 3년간 현장을 떠나기도 했다. 거기에 독일 국가대표팀 감독 시절부터 미국 거주를 고집했다는 문제점도 있어 팬들의 반발은 불가피했다.

그런 가운데, 미하엘 뮐러 위원장의 감독 선임과 관련해 기자회견을 열었지만, 팬들의 반발을 이해시킬 깔끔한 설명이 나오지 않았고, 두루뭉술한 답변에 기자들과 축구 팬들이 분노했다. 나중에 정몽규 축구협회 회장이 본인이 직접 선임했다고 실토[11]하면서 논란은 쉽게 가라앉지 않았다.

그나마 다행스럽게도 클린스만 감독이 대표팀 감독 취임 기자회견 때 헤르타 BSC SNS 사임 사건에 대해 깔끔하게 사과를 하였고, 자신의 경력 단절과 지도자로서의 역량 문제 등에 대해서도 깔끔하게 해명하기도 했다. 또한, 대한민국 축구 대표팀 감독으로서 한국에서 거주하겠다고 분명히 선언한 가운데, 자신의 사단[12]을 소개하였다. 거기에 있는 코칭스태프 대부분 유능한 인물이라는 것을 인지한 축구 팬들은 안도하였고 조금씩 클린스만 감독의 행보에 신뢰를 보내기 시작했다.

11) 김재호, 「클린스만 낙점한 정몽규 회장 "신뢰가 느껴졌다" [현장인터뷰]」, 『매일경제』, 2023.3.1.

12) 안드레아스 헤어초크(수석코치), 파올로 스트링가라, 마이클 킴(김영민, 이하 코치), 안드레아스 쾨프케(GK코치), 베르너 로이타르트(피지컬 코치), 차두리(기술고문) 등.

4-8. 2010~2023년 국가대표팀 운영의 문제점과 해결책

지금까지 2010년부터 2023년까지 축구 국가대표팀을 운영을 바라보면서 크게 두 가지 문제점을 알 수가 있었다.

첫 번째, 축구 국가대표팀 감독들이 한국축구가 가진 장점을 생각하지 않고, 지나치게 패스 위주 점유율 축구에만 집착해왔다는 사실이다. 우선 한국축구가 가진 고유의 장점은 압도적인 피지컬을 바탕으로 상대를 강하게 압박하는 축구였지만, 조광래 감독 부임 이후, 한국축구는 지나치게 패스 위주 점유율 축구에만 집착하기 시작했다. 조광래 감독이 물러난 이후 후임 감독들이 계속해서 피지컬 압박 축구가 아닌 점유율 축구에 집착하면서 한국축구의 피지컬 압박 축구의 모습이 점차 사라지기 시작했다. 그 결과로, 국가대표팀은 부진한 성적과 떨어지는 경기력을 보여 주면서 한국축구의 암흑기가 찾아오게 되었다.

그렇지만, 벤투 감독은 능동적인 빌드업 축구를 계속 추구하였다. 4년 4개월 동안 많은 시행착오 속에서도 자신의 사단과 함께 일관하여 시스템을 진행하였고, 많은 사람의 불신과 의문에도 기어코 팀을 월드컵 16강에 진출하게 했다.

2023년의 클린스만 감독 사단과 전력 강화위원회, 기술발전위원회에서는 벤투호가 만들어 낸 능동적인 빌드업 축구와 거기에 보조해줄 시스템을 계승하는 것이 우선적으로 이뤄져야 한다.

그렇다면 소위 빌드업 축구를 제대로 구축하려면 어떻게 해야 할까?

무엇보다 대부분 국가대표 선수들이 유럽에 진출하는 것에 그치는 것이 아니라, 진출한 유럽 리그에서 에이스급으로 맹활약해야 하고, 유소년 축구 때부터 기본기를 제대로 가르쳐 성인 때까지 몸으로 익숙해져야 한다. 그러면서 한국축구 고유의 장점인 피지컬을 살리는 방향으로 나아가야 한다.

일본은 예전부터 패스 위주 점유율 축구를 일본축구의 철학으로 삼고, 유망주들을 어릴 때부터 자신들의 축구 철학이 몸에 밸 수 있도록 교육하고 육성하였다. 그러면서 일본 선수들이 꾸준히 유럽 리그에 진출하면서 현재 일본 국가대표팀 구성원 대부분을 유럽파로 채울 수 있었다. 또한, 이들이 유럽 리그에서 활약하다 보니, 일본의 약점으로 꼽히던 피지컬 문제도 어느 정도 해결하였다.

그래서 우리도 빌드업 축구를 제대로 갖추기 위해서는 유소년 축구 때부터 빌드업 축구를 가르쳐야 한다. 특히 한국축구 고유의 장점을 더한 기본기 훈련을 익히게 하고, 더 나아가 연령대별부터 성인 국가대표팀까지 일관된 철학으로 지속해서 운영해야 한다.

두 번째, 축구 국가대표팀의 후진적인 운영의 문제를 꼽을 수 있다. 먼저 감독 선임이야말로 대표적인 사례이기도 하다. 축구협회의 2010년 조광래 감독 선임은 허정무호의 16강 진출을 계기로 국내파 감독들도 경쟁력이 있다는 막연한 환상에서 이뤄졌다. 조광래 감독 선임 외에도, 2011년 최강희 감독 선임은 조중연 회장의 인맥을 바탕으로 강제로 이뤄진 결정이었고, 2013년 홍명보 감독 선임도 2012년 런던 올림픽 당시의 성과만으로 판단했다. 그러면서 2014년 슈틸리케 감독은 제대로 된 검증 절차도 없이 화려한 선수 이력과 독일에서의 국가대표팀 코치 경력과 연령대 대표팀 감독 경력을 감안하여 선임하기도 했다. 이러한 주먹구구식 감독 선임의 결과로 축구 국가대표팀과 한국축구 전체에 악영향을 미쳤다.

이외에도 국가대표팀에 대한 지원 문제도 생각해 봐야 한다. 조광래 감독은 기술위원회와의 갈등이 있었고, 홍명보 감독 때 기술위원회는 거의 유명무실화되었다. 그리고 슈틸리케 감독은 코치 선임 문제에서 손을 거의 놓다 싶다시피 하며 사실상 방임했다. 그리고 2021년 전력강화위원장의 권한이 축소되고 난 뒤에는 연령대별 대표팀의 A매치는 코로나19로 인한 사회적 거리두기를 이유로 2022년 초까지 열리지 않았고, A대표팀의 경우, 월드컵 본선 진출 이후 국내에서만 A매치를 치렀다. 그러면서 김판곤 국가대표감독선임위원장 시기에 체계화된 TSG를 통한 피드백 시스템이 거의 유명무실화가 되고 있다.

지금 대한민국 축구 국가대표팀은 이대로 안 된다는 생각을 가지고 개혁이 절실한 시점이고 개혁을 하려면 다음 세 가지가 우선되어야 한다.

먼저, 전력 강화위원회를 포함한 국가대표팀 지원 부분에 대해서 대대적인 개혁이 필요하다. 먼저 파울루 벤투 감독과 김판곤 위원장이 구축한 국가대표팀 관리 시스템을 부활시켜 클린스만 감독뿐만 아니라 연령대별 국가대표팀의 감독들이 그 시스템 안에서 좋은 성적과 한국축구 발전의 밑거름을 만들 수 있도록 도와야 한다. 그러면서 감독들의 경기 운영에 제대로 된 평가를 할 수 있는 TSG가 꾸준한 피드백과 청사진을 제시할 수 있어야 한다. 그리고 그런 시스템이 정상적으로 작동할 수 있도록 젊고 유능한 위원들로 구성해야 하고 한국축구의 발전을 가로막는 간섭과 일방통행식 인사 선임을 막아야 한다.

두 번째, 앞으로 국가대표팀 감독을 선임할 때, 국가대표팀과 한국축구에 대한 확실하고 장기적인 철학과 제대로 된 원칙을 토대로 이뤄지고 지원해야 한다. 감독 선임의 제1 원칙은 한국축구의 장점을 제대로 살리고 약점을 보완하는 동시에 축구 트렌드를 따라갈 능력이 되는 인물이어야 한다. 그 인물의 국적이 한국인이냐 외국인이냐 상관없이 오직 능력을 중심으로 좋은 경력, 확고한 비전과 철학을 갖춘 인물이 선임되어야 하며, 그 휘하에 제대로 된 코칭 스태프도 갖춰져야 한다.

세 번째로, 축구협회 고위층에서는 지금보다 더 한국축구에 관심을 갖고 지원해야 하지만, 그렇다고 지나치게 간섭을 해서는 안 된다.

어떠한 일이 있더라도 지원을 줄이거나 코치를 보강하지 않는 등의 방임적 태도를 절대 해서는 안되고, 국가대표팀 감독 선임을 하는 과정에서 독선적인 선임과 지나친 간섭도 하지 말아야 한다.

4-9. 진정으로 축구 국가대표팀이 발전하려면?

앞에서 어떻게 하면 축구 국가대표팀을 지금보다 더 나은 방향으로 발전시킬 방안을 이야기해 보았다. 이제는 국가대표팀 관련해 꼭 해야 할 말이 있다.

우리는 흔히 국가대표팀 경기를 보면서 단 한 경기를 졌다고 해서 감독을 교체해야 한다고들 이야기한다. 월드컵에서 좋은 성적을 거두기 위해서는 K리그를 희생시키면서까지 장기합숙을 해야 한다고 말한다.

이러한 의견들에 대해 이런 답을 하고 싶다.

많은 사람이 간과하고 있는데, 월드컵과 아시안컵을 제외하고 국가대표팀은 경기가 1~3달에 2번 혹은 3번 정도밖에 없을 정도로 많지 않다. 그리고 국가대표팀은 클럽처럼 외국인 선수를 영입하는 방식이 아니라 자국 출신의 좋은 선수로 한정된 기간 안에 좋은 결과를 거둬야 한다는 특징이 있다(물론 외국인 선수 귀화라는 대안도 있지만, FIFA에서 규정한 귀화 선수가 국가대표팀에 뛰려면 귀화하려는 국가에서 5년 이상 연속으로 거주하는 동시에 원 국적 대표팀에서 A매치 경험이 없어야 한다는 까다로운 규정이 있다. 그래서 국가대표팀 감독은 평상시에 K리그 경기를 직접 보면서 좋은 선수들을 선별해야 하며, 한정된 기간 내에 좋은 성적을 거두기 위한 전술을 짜야 한다.

또한, 국가대표팀의 특성상 클럽팀과 달리 전 국민의 기대를 한몸에 받다 보니, 감독으로서 한정된 기간과 자원으로 국민의 기대에 부응해야 한다. 그래서 대부분 축구 감독들은 상대적으로 한정된 기간과 자원을 활용해야 하는 국가대표팀 감독보다, 더 많은 경기를 치르고 선수 영입을 통해 자원을 보완할 수 있는 클럽 감독직을 더 선호한다. 그러다 보니 내로라하는 대부분의 축구 감독들은 유럽의 명문 클럽을 맡으려 한다.

우리는 이러한 현실을 제대로 직시해야 한다. 만약 한 경기 졌다는 이유로 감독을 경질한다고 해서 지금보다 더 좋은 감독이 올까?

절대 아니다! 오히려 축구협회에는 위약금을 부담해야 하는 문제가 생기고, 많은 유능한 감독들은 위험 부담을 감수하고 감독을 맡으러 오지 않을 것이며, 그러면 당연히 지금보다 수준이 떨어지는 감독이 올 것이다. 물론 성적이 좋지 못하면 당연히 감독을 바꿀 수 있지만, 근본적으로는 축구협회가 제대로 된 감독을 선임해야 한다. 그래서 축구 팬들은 축구 국가대표팀 감독을 믿고 맡기되, 잘못된 것은 제대로 목소리를 내야 하고 경질은 아주 극단적인 상황일 때 이야기해야 한다.

월드컵에서 좋은 성적을 거두기 위해서 2002년 한일 월드컵 때처럼 K리그를 희생하고 장기합숙을 해야 한다는 주장도 문제가 있다.

사실 월드컵과 올림픽과 같은 국제대회를 앞두고 K리그 프리시즌 기간 동안 2주 동안 장기합숙을 하는 축구 국가대표팀의 규정[13)]이 있는 것은 사실이지만, 최근 그 기간이 전보다 많이 준 것은 사실이다. 하지만 여기서 K리그를 희생시키면서 전보다 더 장기합숙 훈련을 한다고 월드컵과 올림픽에서 좋은 성적을 거두고 한국축구 또한 발전을 거둘 수 있을까?

---

13) 사단법인 대한축구협회, 제11조 훈련보강기간, 『축구국가대표팀 운영규정』, p.5.

절대 아니다!

장기합숙 훈련 실패의 일례로, 2022년 카타르 월드컵을 개최한 카타르를 꼽을 수가 있다. 카타르는 대회 개막 1년 전부터 A매치를 무려 24경기를 펼쳤고, 개막 6개월 전에는 장기합숙 훈련으로 손발을 맞췄다. 그 과정에서는 2021년에는 북중미 골드컵, FIFA 아랍컵과 같은 토너먼트 대회에 참가하였고 심지어는 월드컵 유럽예선 A조에서 초청국 자격으로 A조 국가와 A매치 경기를 펼치기도 하였다.

2021년에 A매치 총 24경기를 치른 결과 12승 5무 7패로 나쁘지 않은 성적표를 얻었고, 거기에 2019년 AFC 아시안컵 우승 멤버가 팀 구성의 대부분을 차지하고 있었다. 거기에 본선 조 편성에서도 에콰도르, 세네갈, 네덜란드 생각 외로 나쁘지 않은 조에 편성되어 나름 좋은 성적을 기대해 볼 만했었다.

그런데 막상 월드컵 본선에는 무기력한 모습을 보이면서 3전 3패 1득점 7실점으로 A조 최하위로 월드컵 본선 국가 중 최하위의 성적을 거두고 탈락하고 말았다.

이런 원인에는 카타르가 월드컵 본선에 처음 참가했던 점, 카타르의 대표팀 감독인 펠릭스 산체스 바스(Félix Sánchez Bas) 감독이 월드컵에 대한 경험이 없었다는 점, 선수들이 자국 리그에서만 뛰면서 유럽과 같은 선진 축구에 대한 경험이 부족했다.

제아무리 카타르처럼 해외 출신의 선수를 귀화시키고 육성하여 장기적인 합숙 훈련을 해봐도 선진축구를 제대로 접하지 못하고 월드컵과 같은 국제무대에서의 경험이 없다면 말짱 도루묵이 될 수밖에 없다. 물론 카타르와 달리 우리는 월드컵과 올림픽 출전의 경험이 많아 카타르와 비교해 보면 더 좋은 성적을 낼 수 있었다. 문제는 아시아 무대가 아니라 세계 무대에서는 한일 월드컵 4강과 런던올림픽 동메달과 같은 성과를 재현한다는 보장이 없고, 오히려 전보다 더 안 좋은 성적을 거둘 수도 있다. 2002년 당시처럼 K리그를 고려하지 않은 장기합숙 훈련은 K리그와 한국축구 모두를 죽이는 행위밖에 안 된다.

그래서 K리그를 희생시키고 장기간 합숙할 바에 차라리 일본의 방식을 따라야 한다. K리그가 내실 있는 리그로 거듭날 수 있도록 탄탄하게 갖추고, 국내 선수들을 지속해서 유럽 리그로 진출시켜 선진축구를 접하게 하면서 격차를 줄이도록 해야 한다. 이러한 방식으로 한국축구는 지금보다 더 발전할 것이고, 2002년 한일 월드컵 4강 신화와 2012년 런던올림픽 동메달 신화를 재현할 것이라고 확신한다.

이번 챕터에서 축구 국가대표팀에 대해 알아보았다. 다음에는 축구 국가대표팀과 한국축구를 전반적으로 관리하는 대한축구협회에 대해 알아보자.

Chapter 5

대한축구협회, 지금 어디로 가시나요?

대한축구협회(KFA)는 대한민국 축구 국가대표팀과 한국축구를 전반적으로 관리하고 지원해 주는 사단법인이다. 현재 범현대가 정몽규 HDC 그룹 회장이 2013년부터 대한축구협회 회장직을 수행하고 있다. 정몽규 회장이 있는 범현대가는 1993년 정몽준 전 국회의원(현대중공업그룹 총수)이 대한축구협회 회장으로 부임하고 나서 지금까지 한국축구 전반에 영향을 미치고 있다.

범현대가가 한국축구의 발전에 이바지했다는 것은 웬만한 축구 팬들은 인정하지만, 한편에서는 한국축구 발전을 위해 '청산되어야 할 적폐 집단'이라고 인식하고 있기도 하다. 거기다 2023년에 벌어진 승부 조작범을 포함한 범죄를 저지른 축구인 100명에 대한 사면 번복 사건으로 인해 축구협회의 신뢰가 땅에 떨어진 상태이다.

한국축구 발전에 한국축구협회의 역할은 매우 중요하다. 어떻게 하면 축구협회가 그간 잃었던 신뢰를 다시 찾고 제 역할을 할 수 있는지 알아보자.

5-1. 1993~2020년 대한축구협회

1993년, 축구협회 회장에 정몽준 당시 현대중공업 고문, 통일국민당 의원이 부임하면서 한국축구에 많은 발전을 이룩할 수 있었다. 먼저 2002년 한일 월드컵 개최를 통해 축구 전용구장과 훈련장을 갖추면서 한국축구의 인프라가 눈에 띄게 좋아졌다. 그리고 대한축구협회가 더는 국가의 지원을 받지 않고 기업의 후원을 통해 자체적으로 운영할 수 있게 되었다.

2009년 정몽준 회장의 후임으로 조중연 회장이 부임했는데, 이 시기에는 수많은 명(明)과 암(暗)이 있었다. 먼저 업적은 2009년에 유망주가 유소년 대회에서 4강 진출을 하면, 상위 학교로 진학할 때 가산점을 주는 제도를 폐지하고, 전국 초중고 전국리그를 시행하여 기존의 학원 축구 위주의 한국축구 유소년 시스템을 지금의 유소년 축구 시스템으로 전환했다.

반면, 2010년 조광래 감독과 2011년 최강희 감독을 선임한 이후로 한국축구에 암흑기를 초래했다는 실책이 있었고, 런던 올림픽 당시 박종우의 독도 세레모니 사과 문제, 조광래호의 코칭 스태프 임금 미지급 문제, 그리고 비리직원 퇴직금 지원 문제 등으로 인해 조중연 회장은 더는 회장직을 연임하지 않았다.

2013년 조중연 회장 이후 후임 회장을 뽑아야 하는 상황에서, 당시 회장 후보로는 정몽규, 허승표 등을 포함한 총 4명의 후보가 나왔다. 이 중에서 정몽규 후보는 범현대가 출신이면서 HDC 그룹 회장, 부산 아이파크의 구단주였고, 당시 프로축구연맹 총재로서 승강제를 도입하고, 경영 정보 공개하는 등의 뚜렷한 성과를 보여 주어 유력했다. 허승표 후보는 범 GS가이면서 피플웍스 회장이었고 축구계 야권 대표 주자였다.

1차 투표에서는 허승표 후보가 2차례 낙선한 배경과, 등록 선수를 20만 명으로 늘리고 축구협회의 재정을 지역축구협회에 분배하겠다는 파격적인 공약으로 1위를 기록했다. 하지만 허승표 후보가 과거 축구협회 부회장 때 보여 준 좋지 못한 전적과 막판에 정몽규 후보로 표심이 결집하면서 결선 투표 결과 정몽규 후보가 축구협회 회장으로 당선되었다.

정몽규 회장은 2013년에 2017년 U-20 월드컵 한국 개최라는 성과를 거뒀다. 그러면서 2013년에 '비전 해트트릭 2033'이라는 장기적인 비전을 제시하였고, 2014년에 출범한 '골든 에이지'라는 우수 유소년 축구선수 육성 시스템을 통해 2019년 U-20 월드컵 준우승과 2023년 U-20 월드컵 두 대회 연속 4강을 이룰 수 있는 배경이 되었다. 그리고 2016년 대한축구협회와 전국생활축구연합회를 통합해 2019년에 아마추어 리그 K5-K7 리그가 출범되었다. 또한, 정몽규 회장이 부임하면서 국가대표 문제에 대해서는 거의 전권을 기술위원회에 맡기고 본인은 최종 결재 역할에만 집중하는 모습을 보여 주었다.

문제는 이용수 기술위원장과 슈틸리케 감독이 임기 후반부에 보여 준 문제에 대해서 거의 내버려 두다시피 했다. 대표적으로 2017년 3월에 월드컵 최종예선이 끝나고 기술위원회는 슈틸리케 감독을 경질하려고 했지만, 정몽규 회장은 이를 승인하지 않았다.[1] 그로 인해 6월 월드컵 최종예선 카타르 원정 경기에서 3:2로 지면서 예선 탈락 위기까지 겪기도 하였다. 거기다 같은 해 10월에 일어난 거스 히딩크 감독 선임 논란으로 인해 축구협회에 대한 개혁 요구가 커지기도 했다.

결국 축구협회는 대대적인 인사 개편을 단행하였고 그 결과 홍명보 전무 선임과 함께 국가대표팀감독선임위원회를 신설하여 김판곤을 위원장에 임명했다. 홍명보 전무와 김판곤 국가대표팀감독선임위원장 때는 국가대표팀 운영부터 시작해서 축구협회가 달라졌다고 이야기가 나왔을 정도로 정몽규 축구협회 회장 체제는 그야말로 탄탄대로였다.

---

1) 전형진, 「슈틸리케 감독 유임… "최근 성적만 봐선 안 돼"」, 『한국경제』, 2017.4.3.

5-2. 2021년 이후 잘못된 길을 걷고 있는 축구협회

2021년 1월, 정몽규 회장은 단독으로 출마하여 3선을 하였고, 본인의 기업 HDC 현대산업개발에서 시행하고 있는 애자일(Agile) 시스템을 도입하였다. 애자일 시스템은 부서 간의 경계 없이 상황에 맞게 유동적으로 움직이는 수평적인 시스템을 말하는데 그것을 수직적 위계질서가 강한 축구에 응용하여 도입하였다.

그런 상황 속에서 2021년 홍명보 전무가 울산 현대 감독으로 부임하면서 또다시 인사 개편을 단행하였는데, 여기서 과거 실패한 인사였던 이용수와 황보관을 각각 부회장과 대회기술본부장으로 임명하고, 김판곤을 부회장직에서 박탈해 전력 강화위원회에만 전념하게 하였다.

이런 행보는 한국축구에 안 좋은 영향을 미치기에 이르렀다. 앞 챕터 국가대표팀 편에서 나왔지만, 김판곤 위원장의 권한이 축소되면서 국가대표팀 운영에 문제가 생겼다. 대표적으로 2021년에 벌어진 벤투 A대표팀 감독과 김학범 올림픽 대표팀 감독 간의 갈등이 있었고, 같은 해에 열렸던 도쿄 올림픽에서 황보관 대회기술본부장이 단장 자격으로 오면서 국가대표팀감독선임위원회 소속된 TSG 인원들이 도쿄에 오지 못하였다. 그 결과 제대로 TSG의 지원을 받지 못한 올림픽 대표팀은 8강에서 멕시코에 6:3으로 지는 참사로 이어지게 되었다. 거기다 국가대표팀을 물심양면으로 지원해 주었던 김판곤 위원장은 2022년 2월 월드컵 최종예선 시리아전을 끝으로 말레이시아 감독으로 부임하면서 위원장직을 내려놓게 되었다.

김판곤 위원장이 물러나고 나서, 축구협회는 코로나19 사회적 거리두기로 인한 재정적 적자를 메우기 위해서 2022년 카타르 월드컵 본선 대비 A매치를 해외 경기가 아닌 국내 경기로 고집하였다. 물론 국내에서만 A매치를 연다면 수많은 국내 관중의 응원과 함께 더 많은 관중 수입을 벌어들여 축구협회의 적자를 해결할 수 있겠지만, 국가대표팀 차원에서 바라본다면 월드컵에 대비하는 전력 점검과 현지 적응 능력 강화 등에는 별 도움이 되지 않았다.

이와 달리 재정적자 상황에 부닥쳤던 일본축구협회는 오히려 협회 소유의 본부 건물 JFA 하우스를 매각했고, 2022년 9월 A매치를 일본이 아닌 독일에서 열면서 한국의 행보와는 사뭇 비교되는 행보를 보여 주었다.

한편, 정몽규 회장은 점차 감독 선임에 직접 개입하는 모습을 보여 주었다. 2021년 U-23 대표팀 감독 선임은 그동안 전력 강화위원회에서 기존의 감독 선임 절차에 따라 진행 중이었으나, 자신의 직권으로 황선홍을 감독으로 선임하였다. 그리고 벤투 감독의 후임을 고르기 위한 국가대표팀 감독 선임 과정에서도 마찬가지로 미하엘 뮐러 위원장과 전력 강화위원회의 의견을 무시하고 독단적으로 클린스만 감독을 선임하였다.

5-3. 특정 1인에 의존한 축구 외교의 결과

2023년 AFC 아시안컵은 원래 중국에서 개최 예정이었으나, 코로나19의 여파로 인해 개최권을 반납했고, 결국 대체 국가로 카타르가 선정되었다. 표면적으로 카타르가 막강한 오일 머니를 기반으로 구축한 카타르 월드컵 당시 인프라를 그대로 사용하고 아시안컵 본선 진출국에 지원해 준다는 공약이 있었기에 가능했다.

이런 결과의 원인에는 그 이면에 축구협회의 무능한 외교가 존재한다. 그동안 축구협회의 축구 외교가 지나치게 특정 1인에게만 의존해 왔다. 과거에는 정몽준 회장이 한국축구 외교의 수장으로 나섰고, 지금은 정몽규 회장이 전면에 나서고 있다. 과거 정몽준 회장은 FIFA 부회장의 직책도 맡고 있어 한일 월드컵 개최를 포함해 전 세계 축구에도 상당한 영향력을 미쳤지만, 지금의 정몽규 회장은 그렇지 못하고 있다. 물론 정몽규 회장이 2017년 AFC 집행위원으로 부임한 적도 있었지만, 2019년에 FIFA 평의회 위원 선거와 AFC 부회장 선거에 출마해 계속 낙선하면서 한국은 AFC에서 어떠한 영향력도 미치지 못하고 있다.

이와 함께 한국이 AFC에 재정적 이바지를 하나도 하지 않는 것도 결정적으로 작용했다. AFC를 후원하는 한국 기업이 하나도 없다는 게 이를 잘 보여 준다.

그리고 2023년 AFC 아시안컵 유치 과정에서 보여줬던 우리의 모습도 생각해 봐야 한다. 사실 개최 명분에서는 우리나라가 카타르보다 앞선 편이었다. 2019년 아시안컵은 이미 중동 국가 UAE에서 개최되었고, 본래 2023년 대회의 개최국은 중국이었기 때문에 중동보다 동아시아에서 순환 개최하는 것이 명분상 옳았다.

하지만 우리는 오로지 개최의 명목과 그 타당성에만 몰두한 나머지, 실질적으로 대한민국에서 개최되었을 때, AFC 회원국에 어떠한 도움을 줄 수 있는지 그 비전을 구체적으로 제시하지 못했다.[2] 유치전 또한 한국 콘텐츠 중심으로만 펼쳐졌다. 한국축구와 한국문화를 알리는 것을 매개로 유치 전략을 세웠는데, 여기서 우수한 한국문화 콘텐츠가 아시아 축구 발전과 어떤 상관관계가 있는지 구체적으로 설명하지 못했다.

이러한 축구협회의 잘못된 유치 전략으로 인해 2022년 월드컵을 개최하고 2024년 U-23 아시안컵 개최가 예정된 카타르에게 2023년 AFC 아시안컵 개최권을 내주게 된다.

여기서 하나 생각해야 할 부분은 국제대회를 유치하면 한국축구가 당연히 발전할 것이라는 막연한 환상을 갖고 있다는 것이다. 우리는 2002년 한일 월드컵을 통해서 4강 신화를 이룩했지만, 그 실상을 들여다보면 흥행 면에서는 한국 경기 외의 대부분 경기는 만원 관중을 채우지 못했다. 물론 2002년은 지금처럼 축구 팬이 유럽 리그의 축구에 관심이 많던 시절이 아니었지만, 만약 그때 우리가 4강 신화를 이루지 못했다면 흥행 면에서 실패한 월드컵이 되었을 것이다.

그 예로, 한국에서 개최한 2007년 U-17 월드컵과 2017년 U-20 월드

2) 김정현, 「SON·BTS? 그래서?.. '기브 앤 테이크' 없었던 한국, AFC는 매몰찼다」, 『엑스포츠뉴스』, 2022.10.18.

컵을 들 수 있는데, 두 대회에서 한국전 경기 이외의 다른 나라의 경기가 열리는 경기장에는 만원 관중은커녕 관중석이 텅텅 비어 있었다. 물론 연령대별 대표팀이다 보니 주목받는 스타 선수가 없었던 것도 사실이지만, 그 정도로 우리는 국제대회를 너무나 한국 중심으로 생각하고 있다.

그래서 무작정 국제대회를 유치하기보다, 대회 유치에 앞서 한국축구의 내실을 확실히 다지고 한국축구 시장이 더 확장되도록 만들어야 한다. 또한 축구 외교에서는 회장 1인에 의존하는 1인 외교에서 벗어나, 축구를 사랑하고 유능하며 명망도 갖춘 축구인과 기업인들을 중심으로 외교를 펼쳐야 한다. 그래야 아시아 축구계와 국제 축구계의 마음을 열며, 한국축구가 다시금 아시아와 국제 축구계에 영향력을 미칠 수 있을 것이다.

5-4. 2023년, 신뢰를 완전히 잃은 축구협회

2023년 3월 28일 우루과이와 친선경기가 열리기 1시간 전, 축구협회는 엄청난 대형 사고를 저지르고 말았다. 바로 2011년 K리그 승부 조작범을 포함한 각종 범죄를 저지른 축구인 100명을 2022년 카타르 월드컵 16강 진출을 기념하여 축구인 간 화합의 목적으로 사면한다는 것이었다.

축구협회는 사면 발표를 경기가 치러지기 1시간 전에 하면서 사람들이 우루과이와의 경기에 집중하며 한눈판 사이에 사면 이슈는 자연스럽게 묻어갈 것이라고 판단했을 것이다.

하지만 축구 팬들과 국민들은 축구협회의 얄팍한 술책에 속을 바보가 아니었다. 축구협회의 사면 선언 이후 붉은악마와 K리그 팬은 대단히 분노하였고 특히 붉은악마는 A매치 보이콧이라는 초강수를 둔 성명을 발표하기에 이르렀다. 승부 조작 사건 당시, 제일 피해를 보았던 대전 하나 시티즌의 서포터즈인 대전 러버스를 시작으로 K리그의 클럽 서포터즈들은 각자 규탄 성명을 발표하고 K리그 경기와 FA컵 경기가 열리는 날에는 축구협회를 규탄하는 걸개를 펼치는 시위를 하였다. 이러한 축구협회의 사면 선언은 지상파와 종편 언론에서도 연일 보도하면서 그 사태는 걷잡을 수 없이 커졌다.

그런데 축구협회에서는 처음에는 이 사태에 대해서 입장문을 내면서 사면 대상자 100명의 명단을 개인정보 보호라는 이유로 공개하지 않았다. 하지만 갈수록 악화하는 여론에 견디다 못한 축구협회는 3월 31일 오후 4시에 임시 이사회를 소집하기로 했고 결국 사면을 철회하기로 하였다. 정몽규 회장은 사면 사태에 대해 대국민 사과를 하였지만 결국 사과만 했을 뿐이었다. 축구협회는 사면 대상자의 명단을 공개하거나 사면 사태의 책임자를 사퇴시키는 등의 재발방지책에 대해서 일절 이야기하지 않았고, 이 사태에 대한 질의응답도 받지 않았다.

4월 3일, 결국 이영표, 이동국 부회장과 조원희 사회공헌위원장은 본인 SNS를 통해 사과문을 게시하였고, 사면 사태에 대한 책임을 지고 축구협회 직에서 물러나기로 하였다. 하지만 국민들은 이러한 모습을 보고 일종의 '꼬리 자르기'라고 생각했고, 사태 책임자 전원의 사퇴를 요구했다. 그래서 다음날 부회장단과 이사진들이 총사퇴하기로 하였지만, 문제는 정몽규 회장은 지금까지도 버티고 있다.

4월 5일 이 사태를 관심 있게 지켜본 하태경 국민의힘 의원은 성씨만 공개된 사면 대상자 100명의 명단과 개개인의 징계사유를 함께 공개[3)]하였다. 그 내용에는 승부 조작범을 제외하고 금전 비리, 선수와 심판에 대한 폭력, 실기테스트 부정행위 등으로 제명된 17명을 사면을 시도하려 했던 사실이 드러났다. 여기에 2022년에 징계를 받았던 모 팀의 징계에 대한 사면마저 시도했던 정황도 포착했다. 하태경 의원은 '축구협회 사면 완전 박탈법' 법안 발의를 추진하면서 동시에 진상을 파헤칠 국정조사도 추진하겠다고 하였다.

이처럼 축구협회가 저지른 사면 결정은 협회가 독단적으로 추진했다는 자체에서부터 축구 팬뿐만 아니라 국민들에게도 너무나 큰 충격을 안겨준 사건이었다.

그렇다면 왜 이런 사태가 벌어졌을까? 축구 팬이라면 곰곰이 생각해봐야 한다.

첫째, 그동안 축구계에 뿌리 박혀 있던 위계질서와 온정주의가 축구협회가 축구인 100명의 사면하게 만들었다. 사실 축구 이외에도 대부분의 스포츠는 선수 간 위계질서가 뿌리 박혀 있고 학연 등 연고 위주로 얽혀 있어 인맥을 중요하게 여길 수밖에 없다. 축구계도 마찬가지로 경직된 위

3) 하태경, 「[보도자료] 하태경, "비리·폭력·부정 행위까지 무차별 사면 … 비위 축구인 100인 명단 입수했다!"」, 하태경 국회의원 블로그, 23.4.5.

계질서가 오래전부터 자리 잡고 있었다.

이런 연고 탓에 여전히 승부 조작범에 대해서 축구계가 엄격하게 다루지 않고 암묵적으로 관대하게 바라보고 있다. 영구 제명된 승부 조작범은 원칙적으로 국내외에서 축구 활동을 할 수 없다. 그러나 공공연하게 축구교실을 운영하며 코치로 활동하는 예도 있으며, 심지어는 K리그 유소년 코치를 하거나 에이전트[4]로도 활동하고 있다.

정몽규 회장의 사과에 따르면 "2년여 전부터 '10년 이상 오랜 세월 동안 그들이 충분히 반성했고, 죗값을 어느 정도는 치렀으니, 이제는 관용을 베푸는 게 어떻겠냐'는 일선 축구인들의 건의를 계속 받았다"라고 하는데, 그 정도로 축구인들의 온정주의가 승부 조작 같은 중대범죄에 둔감하다는 것을 잘 보여 주고 있다.

두 번째는 사면을 결정하기까지 제대로 절차를 거치지 않았고 또 그 과정이 투명하지 않았다는 점이다. 대한축구협회에서는 2월 7일 사면 실무검토위원회를 구성했다.[5] 그러면서 서창희 공정위원장을 중심으로 축구협회 변호사들이 사면에 관련된 법리적 해석을 거친 뒤, 조병득 부회장을 중심으로 위원장 주도의 사면 심사위원회를 구성해 사면 대상자 선정까지 진행하였다. 그 과정에서 프로축구연맹의 격렬한 반대가 있었지만 무시되었고 축구협회는 3월 22일 사면 대상자를 확정하고 3월 28일 우루과이전을 앞둔 3시간 전에 서울월드컵경기장에서 이사회를 열게 된다. 축구협회는 징계 사면 건의안을 그제야 이사진에게 공개하고 이사회에 참석한 조연상 프

4) 김현회, 「[단독] '승부 조작 영구 제명' 최성국, 유소년팀 지도자로 몰래 활동 중」, 『스포츠니어스』, 2023.4.5.

5) 정영재, 「프로연맹 "승부 조작범 사면 반대"에도… '정몽규호' 밀어붙여」, 『중앙선데이』, 2023.4.8.

로축구연맹 사무총장의 반대에도 불구하고 표결 없이 통과시켰다. 그리고 경기 1시간 전에 범죄인들을 사면했다는 보도자료를 내놓았다.

이 과정은 축구협회 본인들도 떳떳하지 않았는지, 그 모든 절차를 비밀리에 진행하였고 축구협회 정관 86조[6]에 따라 회의록을 공개해야 했음에도 불구하고 결국 공개하지 않았다.

거기다 대한축구협회 회장 임의대로 사면권을 행사할 수 있는지 말이 많았는데, 결론적으로 축구협회장의 사면권 행사는 축구협회 정관 65조[7]를 위배한 셈이고, 거기다 상급 기관 대한체육회 스포츠 공정위원회 규정 31조[8]를 위배한 행동이었다고 할 수 있다.

그 정도로 축구협회는 엄청난 불법행위를 저지르면서까지 사면을 강행하였기에 국회에서 국정조사를 받아도 마땅하고, 감사원에서 감사가 들어와도 마땅하며, 대한체육회와 AFC, FIFA에서 제명당해도 할 말이 없을 정도의 큰 잘못을 저지른 셈이라 할 수 있다.

최종적으로 축구협회의 불법행위를 가능하게 한 근본적인 원인에는 정몽규 축구협회장이 있다고 할 수 있다. 정몽규 회장은 2011년 K리그

6) 사단법인 대한축구협회, 제14장 보칙 제86조 경영공시 "협회는 경영의 투명성을 위하여 경영에 관한 중요 정보를 일반국민들이 알 수 있도록 공시하여야 한다.", 『사단법인 대한축구협회 정관』, 2018, p.22.

7) "① 협회는 대한체육회에 대하여 다음 각 호의 의무를 진다. 1. 대한체육회 정관과 제반규정 및 지시사항 준수", 위의 출처, pp.18-19.

8) 대한체육회 스포츠공정위원회, "① 위원회가 징계사건을 심사함에 있어서 징계혐의자의 비위 유형 및 정도, 과실의 경중, 공적(功績), 적극 행정, 그 밖의 정상 등을 참작할 수 있다. 다만, 징계 사유가 별표 1 제1호, 제2호, 제4호(승부 조작, 편파판정)부터 제9호에 해당하는 경우는 감경할 수 없으며 …(후략)… ", 『스포츠공정위원회 규정』, p.11.

승부 조작 사건 당시 대국민 사과까지 하면서 사태를 수습한 적이 있었다. 그 업적으로 대한축구협회 회장이 될 수 있었고, 2013년 프로축구연맹에서 승부 조작범의 징계를 감면하는 시도를 할 때는 단호한 태도로 막았다. 그 덕분에 정몽규 회장은 2021년 아무런 견제 없이 3선을 할 수 있었고, 축구협회에 애자일 시스템을 도입하여 협회 내 부서 간의 경계를 없애는 역할을 주도하기도 하였다.

하지만 그동안 정몽규 회장에게 바른말을 해주던 홍명보 전무와 안기헌 전무가 물러나고 그 빈자리에 '예스맨' 위주로 인사가 구성되었다.[9] 거기다 보여 주기식 인사 배치로 김병지(2021~2022), 이영표, 이동국(2023)을 부회장으로, 이천수(2021~2022), 조원희(2023)를 사회공헌위원장, 그리고 신아영 아나운서를 이사로 선임했다. 이러한 인사 단행은 정몽규 회장과 회장을 따르는 일부 축구계 인사들이 폭주할 수 있는 환경을 조성하면서 사면 사태가 일어날 수밖에 없었다.

그 이후로 후임 부회장 선임과 함께 대대적인 이사진 개편이 이루어졌다. 먼저 전무이사를 폐지하고 상근부회장을 신설하여 문재인 정부 때 문화체육관광부 제2차관 했던 김정배를 상근부회장으로 임명하였다. 그리고 국내 최고의 축구전문가 한준희 해설위원을 홍보 담당 부회장으로, 한국프로축구선수협회장이기도 한 이근호와 지소연을 이사직으로 선임하는 파격적인 개편이 이루어졌다.

그렇지만 정몽규 회장은 남은 임기 때까지 계속 회장직을 유지하겠다

9) 황민국, 「대한축구협회는 왜 사면을 못 막았나」, 『스포츠경향』, 2023.4.2.

고 했고 "한국에는 토론 문화가 없다"라는 망언까지 하게 된다.[10] 그 사태를 지켜본 축구협회 노조에서는 정몽규 사퇴를 요구[11]할 정도로 이미 내부에서도 민심을 잃고 말았다.

이미 신뢰를 잃은 정몽규 회장은 이번 사면 사태에서 책임을 확실히 져야 하고 한국축구를 위해 본인이 과감한 결단을 내려야 할 것이다. 이 사태의 총책임자인 정몽규 회장이 사퇴하지 않고 계속 버틴다면 한국축구에 엄청난 악영향을 미칠 것이므로 한국축구를 위해서 본인이 과감한 결단을 내려야 할 시점이다. 그리고 축구협회에서는 이제는 이런 사태가 재발하지 않게 하겠다는 각오를 국민들에게 약속하고 어떠한 징계와 감사도 달게 받아들이겠다고 하여야 한다.

그러면서 사면 대상자 명단과 회의록 공개를 시작으로, 이 사태를 철저히 조사하여 사태의 배후자들과 그 과정에서 적극적으로 관여한 책임자들에게 확실한 징계를 하고, 재발방지책을 제시하여 국민들에게 제대로 된 용서를 구해야 한다.

또한 정부와 국회, 대한체육회는 이 사태에 대해서 더욱 관심을 가지고 다시는 이런 일이 발생하지 않도록 법안과 규정을 마련해야 한다.

---

10) 신인섭, 「[IN 종로] '소통 강조' 정몽규 회장, "우리나라 토론 문화 어렵다"(일문일답)」 『YTN』, 2023.5.3.
11) 김명석, 「"축구계 무너뜨린 죄, 평생 기억하며 살라" 정몽규 향해 고강도 '내부 비판'」, 『일간스포츠』, 2023.5.25.

5-5. 축구협회는 개혁해야 산다!

결론적으로 이야기하자면, 범현대가가 주도한 축구협회는 과거보다 한국축구 발전에 더 이바지했고, 축구협회의 재정을 튼튼하게 만든 공로에 대해서는 인정해야 한다. 그러나 승부 조작범 사면 사태에서 보여 준 것처럼 무능한 행정 능력은 한국축구의 발전을 저해하는 행위였고, 그 결과 모든 축구 팬의 신뢰를 잃게 되었다. 그런 만큼 지금의 축구협회는 환골탈태하지 않으면 안 되는 대대적인 개혁이 필요하다.

축구협회가 바뀌기 위해서는 먼저 **인사 개편**이 필요하다. 그저 회장의 말만 잘 듣는 예스맨으로 구성하는 것이 아니라 한국축구를 바른길로 인도해 줄 수 있는 인사들이 중심이 되어야 한다.

두 번째는 축구계의 정치적 이해관계에서 벗어나 2017년처럼 **오직 능력 중심의 인사 채용**으로 젊고 유능한 인사들을 등용해야 한다.

세 번째, 한국축구의 미래를 결정해 주는 이사회는 그저 회장을 위한 거수기 노릇만 하는 것이 아니라, **실질적으로 원칙과 절차가 지켜진 상태에서 토론이 활발히 이루어지는 이사회**가 되어야 하며 **토론의 과정 또한 투명하게 공개**되어야 한다.

네 번째, 축구협회를 후원하는 **기업들이 축구협회에만 투자하는 것을 넘어 K리그와 한국축구, 아시아 축구에도 투자할 수 있는 기반을 마련해 주고 이를 적극적으로 권장**해야 한다.

다섯 번째, 축구 외교에서 회장 1명에 의존하는 외교에 벗어나 **다양한 축구인과 축구를 사랑하는 명망 있는 기업인들을 중심으로 축구 외교**를 펼쳐야 한다.

여섯 번째, 회장이 모든 것을 감당하고 결정하는 폐쇄적인 운영 방식 대신, **부문별로 운영방식을 세분화하여 회장이 어떠한 일에도 각 부문에 절대 간섭하지 않고 그 부문의 담당들을 믿고 지지하고 지원**해 줘야 한다.

일곱 번째, **대한축구협회와 한국축구 발전을 위한 외부 모니터링 기관**을 만들어야 한다. 외부 모니터링 기관에서는 축구협회의 행정이 잘되고 있는지 행정감사기관 역할을 하면서 한국축구 발전을 위한 장기적인 비전을 제시하는 자문기관 역할도 병행해야 한다.

그래야 축구협회가 축구 팬들뿐만 아니라 국민들에게 더욱 신뢰받고 한국축구의 발전에 기여하는 기관이 될 것이라고 확신한다.

5-6. 대한축구협회가 반드시 해야 할 일

축구협회가 반드시 해야 할 일 중 하나는 한국축구와 선진축구와의 격차를 줄이는 것이다. 한국축구는 아시아에서는 명실상부한 최강자지만, 늘 월드컵 때마다 좋은 성적을 거두지 못하고 있는 것이 현실이다. 그래서 어떻게든 선진축구와 격차를 줄일 수 있도록 만들어야 한다.

그러기 위해서는 한국축구 고유의 장점을 살리고 축구 트렌드를 따르는 장기적인 철학과 비전으로 유소년, 지도자, 행정가를 양성해야 한다.

또한 더 적극적으로 선진축구와 꾸준히 교류해야 한다. 교류 방법으로 먼저 유소년 선수들과 현역 국가대표급 선수들이 꾸준히 유럽에 진출해서 맹활약해야 한다. 일본축구 국가대표팀 대부분 선수는 유럽 리그 선수들로 구성되어 있다. 축구협회도 마찬가지로 국가대표팀 대부분의 선수가 유럽 리그 선수들로 구성될 수 있도록 계속 유럽으로 보낼 수 있는 환경을 만들어야 한다. 그렇게 유럽에 진출하는 선수들이 많아지면 일본처럼 해외지부를 설립하고 현지에 트레이닝 센터를 조성해 유럽에서 A매치 경기를 지금보다 더 많이 치를 수 있도록 해야 한다.

현재 일본은 자국 선수들이 많이 진출한 독일에 해외지부와 트레이닝 센터를 만들었고 월드컵 최종예선 기간과 겹쳐서 힘들 것이라는 의견에도 불구하고, 24-25 UEFA 네이션스 리그 참가를 추진하고 있다. 축구협회에서도 일본과 같은 환경을 만들도록 지금보다 더 노력해야 할 것이다.

그런데 제아무리 노력해도 한국축구 선수들이 유럽 진출을 하는데 가장 큰 걸림돌이 되는 문제가 있으니 바로 병역 문제이다. 현재 대한민국 남성들은 1년 6개월(육군 기준) 동안 의무적으로 병역을 수행해야 한다. 한국축구 선수들도 예외 없이 병역을 수행해야 하는데 여기서 병역 수행하는 방법은 크게 3가지로 나눌 수 있다.

먼저 가장 이상적인 방법은 올림픽 동메달 이상이나 아시안게임 금메달을 받아서 병역특례를 받고 기초군사훈련 이후 34개월 동안 기존 소속팀에서 예술 체육요원으로 수행하는 것이다. 다음으로 현역 대상 선수들은 김천 상무에서 군인 신분으로 K리그에 참가하거나, 상근예비역이나 사회복무요원 대상 선수들은 K3-K4 리그 클럽에서 뛰는 것이다. 마지막으로 그렇지 못한 선수들은 제2국민역으로 면제를 받지 않는 한 아예 현역으로 입대할 수밖에 없다.

이런 한국축구 선수들에게 가장 이상적인 방법은 김천 상무로 일찍 가서 유럽 진출을 하거나 올림픽이나 아시안게임에 가서 메달을 따서 병역특례를 받는 것이다. 하지만 이런 과정이 현실적으로 쉽지 않은 것이 문제이다.

이 문제는 어떻게든 해결책이 필요한데 문제는 축구계가 직접 나서서 해결하기에는 사안이 무척 복잡하다는 것이다. 병역 문제는 대한민국 남성들에게 상당히 예민한 문제이기 때문에 한국축구 발전 명목으로 유럽 축구에서 맹활약하는 선수들에게 병역특례를 준다는 것은 일반 국민 남성들에게는 상대적인 박탈감을 줄 수도 있기 때문이다.

축구선수의 병역특례 문제는 다른 종목 스포츠 선수와의 형평성도 고려해야 하는 문제도 안고 있다. 사실 2002년 한일 월드컵 때 국가대표팀이 16강에 진출했을 때와 2006년 WBC 4강에 진출하면서 예외적으로 병역특례를 주는 특혜가 있었지만 다른 종목 스포츠와의 형평성 문제로 인해 2007년에 폐지되었다.

종목과 상관없이 올림픽 동메달 이상과 아시안게임 금메달을 따면 병역특례를 제공하는 것은 객관적으로 타당할 수가 있다. 하지만 이것이 객관적으로 보일지는 몰라도 야구와 축구 같은 일부 스포츠 종목에서 아시안게임과 올림픽보다 더 권위 있는 월드컵, WBC 같은 국제대회에서 좋은 성적을 거둬도 병역특례를 받을 수 없는가에 대해서도 생각해 볼 필요가 있다.

이 문제에 대해서는 병역특례를 확대해달라고 고집만 할 것이 아니라, 대한민국 남성들을 제대로 설득하고 다른 종목 스포츠 선수들과의 형평성도 고려해서 최적의 방안을 생각해야 한다. 가장 이상적인 것은 징병제에서 모병제로 병역 제도를 바꾸거나, 아니면 국방세를 내면 병역면제를 받는 것이 있다. 하지만 국방세의 경우, 대한민국 남성들에게 상당한 반발을 불러일으킬 만한 문제이기 때문에 쉽게 해결할 할 수 있는 문제가 아니다.

과거처럼 육군, 해군, 공군, 해병대에서 각각 축구클럽을 만들어서 축구선수들의 병역 문제를 빠르게 해결하는 방법도 있겠지만, 지금은 국군체육부대로 일원화된 상황에서는 불가능한 것이 현실이다.

이러한 현실에서 축구선수들이 병역 문제로부터 자유롭게 유럽 리그로 진출할 수 있는 방안은 무엇인지 생각해 봐야 한다.

먼저 **기존의 병역특례 제도를 손질**해야 한다. 앞서 이야기하였지만, 기존의 병역특례는 올림픽 동메달 이상, 아시안게임 금메달을 따야 특례 혜택을 받을 수 있는 구조다. 그렇지만 문제는 효자 종목에만 지나치게 유리할 수밖에 없는 제도라는 것이다. 야구 같은 경우에는 전 세계적으로 저변이 좁다는 문제를 안고 있고, 올림픽에서 개최국가의 의지에 따라 야구가 임시 종목으로 채택되지 않는 이상 정식 종목으로 채택될 확률도 낮은 스포츠이기도 하다. 그리고 아시안게임에서는 야구를 잘하는 일본과 대만의 경우 출전 선수 상당수를 아마추어급으로 채우는 반면, 한국만 병역특례라는 목적으로 대부분의 선수를 프로로 구성하고 있다[이 문제로 인해 항저우 아시안게임부터 와일드카드(U-25 이상 선수) 3명을 포함한 U-23 대표팀으로 구성될 예정이다].

축구의 경우에는 올림픽과 아시안게임은 와일드카드 3명을 포함한 U-23 대표팀으로 구성되어야 한다. 최근에야 2014 인천 아시안게임과 2018 자카르타-팔렘방 아시안게임에서 금메달 2연패를 수확할 수 있었지만 2014년에 금메달을 따내기까지는 무려 28년이 걸렸다. 그리고 올림픽의 경우에는 2012년 런던올림픽 때 동메달을 획득한 것 외에는 없었다.

거기다 성인 국가대표팀이 참가하는 월드컵에서 16강에 진출하면 병역을 면제해 주는 특례 규정도 2002년 한일 월드컵과 2006년 독일 월드컵 때만 있었고, 2007년에는 형평성을 문제로 폐지되었다. 그래서 이것이 손흥민이 병역특례를 받기 위해 2018 자카르타-팔렘방 아시안게임 때 출전한 이유이기도 하다.

사실 병역특례는 워낙 말이 많은 사인이므로 가산점 제도로 손질하려고 했지만, 기존의 규정으로 현상 유지했다. 하지만 분명한 것은 지금의 병역특례 제도는 바뀌야 한다는 것이다. 지금이라도 스포츠 종목의 특성과 확실한 기준을 정하고 가산점 도입과 같은 병역특례에 대한 기준을 바꿀 수 있도록 해야 한다.

두 번째로는 **유럽 리그로 진출하면 합법적으로 병역을 연기할 수 있는 연령대를 높여야 한다.** 사실 현지 영주권을 취득하면 병역을 수행한다는 조건 아래 병역 연기가 가능하다. 그렇지만 그것이 너무나 쉽지 않다는 점이 문제이다. 그래서 대부분 유럽 진출 선수들은 병역 이행을 위해서 한국으로 다시 돌아올 수밖에 없는데 대표적인 사례로 권창훈은 분데스리가 프라이부르크(SC Freiburg)에서 활약하다가 병역 이행을 위해서 한국으로 돌아오기도 하였다.

여기서 영주권을 딴다는 것은 그 리그에서 몇 년간 활약해야 한다는 것과 반대로 다른 리그 클럽에 이적하지 말아야 한다는 조건이 있다. 그래서 유럽 리그에서 좋은 활약을 펼치는 선수가 부담 없이 상위 리그 클럽에 들어갈 수 있도록 영주권이 아니라 합법적으로 병역 연기를 할 수 있는 연령대를 높여야 한다.

세 번째는 만약 21-22 손흥민처럼 EPL에서 득점왕을 차지해서 **좋은 성과를 거둔다면 거기에 대해서 병역특례 보상을 제공**해야 한다는 것이다. 손흥민의 경우, 2018년 자카르타-팔렘방 아시안게임에서 금메달 딴 덕분에 병역특례를 받을 수 있었다. 하지만 만약 손흥민이 병역특례를 받지 못하고 득점왕을 차지했다면 병역과 관련한 논란이 끊이지 않았을 것이다.

방탄소년단(BTS)도 이와 유사한 케이스이다. BTS는 빌보드차트에서 1위를 차지할 정도로 전 세계적으로 주목받는 남자 아이돌 그룹이었다. 일부 정치권과 해외 팬들을 중심으로 BTS에 대한 병역특례를 주장하기도 하였다. 물론 BTS 본인들은 자신들에 대한 병역특례를 원치 않았고, 소속사에서 BTS 병역면제에 대해 포기하면서 없던 일이 되었다. 2022년 12월 13일 BTS의 멤버 진이 입대하였지만, 만약 이런 문제가 논의된다면 병역 문제에 대해 더 고민해 봐야 할 것이다.

본 저에서는 무조건 병역특례를 줘야 한다고는 하지 않겠다. 그러나 이 문제에 대해서는 많은 전문가와 국민들로 구성되고 더 공정하게 심사할 수 있는 일명 문화예술체육병역위원회(가칭)와 같은 심사 기구를 만들어야 한다. 문화예술체육병역위원회는 선수의 병역 연기와 병역특례를 심사하고 특히 병역특례의 경우에는 국민들의 판단이 담긴 여론조사 등으로 정당하게 받을 수 있도록 해야 한다. 한국축구 선수들의 원만한 유럽 진출을 위해서 축구선수 중심으로 병역 문제를 이야기했지만, 다른 종목 스포츠선수들도 소외당하지 않고 함께 혜택을 받을 수 있도록 해야 한다. 여기에 대한민국 20~30대 남성들이 받아들일 수 있는 공감대가 있어야 한다는 것은 절대적인 전제 조건이기도 하다. 축구협회에서는 더 많은 축구선수의 유럽 진출을 위해서 병역 문제에 대해 공론화하고 국민들을 더 적극적으로 설득해야 한다.

이번 챕터에서는 축구협회에 대해 알아보았다. 다음에는 본격적으로 K리그에 대해 다루고 하는데 그 시작으로 K리그의 역사부터 알아보자.

Chapter 6

K리그 역사 1983~2023

40년의 역사를 가진 K리그. 1983년 5월 8일 슈퍼리그가 창설된 당시에는 겨우 5개 클럽만 참가할 정도로 리그의 규모는 작았지만, 2023년의 K리그는 25개 클럽으로 구성되었고 1부는 12개 클럽, 2부는 13개 클럽으로 구성되어, 매 시즌 최소 1개 클럽과 최대 3개 클럽이 승격과 강등이 되는 승강제 시스템으로 구성되었다.

그 밑에는 3-4부 리그인 K3, K4가 세미프로 체제로 운영되고 있는데 그 안에서 승강제가 이루어지고 5-7부 리그인 K5, K6, K7은 순수 아마추어 리그로 운영되어 여기 안에서도 승강제가 이루어지고 있다.

이처럼 K리그와 한국축구 리그는 40년 동안 많은 성장을 이룩했고 한국축구의 발전에 크게 이바지하였다.

이제부터 K리그와 하위 리그의 40년 역사를 훑어보면서 K리그가 얼마나 발전이 되었는지 살펴보고, 한편으로는 앞으로 K리그가 풀어야 할 과제들이 무엇인지 알아보도록 하겠다.

6-1. 초창기 K리그(1983~2001년)

한국축구 최초의 전국 규모 정규리그는 1964년 7월부터 시작된 전국실업축구연맹전이지만, 우리가 알고 있는 K리그는 1983년부터 시작되었다. 1979년 12·12 군사 쿠데타로 전두환 신군부가 정권을 불법적으로 찬탈했고, 그로 인해 1980년 광주에서 일어난 5·18 민주화운동을 폭력적으로 진압하면서 전국적으로 전두환 신군부에 대한 불만이 가득 찬 시기였다. 정부에서는 민주화를 요구하는 국민의 불만을 잠재우기 위해서 3S 정책(Sports, Sex, Screen)을 시행하였고, 스포츠에서는 1982년 프로야구 리그, 1983년 프로축구 리그가 출범하였다.

한국프로축구 리그는 1983년 5월 8일에 슈퍼리그가 개막되면서 시작되었고, 총 5개의 축구팀이 참가하였다. 출범한 당시 특징을 설명하자면, 먼저 프로 리그에 참가한 5개의 팀 중, 프로화가 된 클럽이 2곳[할렐루야 독수리, 유공 코끼리(현 제주 유나이티드)]이었고, 나머지 3곳[포항제철 돌핀스(현 포항 스틸러스), 국민은행 까치, 대우 로얄즈(현 부산 아이파크)]은 실업 클럽으로 구성되어 있었다. 정부에서는 지역감정을 방지한다는 명분 아래, 프로팀의 연고지 정착을 금지했고 9개 도시를 순회하면서 풀리그 방식으로 경기가 진행되었다. 그래도 처음으로 생긴 프로 리그이다 보니, 많은 인기를 얻으면서 평균 관중은 20,794명이나 되었고 TV 중계도 꾸준히 이어졌다.

1984년 축구대제전 슈퍼리그에서는 럭키금성 황소(현 FC 서울)와 현대 호랑이(현 울산 현대), 한일은행 축구단이 참가하였고 전후기리그와 챔피언결정전 시스템으로 운영되었다. 1985년 축구대제전 슈퍼리그에서는 국민은행 까치가 불참했지만, 상무 불사조가 참가해 8개 클럽이 유지되었고 단일리그 체제로 운영되었다. 그렇지만 할렐루야 독수리에서는 다시는 축구클럽을 운영하지 않겠다고 선언하면서 리그에 불참하고 말았다.

1986년 축구대제전 슈퍼리그에서는 상무 불사조가 불참하면서 6개 클럽으로 구성되었고 K리그 컵의 전신인 프로축구선수권대회가 개최되었다. 당시에는 춘추계 리그와 챔피언결정전 시스템으로 운영되었지만, 리그에 참가하는 클럽이 줄어들고 순회형식 리그 시스템의 피로감 때문에 관중 수도 서서히 줄어들기 시작했다. 한편, 1986년 시즌에는 1983년에 FIFA U-19 챔피언십(현 U-20 월드컵)에서 에이스 역할을 했던 김종부 선수를 둘러싼 스카우트 파동으로 인해 1987년부터 드래프트 제도가 시행되었다.

또한, 1987년 한국프로축구대회에서는 5개 클럽이 참가한 가운데, 최초로 홈 앤 어웨이로 광역 지역 연고제로 단일리그로 8년간 시행했다. 하지만 1988년 서울 올림픽이 열리는 바람에 올림픽 본선 축구경기를 개최한 경기장은 프로 리그 경기를 개최할 수가 없었고 축구팀들은 중소도시에를 떠돌아다니면서 경기를 펼칠 수밖에 없었다.

그런 와중에 1989년에는 일화 천마(현 성남 FC)가 리그에 참가하였고 1990년 한국프로축구대회에서는 광역 지역 연고제에서 도시 지역 연고제로 전환 시행되었다. 그러면서 최초로 2군 리그(현 R리그)가 도입되었다.

1993년 한국프로축구대회에서는 무승부 제도를 폐지하고 경기가 끝나고 승부가 나지 않으면 승부차기로 승패를 결정하는 제도를 도입했다.

1994년 하이트배 코리안리그에서는 전북 버팔로가 참가했지만 팀의 재정난으로 인해 시즌이 끝나고 해체되었다. 같은 해 한국프로축구대회에서는 1년 전에 폐지했던 무승부 제도를 부활시켰다.

1995년 하이트배 코리안리그에서는 해체된 전북 버팔로 선수를 인계받은 전북 다이노스(현 전북 현대모터스)가 참가하고 또 다른 신생팀 전남 드래곤즈가 참가하였다. 또, 8년간 시행되었던 단일리그 형식에서 전후기 리그와 챔피언결정전 형식으로 바뀌게 되었고 일화 천마가 최초로 리그 우승 3연패를 달성하였다.

1996년 라피도 프로축구대회에서는 수원 삼성 블루윙즈가 리그에 참가하였고 완전 지역 연고제를 시행하였고 클럽명에 연고 지역 이름이 의무적으로 들어가기 시작했다. 그러면서 서울 연고 공동화로 인해서 기존의 동대문운동장에 연고지를 두었던 일화 천마, LG 치타스, 유공 코끼리는 각각 천안, 안양, 부천으로 연고 이전하였다.

1997년 라피도 프로축구대회에서는 대전 시티즌(현 대전 하나 시티즌)이 참가하였고 이때는 무려 리그컵이 아디다스 컵과 프로스펙스 컵 2개로 늘게 되었다. 또한 리그는 단일리그 형식으로 이루어졌다.

1998년 현대컵 K리그에서는 무승부 제도는 폐지되었고 연장전과 승부차기 제도가 도입되었고, 단일리그와 4강 플레이오프 제도가 도입되었다. 그러면서 이 당시 안정환, 고종수, 이동국 등 K리그 트로이카의 등장으로 프로축구는 많은 축구의 눈길을 사로잡을 수 있었다. 이들 덕분에 특히 여성팬들의 축구경기장 유입이 급증하여 1999년에는 역대 2번째로 많은 총관중 256만 명이 동원되었다.

2000년 삼성 디지털 K리그에서는 연장전이 폐지되었고 바로 승부차기로 가는 제도로 바뀌었다. 그러면서 천안 일화 천마는 통일교라는 종교 문제와 기존 경기장 문제로 인해 성남으로 연고를 이전하였고, 부산 대우 로얄즈는 모기업인 대우 그룹의 부도로 현대산업개발에 인수되어 부산 아이콘스로 바뀌었으며, 전북 현대 다이노스는 전북 현대모터스로 명칭이 변경되었다.

2001년 포스코 K리그에서는 다시 단일리그 체제로 회귀하였다. 이 시기에는 승부차기 제도가 없어지고 무승부가 부활되었으며, 드래프트 제도가 폐지되었다.

6-2. K리그의 확장과 위기(2002~2011년)

2002년 삼성 파브 K리그에서는 한일 월드컵 4강 신화의 영향을 많이 받아 수많은 사람이 경기장에 왔고 역대 최다 총 관중 257만 명이 동원되었다.

2003년 삼성 하우젠 K리그에서는 기존의 리그컵과 슈퍼컵이 중단되고 한 클럽당 4번씩 상대하는 풀리그 체제로 진행하였다. 이때 대구 FC와 광주 상무 불사조(현 김천 상무)가 참가하였다. 그리고 이 당시 성남 일화가 1993년 시즌과 1995년 시즌에 이어서 2번째로 3연패를 차지하였고, 사실상 시민구단이 된 대전 시티즌은 당시 6위라는 좋은 성적으로 평균 관중 1만 9천여 명이 경기장에 찾아왔다. 이때 하위 리그라고 할 수 있는 한국실업축구연맹전은 폐지되고 실업리그는 K2리그로 편성되었다.

2004년 삼성 하우젠 K리그에서는 인천 유나이티드가 리그에 참가하였고 안양 LG 치타스는 서울로 연고를 이전하여 지금의 FC 서울이 되었다. 또한, 슈퍼컵과 리그컵이 부활하였고 전후기 리그와 4강 플레이오프 제도로 변경되었다.

2005년 삼성 하우젠 K리그에서는 그 당시 축구천재였던 박주영이 FC 서울로 입단하였고 수많은 관중들을 모을 수 있었지만, 입단 당시에 터진 문제로 인해서 드래프트 제도가 부활되었다. 그리고 인천 유나이티드는 창단한 지 1년 만에 전후기 통합 1위를 달성하였고 챔피언결정전까지 진출했지만, 결승에서 울산에 패배하는 바람에 준우승에 그치고 만다.

2006년 삼성 하우젠 K리그에서는 경남 FC가 참가하였고, 부천 SK가 제주시로 연고를 이전하여 지금의 제주 유나이티드로 명칭이 변경되었다. 이 당시 전북 현대는 처음으로 AFC 챔피언스리그(ACL)에서 우승을 차지하였다. K2리그는 내셔널리그(KNL)로 변경되었고 내셔널리그 우승팀이 K리그에 승격할 수 있는 자격을 주었다. 내셔널리그 2006년 시즌에는 고양 KB가 우승해 K리그 참가할 수 있었지만, 금융법으로 인해 1군리그 참가가 무산되고 만다.

2007년 삼성 하우젠 K리그에서는 슈퍼컵이 폐지되었고 단일리그와 6강 플레이오프 체제로 변경되었다. 내셔널리그 챔피언결정전에서는 울산 현대미포조선과 수원시청(현 수원 FC)이 대결을 펼쳤는데 1차전에서 수원시청에서 5명이 퇴장당해 몰수패를 당하는 초유의 사태가 벌어졌고 그로 인해 내셔널리그 우승팀의 K리그 승격이 가진 진정성이 상실되고 만다. 최종적으로 2007년 내셔널리그는 울산 현대 미포 조선이 우승했지만, 구단주가 겹치는 문제로 인해 팀의 K리그 승격이 무산되고, 이후 내셔널리그에서 K리그 승격의 이야기는 사라졌다. 한편 내셔널리그의 하위리그인 세미프로 K3리그가 창설되었다.

2009년 K리그에서는 강원 FC가 리그에 참가하였고 2군 리그는 R리그로 변경되었다. 그렇지만 그 당시 K리그는 타이틀 스폰서를 구하지 못한 상태로 리그를 펼쳤지만, 다행히도 6강 플레이오프 때부터는 현대자동차의 후원으로 쏘나타 타이틀로 진행될 수 있었다. 그러면서 포항 스틸러스는 ACL 우승을 차지했다.

2010년 쏘나타 K리그에서는 “5 Minutes More!” 캠페인을 진행하였고 성남 일화가 ACL 우승을 차지했다.

2011년 현대오일뱅크 K리그에서는 광주 상무 불사조가 광주광역시와의 연고지 계약이 종료되면서 연고지를 상주시로 이전하였고 상주 상무 피닉스라는 명칭으로 변경되었다. 그리고 광주광역시에는 광주 FC가 새로 창단되었다. 하지만 이 당시 두 번 다시 일어나지 말아야 할 승부 조작 사건이 터지고 만다.

6-3. 승강제 시행과 K리그의 현재(2012~2023년)

2012년 현대오일뱅크 K리그에서는 오랜 염원이었던 승강제가 시행되었다. 여기에 승강제를 위한 초석으로 스플릿 제도(현 파이널 리그)가 시행되어 16개 클럽이 30라운드라는 풀 리그를 펼친 다음에 상·하위 8개 클럽으로 나눠 각각 두 경기씩 치르고, 상위 순위의 팀은 우승과 ACL 진출권을 결정하고, 하위 순위의 팀은 강등을 결정하는 방식으로 진행하였다. 그리고 승부 조작 사태의 원인이 되었던 리그컵이 폐지되었다. 하지만 이 당시 상주 상무 피닉스가 라이선스 문제로 강제로 강등되었고 상주 상무는 이에 반발하여 리그 보이콧을 선언하였다. 그리고 R리그가 폐지되었고 22세 이하 선수 엔트리를 의무적으로 포함하고 출전시키는 제도가 시행되었다. 또한, 선수 연봉공개제도가 시행되었다.

2013년 현대오일뱅크 K리그에서는 1부 K리그 클래식(현 K리그 1)이 14개 클럽, 2부 K리그 챌린지(현 K리그 2)가 8개 클럽이 참가한 가운데 처음으로 리그 승강 시스템이 제대로 작동되었다. 이때부터는 승강 플레이오프 제도가 시행되었는데 이 당시에는 클래식 13, 14위는 챌린지로 즉시 강등되었고 클래식 12위 클럽과 챌린지 우승 클럽하고 홈 앤 어웨이로 잔류, 승격과 강등이 결정되었다. 그 결과 대구 FC, 대전 시티즌이 다이렉트 강등되었고 승강 플레이오프 끝에 강원 FC가 강등되고 상주 상무 피닉스가 승격되었다. 그리고 포항 스틸러스는 최초로 K리그 클래식과 FA컵을 차지하는 더블을 달성하였다.

2014년 현대오일뱅크 K리그에서는 전통 명문 성남 일화 천마가 모기업 일화가 운영 포기해 시민구단이 되어 성남 FC로 재창단이 되었다. 이 시즌에는 1부 K리그 클래식이 12개 클럽, 2부 K리그 챌린지가 10개 클럽이 참가한 가운데 클래식 12위 팀은 챌린지로 즉시 강등되었고, 챌린지 1위 팀은 클래식으로 즉시 승격하였다. 챌린지 3위 팀과 4위 팀의 준플레이오프는 3위 팀의 홈구장에서 펼치고 거기에 준플레이오프 승자 팀(무승부일시 3위가 진출)은 2위 팀과 플레이오프를 치른다. 플레이오프도 2위 팀의 홈구장에서 펼쳐지고 플레이오프 승자 팀(무승부일시 2위가 진출)은 챌린지 11위 팀과 홈 앤 어웨이로 승강 플레이오프를 펼치면서 승격과 강등, 잔류가 결정된다. 그래서 이 시즌에는 경남 FC와 상주 상무가 강등되었고 대전 시티즌과 광주 FC가 승격되었다.

2015년 현대오일뱅크 K리그에서는 서울 이랜드 FC가 챌린지에 참가했다. 시즌이 끝나고 드래프트 제도는 자유선발과 우선선발 형식으로 대체되면서 폐지되었다. 이때 경남 FC는 심판 매수 사건이 터지면서 다음 시즌 승점 10점이 삭감되고 벌금 7,000만 원이 부과되는 사태가 벌어지기도 했다.

2016년 현대오일뱅크 K리그에서는 순위 결정방식이 승점 다음으로 다득점, 골 득실로 바꿔 공격축구를 유도하였고 R리그가 부활했다. 그리고 이 해에 전북 현대가 ACL에서 우승을 차지하였지만, K리그에서 전북 현대가 3년 전에 저지른 심판매수가 발각되면서 승점 7점이 삭감되고 벌금 1억 원이 부과되었다. 이러한 전북 현대의 승점 차감으로 인해 FC 서울에 우승을 내주고 만다.

2017년 KEB 하나은행 K리그에서는 시즌이 시작하기 전에 고양 자이크로 FC와 충주 험멜이 해체되었다. 한편, 안산 무궁화(경찰청 축구단)는 아산과 연고 계약을 맺어 연고지를 옮겼고, 안산은 안산 그리너스라는 새 구단을 창단하였다. 그리고 K3 리그는 'K3 리그 어드밴스'라는 상위 팀과 'K3리그 베이직'이라는 하위 팀으로 나눠 리그 승강제가 시행되었다.

2018년 KEB 하나은행 K리그에서는 K리그 클래식이 K리그 1로, K리그 챌린지는 K리그 2로 명칭이 변경되었다. 그리고 이 시즌에는 경남 FC가 승격하자마자 준우승을 차지했고, 대구 FC는 FA컵 우승을 차지했다. 그렇지만 아산 무궁화는 경찰청에서 팀 운영을 포기하겠다고 선언하였다.

2019년 하나원큐 K리그에서는 스플릿 라운드를 파이널 라운드로 바꿔 상위 스플릿은 파이널 A로, 하위 스플릿은 파이널 B로 변경되었다. 이때 대구 FC는 축구 전용구장인 대구 DGB대구은행파크로 구장을 옮겼고, 그 전 시즌 FA컵 첫 우승과 월드컵 카잔의 기적에서 소속 팀 선수 조현우 골키퍼가 맹활약한 덕분에 5위라는 성적을 거둘 수 있었고, 총관중 203,942명, 평균 관중이 10,734명에 이르면서 흥행을 이끌었다. 그리고 아산 무궁화는 기존의 경찰 복무 선수와 민간인 선수가 함께 팀 스쿼드를 구성하는 과도기 체제로 운영하기 시작했다.

그리고 순수 아마추어 리그 K5, K6, K7 리그가 시작되었고, 실업리그 내셔널리그는 이 시즌을 끝으로 폐지되어 K3 리그(현 K3, K4 리그)로 편입되었다.

2020년 하나원큐 K리그에서는 대전 시티즌이 하나금융그룹에 인수되어 대전 하나 시티즌으로 재창단하였고 아산 무궁화는 충남 아산 FC라는 시민구단으로 재창단되었다. 이때는 코로나19 인해 대부분 경기가 무관중으로 치렀으나 이 당시 팬데믹으로 축구 리그가 전면 중단된 전 세계 국가 중 무려 43개국에 리그 중계가 송출되기도 하였다. 그리고 이때부터 K리그의 화젯거리가 된 마스코트 반장 선거가 시작되었다. 시즌 뒤에 열린 ACL에서는 울산 현대가 8년 만에 우승을 차지했다. 세미축구 리그 K3 리그는 기존 K3 어드밴스와 베이직은 각각 K3와 K4로 개편되었다.

2021년 하나원큐 K리그에서는 상주 상무 피닉스가 상주와 연고 계약이 종료되어 김천으로 자리를 옮겼고 그로 인해 팀 명을 김천 상무로 변경했다. 김천 상무는 갓 재창단한 팀이다 보니 K리그 2에서 리그를 시작했지만 압도적인 모습으로 한 시즌 만에 K리그 1로 승격하였다. 그리고 코로나19로 인해 K리그 1에서는 교체 인원이 5명으로 늘어났다(U-22 룰에 따라 2명은 의무 출전, 만약 미출전 시 교체 인원은 미출전한 선수의 수만큼 감소). 또한, 해외 축구 팬들을 위해 프로축구연맹 자체적으로 K리그 OTT 사이트를 만들었다. 한편 ACL에서는 K리그 4개 클럽 전원이 조별 예선에 통과했고 대구를 제외한 나머지 팀 3개 클럽은 8강에 진출하였고 포항 스틸러스가 결승에 진출해 준우승을 차지했다.

2022년 하나원큐 K리그에서는 김포 FC가 창단되었다. K리그 2에서도 교체 인원은 총 5명으로 확대되었다. 이 시즌에는 K리그 승강 플레이오프가 확대되었다. K리그 1의 11위 클럽은 K리그 2의 2위 클럽과 승강 플레이오프를 펼치고 K리그 2의 5위와 4위 클럽끼리 준플레이오프를 펼친 뒤의 승자(무승부 시 4위 팀 진출)는 3위 팀과 플레이오프를 펼치는 방식으로 바뀌었다. 이후, 플레이오프를 거쳐 승자(무승부 시 3위 팀 진출)는 K리그 1의 10위 클럽과 승강 플레이오프를 펼친다. 그 결과, 성남 FC는 다이렉트 강등, 광주 FC는 다이렉트 승격을, 2번의 승강 플레이오프 끝에 김천 상무는 강등되고, 대전 하나 시티즌은 승격되었으며, 수원 삼성은 잔류가 확정되었고, K리그 2 플레이오프에서 패배한 FC 안양은 다음 시즌에도 K리그 2에 남게 되었다. 한편, 이때부터 선수명과 등번호 마킹 서체는 K리그에서 지정한 서체(K리그 다이나믹체)만 사용할 수 있게 되었고 선수명은 오직 한글만이 허용되었다.

2023년에는 충북 청주 FC와 천안 시티 FC가 K리그 2에 참가하게 되었고 K리그 온라인, 모바일 중계는 쿠팡 플레이에서 독점하면서 K리그는 자신만의 독자적인 길을 걷고 있다.

지금까지 K리그 역사를 살펴보면서 알 수 있는 것은 다음과 같다.

먼저 **K리그는 정부와 협회 주도로 시작되었다는 것**이다. K리그의 경우에는 제5공화국 정부의 3S 정책의 일환으로 시작되었고 K3, K4와 K5, K6, K7 등의 하위 리그는 협회의 주도로 시작되었음을 알 수 있었다.

두 번째, **리그는 하향식 리그 시스템으로 구축**되었다는 점이다. 본래 아마추어 리그가 먼저 시작되는 것이 맞지만 한국의 경우, K리그부터 시작되었다. 그 이후 2007년 세미프로 K3(현 K3, K4 리그)가, 2019년 순수 아마추어 K5, K6, K7가 순차적으로 시작되었음을 알 수 있다.

세 번째는 **2012년 승강제가 실시되기 이전에 리그 시스템은 무려 11번이나 변경**될 정도로 잦았다는 점이다.

네 번째는 리그 참가 클럽들의 구성을 보았을 때, **2002년 전까지만 해도 기업구단 위주로 운영**되었지만, **2002년 이후 참가한 클럽들 대부분은 시민구단**이라는 것을 알 수 있다.

다섯 번째, 리그 연고 제도를 보면 **도시 지역 연고제와 광역 지역 연고제가 혼합해서 운영**하고 있다는 것을 볼 수 있다.

먼저 K리그의 역사를 되돌아보았고 K리그뿐만 아니라 그 하위 리그도 어떻게 하면 더 발전할 수 있는지 하나씩 이야기할 예정이다. 다음 챕터에서는 한국축구 리그 시스템에 대해 알아보기로 하자.

Chapter 7

한국축구 리그 시스템

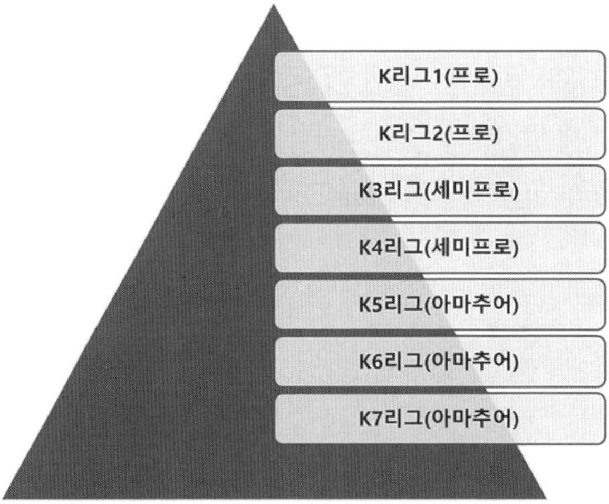

한국축구 리그 시스템

앞에서 우리는 한국축구 리그 역사를 알아봤다. 이번에는 한국축구 리그의 시스템에 대해서 알아보려고 한다. 먼저 한국축구 리그는 상위 K리그 1부터 하위 리그인 K7 리그까지 존재한다. 그 구체적 구성을 알아보자.

2023년 K리그 참가 클럽 현황

클럽명	홈 경기장	운영
강원 FC (K1)	강릉종합운동장, 춘천종합운동장	강원특별자치도
경남 FC (K2)	창원축구센터	경상남도
광주 FC (K1)	광주축구전용구장	광주광역시
김천 상무 (K2)	김천종합운동장	국군체육부대
김포 FC (K2)	김포솔터축구장	경기도 김포시
대구 FC (K1)	대구DGB대구은행파크	대구광역시
대전 하나 시티즌 (K1)	대전월드컵경기장	하나금융그룹
부산 아이파크 (K2)	부산아시아드주경기장1)	HDC스포츠
부천 FC 1995 (K2)	부천종합운동장	경기도 부천시
FC 서울 (K1)	서울월드컵경기장	GS
서울 이랜드 (K2)	목동종합운동장2)	이랜드 그룹

1) 2022-23시즌 구덕운동장 리모델링 관계로 임시 홈경기장 사용.
2) 2022-24 서울종합운동장 공사 관계로 임시 홈경기장 사용.

성남 FC (K2)	탄천종합운동장	경기도 성남시
수원 삼성 블루윙즈 (K1)	수원월드컵경기장	제일기획
수원 FC (K1)	수원종합운동장	경기도 수원특례시
안산 그리너스 (K2)	안산와~스타디움	경기도 안산시
FC 안양 (K2)	안양종합운동장	경기도 안양시
울산 현대 (K1)	울산문수축구경기장	HD현대
인천 유나이티드 (K1)	인천축구전용경기장	인천광역시
전남 드래곤즈 (K2)	광양축구전용구장	포스코
전북 현대 모터스 (K1)	전주월드컵경기장	현대자동차
제주 유나이티드 (K1)	제주월드컵경기장	SK에너지
천안 시티 FC (K2)	천안종합운동장	충청남도 천안시
충남 아산 FC (K2)	아산이순신종합운동장	충청남도 아산시
충북 청주 FC (K2)	청주종합운동장	(주)충북청주프로축구단
포항 스틸러스 (K1)	포항스틸야드	포스코

K리그 1과 K리그 2는 1983년에 시작된 프로축구연맹에서 운영하는 프로축구 리그고 K리그 1과 K리그 2 사이에 1~3개의 클럽이 승격과 강등을 결정한다. 2023년 기준 K리그 1은 12개의 클럽이, K리그 2는 13개의 클럽이 참가하고 있고 주로 기업구단과 시도민구단 위주로 참가하고 있다.

2023년 K3, K4 리그 참가 클럽

클럽명	홈 경기장	운영
강릉시민축구단 (K3)	강릉종합운동장, 강릉강남축구공원	강원특별자치도 강릉시
강원FC B (K4)	강릉강북공설운동장 원주종합운동장 동해종합운동장	강원 FC(강원특별자치도)
거제시민축구단 (K4)	거제축구전용구장	경상남도 거제시
경주 한국수력원자력 (K3)	경주시민운동장	한국수력원자력(한수원)
김해시청 (K3)	김해운동장	경상남도 김해시
당진시민축구단 (K4)	당진종합운동장	사단법인 충남당진시민축구단
대구 FC B (K4)	대구스타디움	대구 FC (대구광역시)
대전 코레일 FC (K3)	대전월드컵경기장 보조구장	한국철도공사(KORAIL)
대전 하나 시티즌 B (K4)	대전월드컵경기장 보조구장, 보은공설운동장	대전 하나 시티즌(하나금융그룹)
FC 목포 (K3)	목포국제축구센터	전라남도 목포시
부산교통공사 (K3)	구덕운동장	부산교통공사
부산 아이파크 퓨처스 (K4)	부산아시아드보조경기장	부산 아이파크 (HDC)
서울 노원 유나이티드 (K4)	서울노원마들스타디움	서울유나이티드스포츠클럽
서울 중랑 축구단 (K4)	서울중랑구립잔디운동장	법무법인 코러스
세종 바네스 FC (K4)	세종시민운동장	㈜에이스파크 세종축구단
시흥시민축구단 (K3)	시흥 정왕스타디움	경기도 시흥시
양주시민축구단 (K3)	고덕생활체육공원 축구장	경기도 양주시
양평 FC (K3)	물맑은양평종합운동장	경기도 양평군
여주 FC (K4)	여주종합운동장	㈜여주시민축구단
울산시민축구단 (K3)	울산종합운동장	울산광역시
전북 현대 모터스 B (K4)	완주공설운동장	전북 현대 모터스 (현대자동차)
전주시민축구단 (K4)	전주종합운동장	전라북도 전주시

진주시민축구단 (K4)	진주종합운동장	경상남도 진주시
창원시청 (K3)	창원축구센터, 창원스포츠파크 주경기장	경상남도 창원시
춘천시민축구단 (K3)	춘천송암스포츠타운	강원특별자치도 춘천시
FC 충주 (K4)	충주종합운동장	충청북도 충주시
파주시민축구단 (K3)	파주스타디움	경기도 파주시
평창 유나이티드 FC (K4)	진부면민체육공원 축구장	평창FC사회적협동조합
평택 시티즌 FC (K4)	소사벌레포츠타운, 이충레포츠공원	GSMATT
포천시민축구단 (K4)	포천종합운동장	경기도 포천시
화성 FC (K3)	화성종합경기타운 주경기장	경기도 화성시

K3 리그와 K4 리그는 2007년부터 출범되었고, 2020년에 전면 개편된 대한축구협회에서 직접 운영하고 있는 세미프로 축구 리그이며 K3 리그와 K4 리그 사이에 2~3개의 클럽이 승격과 강등이 이뤄진다. 2022년 현재 K3 리그는 15개 클럽이, K4 리그는 16개 클럽이 참가하고 있다. K3, K4 리그는 공기업과 중소기업, 시군구민구단 위주로 참가하고 있지만, K4 리그에서는 K리그에 참가하고 있는 5개 클럽이 B팀(리저브 팀)으로 참가하고 있다.

K5, K6, K7 리그는 2019년부터 시작된 대한축구협회 산하 생활 축구 본부와 지역축구협회에서 운영하는 순수 아마추어 리그이다. K5는 6개 권역으로 나눠 13개 리그에 84개 클럽이, K6는 30개 리그에 192개의 클럽이 참가하고 있다. K7은 194개 리그에 1,223개의 클럽이 참가하고 있다.

앞에서 이야기했듯이, 한국축구 리그는 아마추어 리그부터 시작된 것이 아니고, **K리그부터 시작된 하향식 리그 시스템**을 가지고 출발했다. 프로와 세미프로는 대한축구협회 차원에서 출범하다 보니 먼저 시작되었고, 아마추어는 전국생활축구연합회에서 관리하다 뒤늦게 출발했다. 그러다 2016년 대한축구협회가 전국생활축구연합회를 흡수 통합하면서 대한축구협회가 아마추어 및 생활 축구도 직접 관리하기 시작했다. 그래서 2019년부터는 순수 아마추어 리그 K5, K6, K7이 출범할 수 있었다.

그리고 클럽의 운영 주체가 다르다는 것을 알 수 있다. 프로축구 K리그의 경우에는 대부분이 기업구단, 시도민구단 위주로 구성되어 있고, 세미프로 K3 리그, K4 리그의 경우, 공기업과 중소기업, 시군구민구단 위주로 참가하고 있다. K리그에 참가하고 있는 4개 클럽의 B팀(리저브 팀)은 K4에 참가하고 있다. 그리고 K5, K6, K7 리그는 순수 아마추어 축구 동호회 위주로 참가하고 있다.

또한 K리그와 K3, K4 리그 간의 승강과 K3, K4 리그와 K5, K6, K7 리그 간의 승강이 이루어지지 않고 있는데, 이유는 K리그와 K3, K4 리그에서 요구하는 클럽 라이선스가 다르기 때문이다. 축구협회에서는 이 문제들을 해결하고 2026년부터 K2리그와 K3리그 간의 승강제를 추진하고 있고, 언젠가 K4리그와 K5리그 간의 승강제도 시행할 계획을 가지고 있다.[3)]

3) 대한축구협회 대회운영본부 대회운영팀 – 2024년 K4리그 신규가입 안내

한국축구 리그 시스템에 대해 간단하게 살펴보았다. 결론적으로 한국축구 리그 시스템은 하향식으로 시작되었지만, 많은 사람이 축구를 즐긴 덕분에 서서히 풀뿌리 시스템을 갖추게 되었음을 알 수 있었다.

이제 한국축구 리그 시스템이 이전보다 더 제대로 나아가려면 무엇을, 어떻게 할 것인지 알아보고자 하는데, 그 시작으로 다음 챕터에서 K리그 클럽 운영에 대해 알아보기로 하자.

Chapter 8

가장 바람직한 K리그 클럽 운영은?

앞서 한국축구 리그 시스템을 알아봤다. 이 중, 2023년 K리그 1에 참가하는 클럽이 12개고, K리그 2에 참가하는 클럽이 13개라는 것을 알 수 있었다.

K리그 1 클럽 연고지와 운영형태

클럽명	연고지	운영
강원 FC	강원특별자치도	도민구단
광주 FC	광주광역시	시민구단
대구 FC	대구광역시	시민구단
대전 하나 시티즌	대전광역시	기업구단(하나금융그룹)
FC 서울	서울특별시	기업구단(GS)
수원 삼성 블루윙즈	경기도 수원특례시	기업구단(제일기획)
수원 FC	경기도 수원특례시	시민구단

울산 현대	울산광역시	기업구단(HD현대)
인천 유나이티드	인천광역시	시민구단
전북 현대 모터스	전라북도	기업구단(현대자동차)
제주 유나이티드	제주특별자치도	기업구단(SK에너지)
포항 스틸러스	경상북도 포항시	기업구단(포스코)

K리그 1에 참가하는 클럽의 운영 주체는 기업구단 7개, 시도민구단 5개이고 연고 방식은 도시 지역 연고제 9개, 광역 지역 연고제 3개로 구성되어 있다.

K리그 2 클럽 연고지와 운영형태

클럽명	연고지	운영
경남 FC	경상남도	도민구단
김천 상무	경상북도 김천시	국군체육부대
김포 FC	경기도 김포시	시민구단
부산 아이파크	부산광역시	기업구단(HDC)
부천 FC 1995	경기도 부천시	시민구단
서울 이랜드	서울특별시	기업구단(이랜드)
성남 FC	경기도 성남시	시민구단
안산 그리너스	경기도 안산시	시민구단
FC 안양	경기도 안양시	시민구단
전남 드래곤즈	전라남도	기업구단(포스코)
천안 시티 FC	충청남도 천안시	시민구단
충남 아산 FC	충청남도 아산시	시민구단
충북 청주 FC	충청북도 청주시	㈜충북청주프로축구단

K리그 2에 참가하는 클럽의 운영 주체는 기업구단 3개, 시도구민구단 8개, 사회적 협동조합(충북 청주 FC), 국군체육부대(김천 상무)로 구성되어 있으며, 연고 방식은 도시 지역 연고제 11개, 광역 지역 연고제 2개로 구성되어 있다.

이제부터는 K리그 연고 방식부터 기업구단, 시도민구단에 대해서도 좀 더 깊이 있게 분석해보려 한다. 또한, K리그 클럽들이 나름의 자생 능력이 있는지 그 여부를 살펴보고 좀 더 좋은 대안은 없는지 함께 찾아보기로 하자.

8-1. 광역지역연고제가 과연 적절한가?

K리그 지역 연고 방식은 도시 지역 연고제와 광역 지역 연고제의 혼합형으로 이루어지고 있다. 여기서 우리는 왜 이런 방식으로 이뤄졌는지 많은 의문이 들었을 것이다. 이에 대해서 알아보기로 하자.

먼저 1983년 슈퍼리그가 창설 당시, 전두환 정부는 축구클럽의 연고제가 활성화된다면 지역감정을 유발할지 모른다는 이유를 들어 연고제도를 금지했다. 그래서 그 당시 참가하는 클럽들은 9개 도시를 돌아다니면서 경기를 치렀다.

그러다가 1987년 드디어 광역 지역 연고제 방식으로 홈 앤 어웨이 제도를 도입되었지만, 다음 해 서울 올림픽이 개최되면서 서울 올림픽 축구 본선 경기가 열린 일부 K리그 경기장은 정부가 지정한 '보호 구역'으로 지정되면서 당시 각 직할시에 있는 경기장에서 K리그 경기가 열리지 못하고 중소도시에 있는 경기장을 순회하며 경기를 펼쳐야 했다.

게다가 서울 올림픽이 끝난 직후, 다시 주 경기장으로 돌아온 K리그 클럽들은 큰 흥행을 거두지 못하고 있었다. 그 이유로는 이미 프로야구는 창설 당시부터 이미 연고제가 시행되어 직할시 같은 대도시권에서는 선점하고 있었기 때문이었다.

1987년~1991년 당시 K리그 클럽의 연고지

클럽명	1987년 연고지	1991년 연고지
대우 로얄즈	부산직할시/경상남도	부산직할시
럭키금성 황소	충청북도/충청남도	서울특별시
유공 코끼리	인천직할시/경기도	서울특별시
일화 천마	(1989년 창단)	서울특별시
포항제철 아톰즈	대구직할시/경상북도	경상북도 포항시
현대 호랑이	강원특별자치도	경상남도 울산시

이런 문제를 극복하기 위해 1990년 광역 지역 연고제에서 도시 지역 연고제로 바꿨다. 여기서 나타난 큰 문제는 당시 K리그에 참가하던 클럽들이 서울이 아니면 영남권에만 팀이 존재했고, 나머지 지역에는 K리그 클럽이 없었다.

그래서 어떻게든 당시 수도권과 영남 지역 다음으로 인구 규모가 컸던 호남에 축구단을 유치하려고 했고, 1994년에 전북 버팔로(전북 현대모터스의 전신)가 창단하면서 광역 지역 연고제도 허용해주었다. 이후 전남, 제주, 경남, 강원에서도 도 단위의 연고로 축구단이 생길 수 있었다.

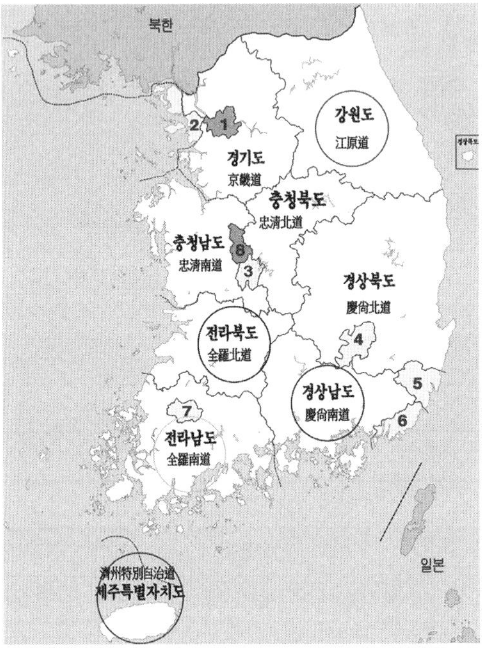

'도' 연고로 하고 있는 클럽 연고지 (출처: 위키피디아)

이러한 K리그의 연고제에서는 하나의 특징을 파악할 수 있다. 바로 '도'를 연고로 하는 구단에는 '도' 내에 다른 K리그 클럽이 없다는 것이다. 반대로 '도'를 연고로 하지 않고 '도' 내에 연고를 두면 복수 클럽들이 있다는 점이다(물론 '도' 연고를 하는 K리그 구단 연고지 안에 연고한 K3, K4리그 클럽들은 있다).

그렇다면 광역 지역 연고제, '도' 연고가 과연 적절한지 한번 생각해 봐야 하는데 먼저 K리그 '도' 연고의 구단을 한번 보기로 하자. 일단 제주도의 경우, 제주도가 섬인 데다 워낙 면적도 좁으니 논외로 한다.

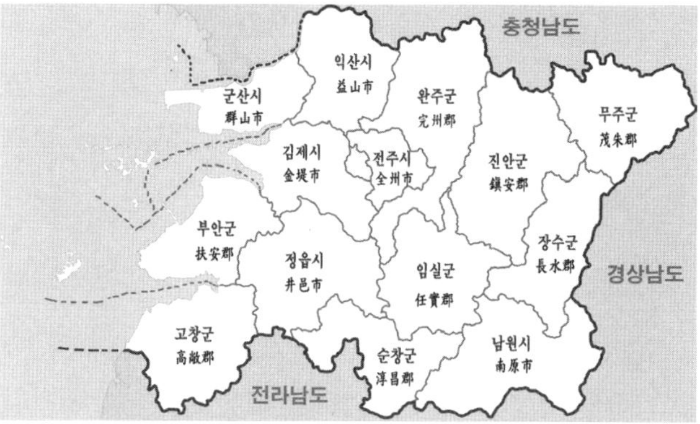

전라북도에 연고하는 전북 현대 모터스 (출처: 위키피디아)

먼저 전북 현대모터스의 홈 경기장은 전라북도의 최대 도시 전주시에 있고, 클럽하우스는 전주시 근처 완주군에, U-15 김제 금산중도 마찬가지로 전주시 근처의 김제시에 연고를 두고 있다. 전주시는 전북 중심 도시이면서 최다 인구 도시(647,728명)로써 전주시의 축구 팬들을 중심으로 팬층을 끌어모으기에는 한결 수월한 면이 있다.

전남 드래곤즈는 홈 경기장과 클럽하우스, 유소년 클럽 모두 전남 동쪽 끝에 있는 광양시에 있다. 왜 광양시에 연고를 두고 있냐면 모기업 포스코 그룹이 운영하는 광양제철소가 광양시에 있기 때문이다.

그렇지만 문제점은 광양시 주변에 광양시의 인구 152,098명보다 인구가 많은 여수시(273,367명)와 순천시(278,751명)가 있고, 거기다 전남에서도 동쪽 끝이라 소위 '여순광' 지역 반대편에 있는 '목포권'의 팬층을 끌어 모으기에는 어렵다고 볼 수 있겠다.

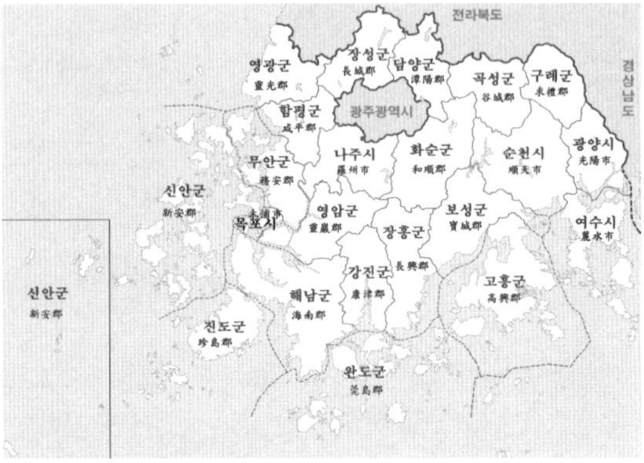

전라남도에 연고하는 전남 드래곤즈 (출처: 위키피디아)

경남 FC의 경우, 홈 경기장은 경남의 최대 도시 창원(1,015,361명)에 있고, 클럽하우스는 창원시 근처의 함안군에 있다(2024년부터 창원으로 클럽하우스를 옮길 예정이다). U-18 진주고는 창원시 옆 도시 진주시에 있다.

그렇지만 얼핏 보면 전북 현대처럼 홈구장과 클럽하우스, 구단 산하 유소년 구단도 서로 근처에 있어 입지만 보았을 때 나쁘지 않다고 생각할 수 있겠다. 하지만 문제는 전라북도는 군산시와 익산시가 같은 도시권역에 있음에도 철저히 전주 중심으로 되어있지만 경상남도는 중심 도시 창원시뿐만 아니라 서부 중심인 진주시와 동부 중심인 김해시, 양산시가 있고, 거기다 창원시와 진주시가 서로 밀접하게 접경되어 있지 않다.

경상남도에 연고하는 경남 FC (출처: 위키피디아)

사실 구단이 창단된 2006년은 통합창원시(창원+마산+진해)가 출범하기 이전이라 주 경기장이 있는 구 창원시 시내와 진주시 사이에는 옛 마산시 시내를 거쳐야 하기에 어느 정도의 거리가 있는 편이었다. 그래서 창원시를 중심으로 팬층을 모을 수는 있지만, 창원시를 넘어 다른 지역으로 광활한 팬층을 확보하기까지 한계가 있다고 할 수 있다.

강원 FC는 여타 '도' 연고 클럽보다 심각한 편이다. 일단 '도' 연고 구단 중에서 면적이 16,829.7㎢로 넓다. 그리고 지도를 보다시피 태백산맥을 중심으로 영서와 영동으로 지역이 나뉜다. 이러한 지형적 특징은 영서 지역에는 춘천시와 원주시, 영동 지역에는 강릉시라는 각각의 도시권이 형성되면서 영서와 영동의 사이에는 오랜 시간 동안 밀접한 연결 없이 단절될 수밖에 없었다. 게다가 춘천시와 원주시, 강릉시는 인구수가 약간의 차이가 있을 뿐 엇비슷한 편(춘천: 286,854명/원주: 361,030명/강릉: 210,588명)

이라 다른 지역과 달리 강원의 중심 도시가 없는 것이 현실이다.

2023년 강원 FC의 클럽하우스와 강원 FC B팀(일부 경기)에 포함해서 유소년 클럽은 강릉에 연고를 두고 있지만, 문제는 리그 초반 10경기는 춘천 송암레포츠타운에서, 후반 9경기는 강릉종합운동장에서 하는 기형적인 모습을 보여 주고 있다.

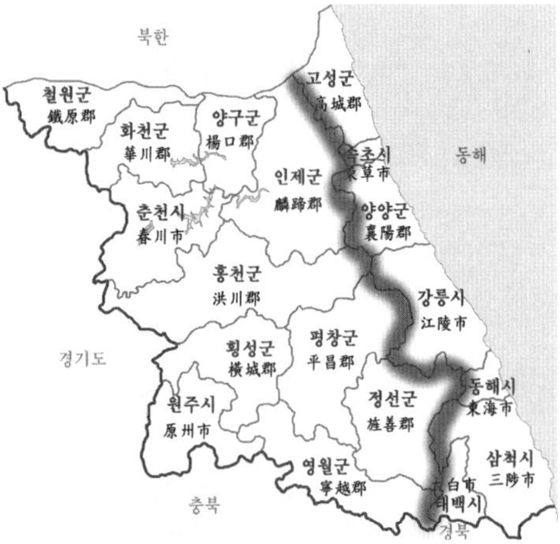

강원특별자치도에 연고하는 강원 FC (출처: 위키피디아)

이런 지리적 한계에 따른 문제를 타파하기 위해서 축구 전용구장을 신설을 추진하기도 했지만 끝내 무산되었다.

당초 강릉 아이스 아레나에 축구 전용구장을 공약한 김진태 강원도지사는 강원도가 처해있는 재정난과 함께 도민구단으로서 도내 다른 지역에서 순회 경기를 하는 것이 옳다는 두 가지 이유를 들면서 축구 전용구장 건축은 무산되고 만다. 이로 인해 이영표 강원 FC 대표는 재계약을 맺지 못했다.

재정난의 경우, 2022년에 발발한 춘천시 레고랜드 사태로 강원도의 행정 운영에 많은 어려움을 겪고 있으니 어느 정도 참작할 수 있는 문제다. 하지만 문제는 순회 경기 자체는 강원 FC 선수들에게 비효율적이고 팬들에게도 그저 혼란만 주는 위험한 발상이라는 점이다. 거기에 강원도가 팬들을 기만했다는 것은 변함이 없다.

여기서 생각해야 할 부분은 만약 강원 FC에서 본격적으로 축구 전용구장을 유치하게 된다면 강원 FC 팬을 끌어모을 수 있는 최적의 장소가 어디인가이다.

영동 지역의 중심지인 강릉시에 축구 전용구장을 세운다면 영서 팬층을 확보하기 어려운 문제가 있고, 춘천시나 원주시로 가면 영동과 영서 경기장 권역 이외의 팬층을 확보하는 데 문제가 생긴다. 또, 영서에 축구 전용구장을 세운다면 기존 강릉시에 있는 클럽하우스와 유소년 클럽과의 연계 문제도 다시 생각해야 하는 문제가 생긴다. 물론 근본적으로 강원특별자치도 자체가 넓은 데다 인구수가 적어 다수의 팬층을 확보하기가 상당히 어렵다는 문제점은 안고 가야 한다.

‘도’ 연고 클럽들을 살펴보면서 드러난 문제점은 다음과 같다.

먼저 **‘도’는 면적이 넓다 보니 비효율적인 면이 강하다.** 일단 강원 FC처럼 순회 경기를 하지 않는 이상, 보통 경기는 도 전체를 돌아다니지 않고 도내 한 도시에 있는 하나의 경기장에서 펼친다. 그러다 보니 경기장 있는 도시 중심으로 집중적으로 마케팅을 펼칠 수밖에 없고 그 도시 안에서의 팬층 확보는 수월하지만, 그 이외 도시에서는 팬층 확보가 쉽지 않다. 그리고 강원 FC와 같이 강릉시에 클럽하우스와 유소년 클럽이 있지만, 영동 지역이 아닌 영서 지역의 춘천시에서 경기한다면 선수들은 그 경기를 치르기 위해 강릉시에서 춘천시까지 장시간 왕복해야 하며 그로 인해 선수 개개인의 컨디션 문제가 생길 수밖에 없다.

두 번째는 **팬들 관점에서 보면 ‘도’ 내에 있는 홈 경기장이 있는 도시 팬들은 경기장을 보기에는 수월하지만, 문제는 그 외의 도시는 경기를 보기 위해서 시간과 비용을 투자**해야 한다는 점이다. 그러다 보니 홈 경기장이 있는 도시의 시민들은 상대적으로 연고 의식을 쉽게 형성하여 그 팀에 대한 충성도가 올라가지만, 그렇지 않은 도시들은 충성도가 높은 팬이 아닌 이상 연고 의식이 쉽게 올라가지 않고 오히려 상대적 박탈감만 커질 수 있다.

강원 FC의 경우, 강릉시에 있는 영동 지역뿐만 아니라 춘천시 외에 원주시를 포함한 영서 지역의 팬들도 직관하기 위해 이동하는 데 오랜 시간과 비용을 투자해야 한다는 불편함도 감수해야 한다.

세 번째는 만약 도 연고를 두고 있는 도 내에 또 다른 도시 연고 클럽들이 생긴다는 가정을 고려해 보아야 하는데, 그 도시에 ‘도’ 연고 클럽과

'도' 안에 '시' 연고 클럽이 있다면 그 도시의 시민들은 과연 어느 팀을 응원해야 하는지 큰 고민이 들 것이다. 그래서 여기에 대한 대책도 생각을 안 할 수가 없다.

결론적으로, 광역 지역 연고제는 근본적으로 다시 고려해봐야 한다. 물론 광역 명이 들어간 클럽들의 이름을 강제로 바꾸기는 쉽지 않지만, 광역 지역 연고제의 비효율성은 어떻게든 타파해야 한다.

이 해결책으로는 일단 경기장을 특별한 사정이 없으면, 무조건 **한 도시, 한 경기장**에서 치러야 한다는 원칙을 세워야 한다.

그러면서 **클럽하우스와 유소년 클럽도 마찬가지로 경기장 연고 도시 주변 도시나, 그 도시로부터 몇 km 밖까지만 허용**하는 원칙도 세워야 한다.

또한, 기존 '도' 명칭 사용과 도에서 구단을 운영하는 것까지는 허락하되, 반드시 **홈경기장이 있는 도시 이름도 같이 포함**해야 한다는 원칙도 세워야 한다. 그래야 지금까지의 광역 지역 연고제의 비효율과 불편이 없을 것이라고 생각된다.

8-2. 기업구단이 무조건 답인가?

이번에는 K리그 클럽들의 운영 방식에 대해 살펴보려고 한다. 앞에 언급했듯이 K리그 클럽 대부분은 기업구단이나 시도민구단으로 이루어졌다.

1983년 슈퍼리그 창설 당시부터 2002년 전까지 창단한 클럽 대부분이 기업구단으로 이루어졌고, 반대로 2002년 한일 월드컵 이후 지금까지 창단한 클럽들이 대부분이 시도민구단으로 이루어졌다.

그렇다면 기업구단과 시민구단의 역사와 특징, 그리고 그 사례를 보면서 한번 생각해 보도록 하자.

K리그 기업구단 현황(2023년 기준)

클럽명	운영	구단주/대표이사
대전 하나 시티즌	하나금융그룹	함영주(하나금융그룹 회장)
부산 아이파크	HDC	정몽규(HDC그룹 회장)
FC 서울	GS	허태수(GS 회장)
서울 이랜드	이랜드	박성경(이랜드 부회장)
수원 삼성 블루윙즈	제일기획	이준 대표이사(삼성전자 부사장)
울산 현대	HD현대	권오갑(HD현대 회장)
전남 드래곤즈	포스코	최정우(포스코 회장)
전북 현대 모터스	현대자동차	정의선(현대자동차 회장)
제주 유나이티드	SK에너지	김준(SK이노베이션 부회장)
포항 스틸러스	포스코	최인석 대표이사

먼저 기업구단은 K리그 1과 K리그 2에서는 각각 7개 클럽과 3개 클럽으로 이루어졌다.

기업구단은 슈퍼리그 창설 당시에 있었던 5개 클럽 모두 기업구단 형식이었고, 2002년 K리그가 확장할 때까지 창단된 축구클럽들이 대부분 기업구단으로 이루어졌었다.

기업구단 중에서 전북 현대모터스(현대자동차 계열)와 울산 현대(현대중공업 계열)와 부산 아이파크(현대산업개발 계열), 포항 스틸러스(포스코-포항제철 계열)와 전남 드래곤즈(포스코-광양제철 계열)는 같은 그룹의 모체를 두고 있는 회사가 클럽을 운영하고 있다.

슈퍼리그 창단 당시, 지역 연고제가 없었고 1987년 홈 앤 어웨이를 도입하기 전까지는 도시 순회 방식으로 경기를 펼쳤다. 그러면서 1990년 도시 지역 연고제가 도입되고, 1996년 서울 연고 공동화로 인해서 2006년 부천 SK가 제주도로 연고를 이전하기 전까지 K리그 연고 이전의 역사는 계속되었다.

기업구단의 또 다른 특징은 클럽을 운영하는 **모기업이 스폰서 역할**을 한다는 것이다. 그러니 기업구단은 **모기업에 대한 의존도가 높을 수밖에 없다**는 것이 기업구단이 가진 숙명이기도 하다. 전북 현대와 울산 현대처럼 모기업에서 축구단 운영에 적극적으로 관심을 보이고 투자한다면 좋은 선수들을 영입해서 좋은 성적을 거둘 수 있고, 더 나아가 경기장과 같은 인프라에도 관심을 가지고 투자할 수 있다.

하지만 포항 스틸러스와 수원 삼성처럼 예전에는 구단에서 적극적으로 투자해 좋은 선수를 영입하며 상위권의 성적을 거두지만, 모기업의 각

박한 사정으로 인해 투자를 줄이면 좋은 선수 영입이 자연스럽게 줄고 팀 성적까지 하락하는 모습을 보인다는 점이다.

이 중 수원 삼성을 예로 들어서 구체적으로 설명한다.

수원 삼성은 1996년에 K리그에 참가한 클럽이고 대한민국에서 명실상부한 K리그 인기 클럽 중 하나였다. 당시 삼성 그룹의 기조는 '일등 기업'이었고 스포츠계에서도 그 기조를 적용하여 그룹 소유의 스포츠 구단에도 적극적으로 투자하는 모습을 보여 주었다. 축구도 마찬가지로 대한축구협회와 AFC의 스폰서로 두었고 K리그에서도 오랫동안 메인 스폰서의 역할을 했다.

수원 삼성은 창단 2년 만에 1998년 K리그 우승을 차지했고 이후 K리그 4회, FA컵 5회 우승(역대 공동 최다 우승), 리그컵 3회(역대 최다 우승), 아시안 클럽 챔피언십(현 AFC 챔피언스리그) 2회 우승, 아시안 슈퍼컵에서 2회 우승이라는 어마어마한 성적을 거두었다. 수원 삼성은 계속해서 좋은 성적을 유지하기 위해 김남일, 송종국 등 스타 선수 영입에 돈을 아끼지 않았고, 그 결과 좋은 성적을 오랫동안 유지하면서 K리그의 명문 클럽이자 대한민국에서 가장 인기 있는 클럽으로 거듭날 수 있었다.

그러나 2010년대 들어서 삼성 이건희 회장이 투병 생활을 시작하면서 기업과 팀의 경영 방식이 달라지기 시작했다. 삼성 그룹에서 운영하는 스포츠 클럽의 운영을 삼성계열 광고사인 제일기획으로 이관하기 시작했고, 그 시작 팀은 2014년 수원 삼성이었다.

제일기획으로 넘어간 수원 삼성은 운영비가 2011년 407억에서 2021

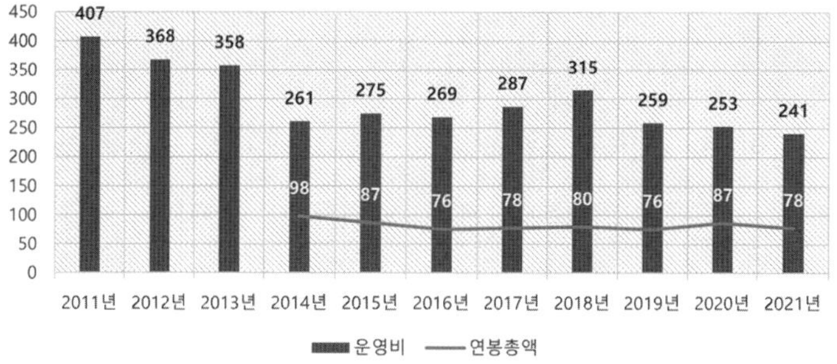

수원 삼성의 운영비와 연봉총액 그래프 (출처: 금융감독원 전자공시시스템 – 수원삼성축구단 대규모기업집단현황공시)

년 241억으로 대폭 감소했고 예전처럼 스타 선수 영입과 같은 공격적인 투자도 사라졌다.

그 결과 수원 삼성은 우승권 전력에 벗어나 무려 파이널 B로 4번이나 떨어질 정도로 전력이 약화되었다. 또한 2022년 K리그 1에서 10위로 승강 플레이오프에서 FC 안양을 만나 2차전 연장 승부 끝에 간신히 잔류할 수 있었다.

수원 삼성보다도 더 극단적인 예는 부산 대우 로얄즈처럼 모기업이 부도나거나, 성남 일화 천마처럼 모기업이 구단 운영을 포기하는 경우이다. 이런 경우 부산처럼 모기업이 바뀌거나, 성남처럼 시민구단이 되고, 때로는 충주 험멜처럼 해체 절차를 밟을 수도 있다.

먼저 부산 대우 로얄즈는 K리그에서 4번이나 우승을 차지할 정도의 명문 클럽이었다. K리그 최초의 영구결번 선수 김주성과 트로이카 안정환 덕분에 한때는 인기 높은 클럽이기도 했다. 그러한 배경에는 축구협회의 회장직을 겸하던 대우 김우중 회장의 축구에 대한 열렬한 관심이 있었다.

그러나 1997년 IMF 사태가 터지고 그로 인해 대우 그룹이 부도나면서 더는 선수단을 운영하기 어려워졌고, 부산 대우 로얄즈는 현대산업개발에 인수되면서 역사 속으로 사라졌고 부산 아이콘스(현 부산 아이파크)로 재창단되었다.

현대산업개발은 현대가 소속의 재벌가였지만 과거 대우 그룹의 투자에 비하면 인색했다. 거기다 기존의 구덕운동장을 벗어나 매머드급 종합운동장인 부산 아시아드주경기장으로 옮기면서 부산의 축구 팬들도 서서히 이탈하게 되었다. 결정적으로는 부산 아이파크가 2004년에 서울특별시로 연고를 이전하는 시도를 하면서 큰 배신감을 느낀 기존의 부산의 축구 팬 대부분이 이탈하기에 이르렀다.

설상가상, 2008년 베이징 올림픽 야구 대표팀이 금메달을 획득하면서 야구 팬이 급증하였고, 같은 연고지 야구팀인 롯데 자이언츠가 5년 연속으로 포스트시즌에 진출하면서 좋은 성적을 거두고 흥행하자, 부산 스포츠 팬들 대부분이 야구 팬으로 돌아서게 되었다. 엎친 데 덮친 격으로 부산 아이파크는 K리그 2로 2번이나 강등되었고 2022년 K리그 2에서 10위의 성적으로 하위권을 차지할 정도로 몰락했다.

그다음 성남 일화 천마는 K리그에서 7회나 우승할 정도로 명문 스포츠 구단이었고, 전북 현대가 2020년에 최다 우승 기록을 깨기 전까지는 최다 우승팀의 타이틀을 보유하고 있었다. 성남 일화 천마의 이런 배경에는 모기업인 일화의 적극적인 투자가 있었기에 가능했다.

모기업 일화는 통일교 계열의 기업이고 한때 국제축구대회 피스컵과 피스퀸컵을 열 정도로 축구에 대한 관심이 많았다. 문제는 통일교가 개신교에서는 이단으로 판정이 날 정도로 그 이미지가 상당히 안 좋았다. 게다가 천안 일화 천마 시절의 연고지 천안시에서 낙후된 경기장 문제까지 겹치면서 결국 연고지를 성남시로 이전하게 된다. 성남 일화 천마가 성남시에 연고를 두고 K리그에서 군림했을 때에도 평균 관중에서는 늘 하위권이었다.

그런 가운데 2012년 통일교 교주 문선명이 사망하면서 통일교에서는 더는 구단을 운영하지 않겠다고 선언하면서 2013년을 끝으로 성남 일화는 시민구단으로 바뀌게 되었다. 시민구단이 된 성남 FC는 예전에 성남 일화 때의 포스를 보여 주질 못하고 K리그 2에 두 번이나 강등할 정도로 몰락하고 만다. 거기다 전임 시장인 이재명의 후원금 강요 논란과 함께 신상진 성남시장이 성남 FC 매각과 팀 해체를 거론할 정도여서 성남시의 구단 운영에 많은 말이 나오는 실정이다.

8-3. 바람직한 시도민구단의 운영은?

시도민구단은 K리그 1과 K리그 2에서 각각 5개와 8개의 클럽으로 구성되어 있다.

2023년 K리그 시민구단 현황

클럽명	운영	구단주/대표이사
강원 FC	강원특별자치도	김진태 강원특별자치도지사
광주 FC	광주광역시	강기정 광주광역시장
경남 FC	경상남도	박완수 경남도지사
김포 FC	경기도 김포시	김병수 김포시장
대구 FC	대구광역시	홍준표 대구광역시장
부천 FC 1995	경기도 부천시	조용익 부천시장
성남 FC	경기도 성남시	신상진 성남시장
수원 FC	경기도 수원특례시	이재준 수원특례시장
안산 그리너스	경기도 안산시	이민근 안산시장
FC 안양	경기도 안양시	최대호 안양시장
인천 유나이티드	인천광역시	유정복 인천광역시장
천안 시티 FC	충청남도 천안시	박상돈 천안시장
충남 아산 FC	충청남도 아산시	박경귀 아산시장

2023년 시도민구단은 2002년 한일 월드컵 이후 창단된 클럽이 대부분을 차지하고 있다. 2002년 한일 월드컵이 기점이 된 결정적인 이유는 먼저 한일 월드컵이 개최된 도시의 경기장이 10개였고, 당시 K리그에 참

가 클럽도 10개였다. 그렇지만 한일 월드컵이 개최된 경기장 중에서 K리그 연고 클럽은 부산광역시, 대전광역시, 울산광역시, 수원시, 전주시 등 총 다섯 곳이었다. 그로 인해 서울특별시와 제주도처럼 기존의 K리그 클럽이 연고 이전을 하거나, 그 지역에 축구단을 새로 창단하는 방식이 상당수를 차지했다.

이때 축구단을 창단했던 월드컵 개최 도시는 대구광역시, 인천광역시, 광주광역시였는데, 광주광역시는 2003년부터 국군체육부대 상무 불사조의 연고지로 선정되어 8년간 군경팀의 연고지로 자리를 잡았지만, 2011년 광주 상무 불사조와 광주광역시와의 연고지 계약 만료로 상무는 상주시로 연고를 이전하게 되었다. 광주광역시의 빈자리는 광주 FC가 창단되어 자리 잡고 있다.

이렇게 2002년 한일 월드컵 4강 신화로 지방자치단체들이 축구단 창단에 관심을 가지면서 2002년 이후 순수 시도민구단으로 창단된 K리그 클럽이 무려 8개 클럽이나 되었다. 이와 다르게 기존의 기업구단들은 모기업에서 운영을 포기하거나 군경팀의 연고지 계약 만료로 자리를 옮기면서 시도민구단이 새로 창단되었다. 광주 FC(전 광주 상무 불사조), 성남 FC(전 성남 일화 천마), 안산 그리너스(전 안산 무궁화), 충남 아산 FC(전 아산 무궁화)가 여기에 해당된다.

시도민구단은 본래 해당 거주 주민들이 주주가 되어서 클럽을 운영하는 '소시오(socio)' 방식으로 운영하는 형태이지만, 사실상 연고 자치단체의 지원을 받아 운영하고 있는 것이 K리그 시도민구단의 현실이기도 하다. 시도민구단의 특성상 자치단체에서 예산을 지원받아 운영할 수밖에 없다 보니 그 예산은 한정되어 있고, 그 한정된 예산 안에서 팀을 운영하다 보니 기업구단처럼 대대적인 투자를 못 하는 것이 현실이다. 그래서 시도민구단들 대부분은 K리그 1에서 하위권에 머물러 있거나 K리그 2에 대부분 포진된 것이 현실이다.

또, **시도민구단은 지역 정치인의 영향력을 많이 받는 편**이다. 그래서 연고 자치단체장과 친분이 있는 낙하산 인사가 팀 내 클럽 경영진의 핵심인물로 들어와 클럽 운영을 파행시키거나 아니면, 경남 FC의 구단주였던 홍준표 전 경남도지사(현 대구광역시장)이나 성남 FC 구단주 이재명 전 시장처럼 자치단체장이 직접 구단 운영에 간섭하는 일까지 벌어지기도 한다. 그리고 2022년에는 성남 FC 구단주 신상진 성남시장이 성남 FC의 해체 이야기까지 거론할 정도로 클럽 구성원과 팬들의 의견을 무시하고 정치적인 이유로 제멋대로 클럽의 운명을 결정하려는 시도를 하기도 한다.

그뿐만 아니라 시도민구단은 **프런트의 영향력이 절대적**이기도 하다. 대표적인 사례로 대구 FC 조광래 대표이사를 들 수 있다. 조광래 대표이사는 2014년부터 대표이사로 부임했는데 그 당시 대구 FC는 K리그 챌린지(K리그 2)로 추락할 정도로 만년 하위권 팀이었고 거기다 대구 중심가와 떨어진 매머드급 종합운동장인 대구스타디움을 홈 경기장을 사용하고 있어 늘 관중동원에서조차 하위권이었다. 조광래 대표가 취임할 당시 평균 관중은 겨우 966명에 불과했다.

조광래 대표이사는 이러한 문제점을 해결하기 위해 축구 전용구장이 있어야 한다고 생각했고 계속해서 대구 FC 구단주인 권영진 전 대구시장과 대구시의회를 설득하였고[1] 마침내 2019년 옛 대구 시민운동장 부지에 대구 DGB대구은행파크를 완공하여 축구 전용구장을 만들 수 있었다.

대구 DGB대구은행파크로 이전한 대구 FC는 홈구장이 전보다도 대구 중심가에서 더 가까워지면서 축구 팬이 더 많이 찾아오게 되었다. 때마침 그 이전 해 FA컵 우승과 러시아 월드컵에서 맹활약했던 조현우 덕분에 대구 FC의 성적이 좋아졌고 2019년 한 시즌에 총 9번이나 매진되었고 총관중은 20만3천여 명, 평균 관중은 10,734명이 찾아왔다.

2016년에 대구는 K리그 챌린지 2위였지만 안산 무궁화가 안산시와의 연고지 계약이 끝나고 아산으로 연고 이전하면서 K리그 클래식으로 즉시 승격할 수 있었다. 그리고 2018년 FA컵에서 울산을 제치고 첫 우승을 차지했고 2019년 새 경기장에서 팬들의 응원과 함께 조현우(현 울산 현대), 세징야(Cesinha), 에드가(Edgar Silva) 등 스타 선수들의 활약으로 인해 처음으로 파이널 A에 진출할 수 있었다. 2021년까지 파이널 A에 꾸준히 진출하고 2019, 2021, 2022년에 ACL을 경험할 정도로 대구 FC는 어느 클럽도 무시하지 못할 정도로 성장할 수 있었다.

---

1) 노주환, 「공정률 90% 육박 대구FC 새 전용구장, 조광래 대표 "네이밍 마케팅할 겁니다"」, 『스포츠조선』, 2018.10.31.

8-4. 시민구단의 문제점 – 대전 시티즌의 사례

조광래 같은 유능한 대표이사나 단장이 있으면 시도민구단도 기업구단과 맞먹을 정도로 성장할 수 있지만 안타깝게도 시도민구단들의 뉴스에는 프런트의 부조리 문제가 대부분을 차지하고 있는 것이 현실이다. 그 사례가 2020년 하나금융그룹에 인수된 대전 시티즌(현 대전 하나 시티즌)이다.

대전 시티즌은 1997년 창단 당시에는 시민구단이 아니었다. 대전광역시와 충청남북도를 연고로 하는 계룡건설, 동아건설, 동양백화점, 충청은행 등 4개의 기업이 합자 컨소시엄으로 이루어 1997년에 창단되었다. 하지만 창단한 해에 IMF가 터지면서 동아건설과 동양백화점, 충청은행이 부도가 났고, 계룡건설이 홀로 구단을 경영할 수밖에 없게 되면서 창단 초기부터 대전 시티즌은 어려움을 겪기 시작했다.

대전 시티즌은 2014년 클럽하우스 덕암축구센터가 생기기 전까지 대전에 있는 축구장을 떠돌아다니며 훈련했고 숙소도 계룡건설 직업훈련소를 사용할 정도로 열악했다. 그런데도 2001년 FA컵에서 김은중, 이관우, 공오균, 최은성 등 선수들의 활약으로 기적 같은 FA컵 첫 우승을 차지할 수 있었다.

그러나 다음 해 계룡건설이 대전 시티즌의 운영을 포기하겠다고 선언하면서 팀이 해체 위기를 맞게 되었지만, 대전시민들이 주주로 나서면서 대전 시티즌은 2006년에 시민구단으로 전환되었다.

대전 시티즌은 유명 아이돌 그룹 샤이니의 민호 아버지로 유명한 최윤겸 감독이 2003년에 부임한 뒤로 K리그에서 6위라는 좋은 성적을 거두면서 대전광역시에 있는 축구 팬들을 모을 수 있었는데, 이 당시 평균 관중은 무려 1만9천여 명이었고 주중 최다관중은 4만3천7백여 명으로 경기장을 가득 메울 정도였다. 이런 팬들의 응원 덕분에 홈 승률은 무려 77.3%가 되었다. 그렇지만 이후 대전 시티즌은 시민구단으로서의 한계를 보여 주었고 2007년 3월에 일어난 최윤겸 감독과 이영익 코치와의 불미스러운 사건으로 인해 두 사람 모두 불명예스럽게 경질되었다.

최윤겸 감독에 이어서 김호 감독이 새로 부임했는데 김호 감독은 1994년 미국 월드컵 국가대표팀 감독을 맡아 독일과 스페인이라는 최악의 조에 편성되었음에도 좋은 경기력으로 아쉽게 C조 3위로 간발의 차로 16강에 떨어졌고, 이후 수원 삼성 창단 감독을 맡으면서 K리그 3회, FA컵 1회, 리그컵 4회, 아시아 클럽 챔피언십과 슈퍼컵에서는 각각 2번 우승시킬 정도로 당시에는 명장으로 유명했다.

때마침 방황하던 김호의 애제자 고종수가 대전 시티즌으로 와서 좋은 경기력으로 최종전에서 2위 수원을 꺾은 덕에 기적적으로 6강 PO에 진출할 수 있었다. 그때까지만 해도 김호 감독에 대한 평은 좋았다. 여기서 문제는 이후 예전에 보여줬던 강력한 포스는 사라지고 다음 해는 13위로 간신히 최하위 면할 정도로 성적이 나빠지고, 덩달아 고종수가 팀 내 무단이탈하는 일까지 벌어졌다는 점이다. 이런 사태와 함께 김호 감독은 특정 에이전트와 유착하여 당시 송규수 사장을 무시하고 직접 박성효 전 대전광역시 시장에게 외국인 선수를 영입하려는 월권을 행사[2)]하면서 그동안의 명성이 사라지고 오히려 구태의연한 모습만 보여 주었다. 결국에는 2009년 시즌 도중에 성적 부진으로 사임했다.

그 후임에는 왕선재 감독으로 이어졌지만 김호 감독 때 심각하게 망가진 대전이었기에 뒷수습하려고 해도 좋은 성적이 나오지 못했고, 여기에 2011년 승부 조작 사건까지 터지면서 대전에는 무려 8명 선수가 영구 제명되었고 그 책임으로 기존의 감독과 사장을 포함한 모든 프런트 임원이 사임하게 되었다.

왕선재 감독 사임 이후, 유상철 감독이 중도에 부임하였는데 문제는 그 다음 해 염홍철 전 시장의 낙하산 인사였던 김광회 사장이 대전의 영원한 전설, 골키퍼 최은성에게 부당한 대우를 하면서 결국 계약을 포기하게 되었고 최은성은 거의 쫓겨나다시피 전북 현대로 이적하고 만다. 그러자 분노한 대전 팬들은 김광회 사장과 담당 전력강화팀장의 사임을 요구하였고 그 결과 김광회 사장은 자진해서 물러났다.

그렇지만 얼마 안 가 인천 유나이티드 마스코트 유티가 대전 서포터석 앞에서 도발하자 분노한 한 대전 서포터가 유티를 폭행하는 일명 '두루치기 사건'이 벌어졌다. 그때 대전은 이미지가 나락으로 떨어지게 되었고, 가뜩이나 좋지 못한 성적으로 강등이 유력할 것이라고 모두가 예상했다. 하지만 이 당시 온 외국인 선수 케빈 오리스(Kevin Oris)의 대활약으로 하위 스플릿에서 좋은 모습을 보여줬고 팀은 13위로 잔류할 수 있었다. 그렇

2) 황민국, 「대전, 김호 감독과 결별하는 진짜 이유는?」, 『조선일보』, 2009.6.23.

지만 유상철 감독과는 재계약하지 않았고 김인완 감독이 후임으로 왔지만 부진한 성적으로 중도에 경질되었으며, 팀은 최하위로 챌린지 리그로 강등되었다.

김인완 감독의 후임으로 조진호 수석코치가 감독 대행을 맡았고 김세환 사장이 부임하였는데 사실 김세환 사장은 염홍철 전 시장의 라인이었기에 팬들로부터 많은 우려가 있었다. 하지만 김세환 사장은 여타 사장과는 달리 대전 시티즌에 애정이 있었고, 대전 시티즌의 개혁을 이끌었다.[3)]

김세환 사장은 먼저 대전 시티즌의 재정 건전화를 추구하였다. 그 예로 본인이 역임했던 대전생활체육회 사무처장에서 사임하기 전까지 무보수로 대전 시티즌에서 근무하였고, 비정상적으로 많았던 대전 선수단의 규모를 줄였으며, 불필요하다고 여겨진 사무국장직을 폐지하면서 구단 버스 2대 중 한 대를 팔아 구단의 부채를 모두 갚을 수 있었다. 그리고 선수선발위원회를 만들어 외부의 개입 없이 선수로 선발할 수 있도록 만들었다. 또한, 당시 넥센 히어로즈(현 키움 히어로즈)와 함께 '융복합 프로스포츠 산업모델 방안(가칭)'을 협의해 대전 시티즌을 자생력이 있는 클럽으로 만들려고 노력하기도 했다. 그러면서 대전 시티즌의 레전드 선수 김은중을 다시 대전으로 복귀시켰고 전북 현대에 소속해 있지만 대전 시티즌의 수문장이던 최은성의 은퇴식을 전북 현대와 같이 치를 수 있도록 마련하면서 팬들로부터 신뢰할 수 있도록 만들었다.

그 결과 대전은 2014년 K리그 챌린지에서 압도적인 모습으로 우승을

3) 허송빈, 「김세환 한국 프로 축구의 '빌리 빈'을 꿈꾸다」, 『시티저널』, 2014.11.14.

차지해 다시 클래식에 승격할 수 있었다. 그렇게 김세환 사장의 개혁과 조진호 감독이 보여 준 지도력으로 K리그 클래식에 돌아온 대전 시티즌은 장밋빛 미래가 펼쳐질 것으로 생각했다.

하지만 2014년 당시 지방선거에서 대전광역시장은 새정치민주연합 권선택이 당선되었고 권선택은 염홍철 전 시장의 라인이었던 김세환 사장을 마음에 들어 하지 않았다. 그다음 해에 김세환 사장은 거의 쫓겨나다시피 물러났고 김세환 사장의 후임으로 권선택의 낙하산이었던 전득배 사장이 오게 되었다. 전득배 사장은 선수선발위원회를 해체하고 선수단 규모를 늘리면서 사무국장제를 부활시키는 등 전임 김세환 사장과 정반대의 행보를 보여줬다.

그 결과 대전은 클래식에서 최하위로 고전하고 있고 시즌 도중에 조진호 감독이 물러나고 최문식 감독이 부임되었지만, 그 과정에 구단 직원과 구단주였던 권선택 시장과의 상의도 없이 결정했다는 막장스러운 모습을 보여 주었다. 결국에는 대전 시티즌은 다시 챌린지 리그로 강등되었고 2022년에 K리그 1로 승격할 때까지 무려 일곱 시즌 동안 K리그 2에 있었다.

그 이후 전득배 사장이 물러나고 윤정섭 사장이 왔지만, 최문식 감독은 챌린지 리그에서 좋지 못한 성적과 팬들과의 갈등으로 2016년 시즌 끝으로 물러났다. 최문식 감독의 후임으로 이영익 감독이 왔지만 오히려 챌린지 리그에서 최하위로 추락하는 아픔을 겪었다.

윤정섭 사장의 후임으로 김호 전 대전 시티즌 감독이 사장으로 부임하기도 했지만, 과거 감독 시절에 보여 준 행보로 대전 팬들의 시선은 곱지만은 않았다. 그리고 김호의 라인이었던 이기범 신길고 감독을 대전 시티즌 감독으로 부임시키려고 시도했지만, 팬들의 반발로 고종수 수원 삼성 코치가 부임하게 된다. 과거에 고종수가 과거 대전에서 무단이탈을 했던 행적으로 인해 대전 시티즌 팬들에게 많은 분노를 일으키게 하였다. 그뿐만 아니라 수원 삼성의 전설 김진우 부산외대 감독을 수석코치로 임명시켰고 사무국장과 여러 용역 계약들을 자신의 측근 인사로 임명하려는 만행을 저지르면서 대전 시티즌 팬들은 팀의 응원을 보이콧하고 대전 시티즌 비상대책위원회(정상화추진위원회)를 만드는 사태까지 벌어졌다.

게다가 기존의 재계약을 맺은 외국인 선수를 일방적으로 계약 해지하고 본인과 친분이 있는 특정 에이전트를 통해 외국인 선수와 계약하였다. 또한, 선수단을 신인 20명과 계약해 무려 58명으로 늘리는 일을 저질렀는데 특히 대전 시티즌 2군 감독 이기범의 아들 이지호가 계약을 맺는 등의 비상식적인 행동이 드러났다.

그러다가 2018년 시즌이 개막되고 나서 정상화추진위원회(약자 정추위)에서 김호 사장과 간담회를 시도했지만, 오히려 김호 사장은 법적 조치를 운운하며 오히려 경찰 배치를 요구하는 불통의 모습을 보여 주었고, 4월 아산 무궁화와의 홈 경기에서 심판 판정에 불만을 표시한 김호 사장이 심판실에서 심판을 폭행하는 일까지 보여 주기도 하였다.

그렇지만 그와 별도로 4위라는 성적으로 준PO 진출하는 결과를 보여 주었지만, 그 상황에서 고종수 감독의 결혼식이 겹치게 되었고, 경남 FC

보다 더 많은 예산을 투입하며 막장 운영을 보인 김호 사장의 횡포에 질린 이사회 대다수가 사퇴하는 일까지 벌어지고 만다.

그로 인해 다음 해 대전시의회에서는 김호 사장의 사퇴를 요구하면서 대전 시티즌의 운영비를 삭감하려 했고, 김호 사장은 사장직에서 계속해서 버티려 하자, 추경예산 전액을 삭감하는 일마저 벌어지게 되었다. 이처럼 추경예산이 삭감되자 김호 사장은 선수단 규모를 35명으로 축소하고 사무국 운영비를 절감하는 등의 나름의 자생력 방침을 내놓았지만 이미 팬들로부터 신뢰를 잃어버린지 오래였다.

그러다 대전 시티즌의 성골 출신 유소년 선수이자, 아시안게임에서 병역특례를 받아 유럽 진출을 추진하던 황인범을 선수 본인의 동의도 없이 강제로 밴쿠버 화이트캡스(Vancouver Whitecaps FC)에 이적시키는 일을 저질렀고,[4] 리그 개막전 때 코칭스태프 대부분에게 필요한 지도자 라이선스 없이 고종수 감독 홀로 벤치에 있고 유니폼도 매직으로 이름표를 붙이는 막장 행보가 연달아 이어졌다.

결정적으로 2019년에 대전 시티즌 신인 선수 공개테스트 불법행위 논란이 터지면서 김호 사장과 고종수 감독은 경찰로부터 조사를 받게 되었고 권헌규 사무국장은 업무추진비를 사용하여 회계 규정을 위반한 사실까지 드러나고 만다. 이에 김호 사장은 3월 11일에 사임하게 되었고 고종수 감독은 5월 21일에 경질되었으며, 권헌규 사무국장도 대기발령을 받고

---

4) Roy Ghim, "Hwang In-beom and family angry over derailed transfer to Hamburg by "shady" agent [UPDATE 2.15]", *THE TAEGUK WARRIORS*, Febuary, 2, 2019.

얼마 안 되어 해임되고 말았다.

이후 최용규 사장이 부임되어 김호 전 사장이 저지른 만행을 팬들에게 사과하였고 선수단 운영 위원회 개설과 함께 대전시에 의존하는 수입 구조 개선과 팬들과의 지속적인 소통, 선수단 사무국을 혁신하는 방안으로 개혁을 추구하였다. 또한, 고종수 감독의 후임으로는 이흥실 감독이 부임되었다.

김호의 횡포에 질린 허태정 전 시장은 더는 대전광역시가 대전 시티즌을 운영해야 하는지에 대한 회의감을 품게 되었고, 기업에 매각을 추진하기도 하였다. 그 결과 하나금융그룹에 인수되어 2020년부터는 대전 하나 시티즌으로 재창단되었다.

이처럼 대전 시티즌의 사례는 시도민구단의 폐해를 확실하게 보여 준다. 시도민구단들의 기본적인 한계는 자치단체장의 정치적인 의도에 따라 클럽이 창단되고 운영되기 때문에 프런트 대부분이 낙하산 인사로 구성되기 쉽다는 점을 들 수 있다. 물론 김세환 사장처럼 모범적인 선례도 있었지만, 만약 그 도중에 시도지사가 바뀐다면 아무리 능력이 좋은 기존의 사장도 시도지사의 라인이 아니라는 이유로 물러날 수 있는 환경이 될 수 있다.

물론 낙하산이 아니더라도 김호 사장과 같이 과거의 명성만을 보고 상식 이하의 행보를 보인 프런트라면 클럽 자체를 나락으로 빠뜨릴 수도 있다.

결론적으로 이야기하자면, 시도민구단을 제대로 운영하기 위해서는 자치단체에 의존하는 시스템에 벗어나 그 지역 연고에 있는 팬들 주도 아래에 운영될 수 있도록 만들어야 하고, 선수단과 프런트를 끊임없이 모니터링하는 임무를 수행해야 한다. 그렇지 않으면, 대전처럼 연고지 이전도 없는 조건으로 기업 매각도 고려해야 한다.

기업구단과 시민구단의 비교

기업구단	시민구단
• 2002년 전 창단 클럽 대부분 • 모기업이 스폰서 역할 • 모기업 의존도가 높음	• 2002년 後 창단 클럽 대부분 • 자치단체 지원을 받아 운영 • 지역 정치적 상황이 클럽 운영에 큰 변수 • 프런트 영향력이 절대적

기업구단과 시민구단의 특징에 대해 알아보았다. 기업구단과 시민구단의 공통적인 특징은 기업구단과 시민구단 모두 모기업과 자치단체의 의존도가 심하다는 점이다. 모기업과 자치단체장이 축구클럽에 관해서 관심을 가지고 적극적으로 투자한다면, 좋은 성적을 거둘 수 있고 연고 지역팬들 유입 또한 수월해질 것이다.

반대로 그렇지 않은 대부분의 클럽들은 투자가 적다 보니 좋은 선수들은 유입되지 않고 오히려 우수한 선수들은 이탈하게 되는 문제가 생긴다. 그러다 보니 성적은 떨어지고 연고 지역팬들의 이탈이 가속화될 수밖에 없게 된다.

8-5. 자생력 있는 K리그 클럽을 만들려면?

이번에는 어떻게 하면 클럽이 자생력을 갖출 수 있는지 생각해 보기로 하자.

첫 번째로는 **법인화가 된 클럽들이 독자적으로 운영**할 수 있는 환경을 마련해줘야 한다. K리그 클럽들은 엄연히 법인기업이다. 법인기업은 모기업과 자치단체에 종속되는 것이 아니라 독립적으로 운영하면서 자체적으로 수익을 낼 수 있도록 만드는 기업이다. K리그 현실상 모기업과 자치단체 의존 없이 운영되지 못하고 클럽 대부분이 자체적으로 이익을 거두지를 못하는 실정이다.

이 문제를 해결하기 위해 먼저 해야 할 일은, **클럽 경영을 독자적으로 운영할 수 있도록 만들어야 한다**는 것이다. 그러기 위해서는 먼저 법인화가 된 클럽들이 모기업과 자치단체에만 한정되지 않고 협력회사와 지역회사, 후원회사가 모여서 **컨소시엄 방식**으로 운영되도록 만들어줘야 한다. 또한, 이사회를 통해 컨소시엄에 참가하는 기업들과 주주들이 클럽의 경영을 모니터링을 하면서 투자와 운영에 대한 방향성을 제시할 수 있는 의견의 장을 형성할 수 있도록 만들어줘야 한다. 그 과정에서 가장 중요한 것은 어떠한 일이 있더라도 정치적이고 부당한 간섭이 없도록 모기업과 자치단체, 컨소시엄 이사회에서는 유능한 경영진과 프런트들을 공정하게 선임할 수 있도록 해야 한다.

두 번째는 **클럽의 운영에 팬들이 중심**이 될 수 있도록 만들어야 한다. 스페인 라 리가의 명문 팀인 레알 마드리드와 FC 바르셀로나는 소시오 형태의 시민구단으로 운영되고 있다.[5] K리그 대부분의 시민구단은 초창기에는 시민들이 주주가 되어서 출자금을 모아 참가할 수 있었지만 그 과정이 자치단체들의 주도로 이뤄졌고 시민들의 자발적인 참여가 그리 많지 않다 보니 시간이 지나면서 출자금은 고갈되어 자치단체의 예산에만 의존하게 된다. 그러면서 시민구단 운영도 지자체의 정치적인 간섭을 받을 수밖에 없는 환경에 놓이게 되었고 그로 인해 연고 지역 축구 팬들의 관심도 자연스레 떨어질 수밖에 없다.

이런 문제를 해결하기 위해서 **시도민구단들도 소시오 제도를 활성화**시킬 수 있도록 해야 한다. 소시오 제도는 자치단체 주도가 아닌 축구를 사랑하는 연고 지역 축구 팬을 중심으로 운영되어야 하고, 매 시즌 주주를 모집하면서 일정 지분을 차지하는 소시오에게 이사회나 운영위원회 등에 참여할 수 있는 권리를 줄 수 있도록 만들어야 한다.

또 K리그 클럽 팬들과 지역주민들이 자체적으로 **클럽 운영 재단을 만들어 K리그 운영에 관한 모니터링**을 할 수 있도록 만들어야 한다. 왜 팬들이 직접 K리그 클럽 운영에 모니터링을 하는지 FC 바르셀로나의 예를 들면서 이야기해 보도록 하겠다.

FC 바르셀로나는 라 리가에서는 레알 마드리드와 함께 라 리가와 전 세계 통틀어 세계 축구를 호령하는 양대 명문 클럽 중 하나다. 리오넬 메시가 바르셀로나에 소속되었을 당시에는 라 리가에서 10회, UCL에서 4회나 우승을 기록할 정도였다. 14-15시즌에 FC 바르셀로나가 2번째 트레블(라 리가, 코파 델 레이, UCL 우승)을 이루고 나서 임시 회장이었던 주

5) 한준, 「[축지법] 레알과 바르사는 왜 투표로 회장을 뽑나」, 『풋볼리스트』, 2017.4.28.

제프 마리아 바르토메우(Josep Maria Bartomeu)가 소시오 투표 끝에 정식 회장으로 당선되었다.

하지만 바르토메우 회장 시기부터 FC 바르셀로나는 점차 몰락하기 시작했다. 바르토메우 회장은 클럽의 사정을 고려하지 않는 선수 영입을 강행하였다. 대표적으로 2017년 네이마르(Neymar Júnior)가 PSG으로 떠난 이후 영입한 우스만 뎀벨레(Ousmane Dembélé), 필리페 쿠티뉴(Philippe Coutinho), 앙투안 그리즈만(Antoine Griezmann)이 있다. 바르토메우 회장은 그 선수들을 영입하기 위해서 막대한 자금을 썼고, FC 바르셀로나의 재정은 점차 악화하기 시작했다. 설상가상 거금을 들여 영입한 선수들 모두 FC 바르셀로나에서 오히려 부진한 모습만 보여 주니 팀 성적에 별다른 도움을 주지 못하였다. 이런 문제로 팀 내에서 리오넬 메시에 대한 의존도는 더욱 심화되었고 19-20 UCL 8강에서 맞붙은 바이에른 뮌헨(FC Bayern München)에 8:2라는 참패를 겪고 만다.

그로 인해 FC 바르셀로나 팬들 사이에서도 바르토메우 회장에 대한 여론은 급격히 악화하였고 거기다 결정적으로 메시가 FC 바르셀로나를 떠나겠다는 폭탄선언을 하는 바람에 소시오에서는 바르토메우 회장을 해임하려 했지만, 바르토메우는 어떻게든 회장직에서 버티려고 했다. 이에 여론이 전보다 더욱 악화되자 그는 해임 투표 전에 자진해서 사임했다.

그 이후 FC 바르셀로나의 차기 회장으로 전임 회장이었던 조안 라포르타(Joan Laporta)가 당선되었지만 악화한 재정 상황에 라 리가에서 내놓은 비율형 샐러리캡 규정에 따라 메시와 재계약하지 못하고 파리 생제르맹 FC(Paris Saint-Germain FC)로 떠나보내게 된다.

FC 바르셀로나의 경우를 보면서 클럽 운영에서 꾸준하고 투명한 모니터링이 필요하다는 것을 알 수 있다. 그래서 팬들과 소시오에서 서포터와 함께 모니터링을 할 수 있는 위원회를 만들어서 이사회에 참가할 수 있도록 만들어야 한다.

세 번째는 **클럽의 수익 모델을 더 확장**해야 한다. 사실 K리그 클럽 대부분이 수익을 낼 수 있는 창구가 부족한 것이 현실이다. 그 부분에 대해서는 향후 챕터에서 좀 더 구체적으로 이야기하겠다. 대신 여기에서는 **클럽 자체를 브랜드화**하여 더 많은 팬을 유입하는 방안을 이야기하겠다.

클럽 브랜드화는 쉽게 말하자면 클럽 자체를 더 많은 사람에게 각인시켜주고 소비할 수 있도록 만들어 주는 것이다. 그 예로 지금 K리그 클럽들이 유럽 대륙에 있는 클럽들처럼 남자축구만 운영하는 것이 아니라 여자축구, 풋살, 농구, 배구, 핸드볼 등 다양한 스포츠를 운영하는 것이다.

농구에서도 볼 수 있는 엘 클라시코 (출처: AS.com)

지금 유럽 명문 클럽들은 여자축구클럽도 운영하고 있으며, 한국에서도 수원 FC의 여자축구팀인 수원 FC 위민이 운영되고 있다.

그뿐만 아니라 레알 마드리드와 FC 바르셀로나는 농구팀도 운영하고 있으며 페네르바체 SK(Fenerbahçe SK)는 여자 배구단을 운영하고 있을 정도로 축구클럽 안에 다양한 분야의 스포츠 클럽을 운영하고 있다.

현재 K리그 클럽은 모기업에서는 다른 연고를 두고 있는 타 종목 스포츠 클럽이 운영되고 있고, 반대로 같은 연고에서는 다른 기업이 운영하는 스포츠 클럽이 있어서 한 클럽에서 여러 종목의 스포츠를 구단으로 거느리는 것은 거의 불가능한 것이 현실이다.

그래서 일단은 프로화가 되지 않는 개인종목이나 구기 스포츠 위주로 시작하면서 점차 다른 프로스포츠도 함께 운영할 수 있도록 만들어야 한다. 그리고 같은 연고에서 다른 기업이 운영하는 스포츠 클럽의 경우에는 K리그와 겹치지 않는 모기업이 아닌 경우에는 컨소시엄을 통해서 함께 협력하고 운영하는 방안도 추진해야 한다.

그렇게 한다면 K리그 클럽들은 모기업과 자치단체를 의존하지 않고 어느 정도 자생적으로 클럽을 운영할 수 있을 것이고, 팬들의 의중에 따라 운영되면서 더 많은 팬들을 모을 수 있을 것이다.

지금까지 K리그 클럽들의 현실과 바람직한 운영 방향에 대해서 알아보았다. 다음 챕터에서는 K리그에서 뛰고 있는 선수의 권익과 의무에 대해서 알아보자.

Chapter 9

K리그 선수의 권익과 의무

2023년 7월 유럽축구는 이적시장으로 뜨겁게 타오르고 있다. 리그 경기만큼 이적시장이 재밌다고 하는 팬들이 많을 정도로 매 시즌 열리는 이적시장은 화젯거리이기도 하다. 이적한 선수의 이적료와 이적한 팀에 대한 관심은 그 이후의 활약상에 자연스레 관심이 쏠리면서 리그를 더욱 재밌게 만들어준다.

2018~2022년간 유럽 이적시장 최다 이적료 선수[1)]

연도	선수명	이적료(유로)	원 소속팀	이적팀
2018	킬리안 음바페	1억 8000만	AS 모나코	PSG
2019	주앙 펠릭스	1억 2720만	벤피카	AT 마드리드
2020	카이 하베르츠	8000만	바이어 레버쿠젠	첼시
2021	잭 그릴리시	1억 1750만	아스톤 빌라	맨체스터 시티
2022	안토니	9500만	AFC 아약스	맨체스터 Utd.

2018년부터 2022년까지 유럽 이적시장은 1~2억 유로 사이의 최대 이적료가 나올 정도로 선수들의 가치가 높아지고 있는데, 그러한 배경에는 크게 3가지가 있다.

먼저 축구는 전 세계적으로 가장 인기 있는 스포츠이다. 그래서 전 세계에 있는 우수한 축구선수들이 유럽 명문 리그와 클럽으로 진출하려고 한다.

두 번째, 1995년 보스만 판결(Bosman Ruling)과 2006년 웹스터 판결(Webster Ruling)로 인해 축구 이적시장이 예전보다 더 활발하게 이루어졌다.

세 번째, 거대 자본가와 기업들이 축구에 더 많이 투자하고 있다. 거대 자본이나 기업들은 막대한 돈을 들여 클럽과 후원을 맺거나 PSG, 맨시티, 뉴캐슬처럼 클럽의 지분을 소유해서 직접 경영하며 투자하고 있다.

1) TRANSFERS & RUMOURS, TOP TRANSFERS, Transfermarkt.com 참조.

9-1. 셀링(Selling) 리그가 된 K리그

지금 K리그는 어떨까? 안타깝게도 K리그는 유럽 진출하는 극히 뛰어난 선수가 아니면 대부분 선수가 일본, 중동에 갈 정도로 소위 셀링 리그(Selling League)로 불리고 있다.

K리그가 셀링 리그가 된 원인에는 크게 3가지가 있다.

첫 번째, **K리그 클럽들의 소극적인 투자**에 있다.

기업구단은 모기업의 재정적 상황과 구단주(모기업 회장 또는 대표이사)의 축구에 대한 애정과 의지, 그리고 클럽의 전년도 성적에 따라 투자 규모가 결정된다. 현재 전북 현대모터스, 울산 현대, 대전 하나 시티즌의 구단주들은 자신들이 운영하는 기업구단에 적극적으로 투자하고 있지만, 반대로 수원 삼성, 포항 스틸러스는 예전보다 투자를 줄이고 있다. 시민구단은 자치단체의 한정된 예산과 정치적 상황, 구단주(자치단체장)의 축구에 대한 애정과 의지에 따라 투자 규모가 결정된다. 대구 FC와 인천 유나이티드, 수원 FC 같은 일부 시도민구단은 적극적으로 투자하지만, 나머지 시도민구단들은 그 정도 투자를 받지 못하는 실정이다. 그러다 보니 클럽 내의 우수한 선수들은 적극적으로 투자하는 다른 K리그 클럽으로 가거나 아니면 해외 리그 클럽으로 이적한다.

두 번째, **J리그의 공격적인 투자로 인해 K리그 클럽들이 감당할 수 없는 몸값으로 우수한 선수들이 이적**한다.

J리그는 최적의 인프라 시스템을 구축했고 2016년 스포츠 스트리밍

사이트 DAZN와 무려 2조 원 계약을 맺어 더 공격적으로 투자할 수 있는 환경이 갖춰졌다. 2019년 외국인 선수보유 제한이 풀리면서 빗셀 고베(Vissel Kobe)에서는 안드레스 이니에스타(Andrés Iniesta)와 루카스 포돌스키(Lukas Podolski), 다비드 비야(David Villa)를, 사간 도스(Sagan Tosu)는 한때 월드클래스 급이었던 페르난도 토레스(Fernando Torres)를 영입하였고, 2022년 시즌 도중에 K리그 1 득점 선두를 달리고 있는 스테판 무고사(Stefan Mugoša)는 빗셀 고베로 이적하기도 하였다.

중국 슈퍼리그는 코로나19로 인한 재정난으로 완전히 몰락했지만, 한때는 거대 부동산 재벌들이 클럽을 인수하면서 공격적으로 국내외 선수들과 유럽의 내로라하는 감독들을 영입했다. 그로 인해 김민재, 김신욱, 홍정호 등 국가대표급 선수들이 중국 슈퍼리그에서 뛰기도 하였다. 현재도 그나마 재정적인 여유를 갖춘 일부 클럽들은 한국 선수를 영입하고 있고 김민우(청두 룽청), 강상우(베이징 궈안)가 뛰고 있다.

세 번째, 2012년부터 시행된 K리그 **선수 연봉공개**가 있다.

K리그 연봉공개는 과거 K리그 몸값 거품 문제에 대한 해결책으로 꺼낸 것인데 선수들의 이적료와 연봉 거품 문제가 사라지게 했다. 연봉공개는 도한 K리그 클럽들의 재정 상황을 알 수 있게 해주었고 재정 건전화에 어느 정도 이바지를 해줬다는 순기능이 있었다.

그러나 K리그 연봉공개는 너무나 많은 문제가 있다.

먼저 클럽들은 연봉공개를 통해서 불필요한 인건비를 줄였지만 정작 선수 보강을 위한 이적시장 때는 선수 영입을 위한 투자에 주저하며 트레이드와 FA(자유계약) 영입을 통해 비용을 절감하려고 한다. 하지만 비용 절감을 한다고 해도 기존의 우수한 선수들을 더 좋은 조건으로 다른 K리그 클럽이나 일본, 중동으로 가려고 하고, 다른 클럽에 있는 우수한 선수들은 재정 문제로 영입에 한계가 있다.

두 번째는 선수들의 관점에서 연봉공개는 또 다른 문제점을 만들어 낸다. 저연봉 선수들은 상대적 박탈감을 느끼고 반대로 고연봉 선수들은 본인 스스로 저평가 선수로 인식한다는 문제가 있다. 그러다 보니 선수들은 어떻게든 더 좋은 조건의 다른 클럽으로 이적하려 하고 일부 우수한 선수들은 돈 많이 주는 일본이나 중동으로 가게 된다.

세 번째는 구단들의 소극적 투자로 인해 K리그 프랜차이즈 선수나 우수한 선수들이 이탈하는 문제가 생기면서 K리그의 가치는 떨어지고 흥행에도 좋지 않은 영향이 미친다는 것이다.

K리그가 셀링 리그에서 벗어나기 위해서는 어떻게 해야 할까?

먼저 단기적으로는 **연봉공개 제도는 폐지**되어야 한다.

연봉공개 자체는 시장경제에 반하는 상당히 시대착오적인 정책이기도 하다. 전 세계 축구 이적시장은 이보다 더 치열하다. 그래서 연봉공개 폐지는 필수가 된다. 연봉공개가 폐지된다면 K리그 클럽들은 지금보다 더 적극적인 투자를 하게 될 것이다.

물론 그 과정에서는 K리그 클럽들의 재정 건전성이 보장되어야 한다. K리그 비율형 샐러리캡[2)]과 경영 공시를 통해서 인건비가 일정한 비율에

2) K리그 비율형 샐러리 캡: 1) 구단의 선수단 연봉 상한을 '총 수입 × 일정 비율', 2) 구단주의 지원 또한

넘어가지 않도록 만들어야 한다. 넘어가면 비율형 샐러리캡에서는 사치세로 제재하지만 만약에 지나치게 초과가 된다면 그때는 클럽 라이선스 박탈 규정도 생각해야 한다.

그리고 장기적으로는 **K리그와 K리그 클럽 자체를 브랜드화시켜서 가치를 높이는 것**이 필요하다. 사실 한국축구 시장 규모는 너무나 작다. 시장을 키우는 방법은 크게 두 가지가 있다.

외부 요인은 국가대표팀 성적이 좋아야 한다는 것이고, 내부 요인은 K리그와 K리그 클럽들의 기량과 성적이 향상되고 거기에 걸맞은 적극적인 마케팅이 필요하다는 것이다. 이렇게 된다면 K리그 관중 수는 늘어날 것이고 기업들은 적극적으로 클럽의 후원으로 들어갈 것이다. 또 방송사는 적극적으로 중계권을 계약하면서 클럽 재정 또한 늘어날 것이다. K리그 클럽들의 재정이 늘어나면 클럽은 지금보다 더 적극적으로 투자할 것이고 우수한 선수를 더 적극적으로 영입하는 등 선순환이 이뤄지면서 K리그는 지금보다 더 흥행할 것이다.

수입 으로 인정, 3) 위반시 상한 초과 비율에 대한 사치세를 징수.

9-2. 반드시 보장되어야 하는 K리그 선수권리

이번에는 K리그에서 뛰는 선수들 관리에 대해 한번 생각해 보도록 하자. 2023년 기준 K리그 선수들은 클럽과의 관계에서 어느 정도 권리를 보장받지만, 클럽과 선수가 철저하게 갑을 관계였던 과거가 있었다. K리그가 지금처럼 이적시장이 활성화된 것은 2001년 미국식 FA 제도를 도입[3)]하면서부터였는데, 그 당시 FA시장의 특징은 크게 다음 5가지였다.

- 첫 번째, 일정한 조건이 되는 선수들이 FA 자격을 얻는 것과 2004년까지는 그 선수가 타 팀으로 이적하면 FA 보상금을 받는다.
- 두 번째, 원소속 팀과 시즌 후 12월에 우선 교섭 기간을 가진다.
- 세 번째, FA 이적할 때는 이적료가 발생한다.
- 네 번째, 해외 클럽으로 이적한 선수가 원소속 팀이 아닌 K리그 다른 팀에서 영입할 때는 영입한 팀이 국내 원소속 팀에 이적료를 줘야 한다.
- 다섯 번째, FA 미계약 선수가 발행하면 조정신청을 통해 원소속 팀과 계약을 맺거나, 조정신청을 하지 않으면 다시 FA 권리 행사를 할 수 있지만, 그 선수에 대한 선수보유권은 원소속 팀에 있다.

하지만 K리그 FA 제도는 제도 도입 이후에도 선수권리를 무시하는 문제가 있었고 전 세계 축구 이적시장과도 상당한 괴리가 있었다. 특히 선수

3) 한국프로축구연맹, 「제4장 FA제도 26-32조」, 『구 프로축구 선수단 관리규칙』.

들의 권리를 무시하는 독소조항이 존재하였는데 대표적으로 임의탈퇴 제도와 FA 보상금 제도, 선수동의 없이 클럽들끼리 트레이드를 할 수 있는 구 프로축구연맹 제23조 2항[4] 등이었다.

하지만 2021년 프로축구연맹에서는 보스만 룰을 도입하는 등, 전 세계 표준 이적시장 제도를 점차 따르면서 선수들의 권리를 존중하는 이적시장으로 탈바꿈할 수 있었다.

무엇보다 선수들이 자신들의 권리를 보장받기 위해서는 선수단체나 선수노동조합 등의 권리 단체가 있어야 한다. 여기서 축구선수는 노동자가 맞는지 한번 생각해야 봐야 하는데, 노동자는 자신이 소속된 곳에서 일하면서 자신의 권익을 위해 목소리를 낼 수 있는 존재이다. 그래서 노동삼권(단결권, 단체교섭권, 단체행동권)이 보장된다. 여기에 적용하면 축구선수들은 엄연한 계약직 서비스업 노동자이다.

따라서 축구선수들이 노동자라면 축구선수들은 단체로 노동조합을 구성할 수 있다. 현재 미국 4대 스포츠인 NFL(미식축구), MLB(야구), NBA(농구), NHL(아이스하키)이나, 유럽 명문 리그에도 자체적인 선수노조가 존재한다.

그렇다면 K리그에도 선수노동조합이 있을까? 아쉽게도 선수노동조합은 없지만 대신 한국프로축구선수협회(KFPA)가 사실상 노조를 대신해주고 있다. 한국프로축구선수협회에서는 제대로 된 노조 역할을 맡지 못하니 협회 차원에서 노동 삼권을 누릴 수가 없다. 노동조합을 결성하지 못

4) '선수는 원소속 클럽에서의 계약조건보다 더 좋은 조건(기본급 연액과 연봉 중 어느 한쪽이라도 더 좋은 조건)으로 이적될 경우, 선수는 이를 거부할 수 없다'.

하는 건 스포츠선수들은 법적으로 노동자가 아닌 개인사업자로 규정되어 있기 때문이다. 따라서 K리그 선수들이 노동자 지위를 인정받지 못하니 노조를 결성할 수가 없다.

그렇다면 한국프로축구선수협회는 어떻게 운영을 해야 할까? 한국프로야구선수협회를 보면서 선수노조의 바람직한 방향을 생각해 보자.

한국프로야구선수협회(이하 선수협)가 정식으로 설립된 것은 2000년 1월 22일이지만. 그로부터 12년 전 해태 타이거즈의 선수 김대현이 사망하면서 롯데 자이언츠의 전설적인 투수 최동원을 중심으로 선수회를 결성하는 시도가 있었다. 하지만 그런 시도를 소속팀 롯데 자이언츠 수뇌부가 알게 되면서 끝내 실패하고 말았다. 프로야구연맹(KBO)에서는 선수 연금 제도로 선수들을 달래 주었지만 반대로 선수협 결성의 주동자로 낙인찍힌 최동원은 삼성 라이온즈의 김시진과 강제로 트레이드 당하는 고초를 겪게 되었다.

그러다가 2000년 당시 해태 타이거즈 선수였던 양준혁을 중심으로 다시 선수협의 재결성 움직임이 있었는데, KBO와 클럽들이 대거 반발하였고 선수협에 참가하는 선수를 방출하려고까지 했지만, 각 팀 선수단 내부에서는 구단의 이런 처사에 대해 반발이 일어났고 오히려 선수협에 가입하려는 선수들이 늘어났다. 이러한 사태를 지켜본 정부는 KBO와 합의를 한 끝에 선수협을 정식 단체로 인정하였다. 물론 그 과정에서 선수협의 역할을 어떻게 정할지 선수 사이에서 갈등이 일어났고, 주도한 일부 주축 선수들은 강제로 트레이드 당하기도 하였다.

이처럼 어렵게 시작한 선수협은 비시즌 단체훈련 금지와 NC 다이노스와 KT 위즈 신생 구단 참가에 찬성하는 의사를 발표하거나, 저연봉 인상, 2차 드래프트 부활 등 선수들의 권익을 올리는 노력을 했다.

하지만 2001년 외국인 슬롯 문제와 2011년 야구게임 슬러거와의 초상권 독점계약 과정에 나온 비리 사건, 2017년 메리트 부활 요구와 10개의 개선안(특히 문제가 되었던 9번째 외국인 선수 엔트리 재검토), 2020년 판공비 문제 등 여러 논란으로 선수협은 수많은 야구 팬에게 질타를 받았고 오히려 일부 스타 선수들의 기득권만 지키려는 단체로 인식되었다.

그렇다면 왜 한국프로야구선수협회가 점차 대중들로부터 멀어지며 공감과 지지를 받지 못했는지 그 이유를 알아보자.

먼저 선수협은 노동조합이 아니었다. 앞서 스포츠선수들은 노동자가 아닌 개인사업자라고 했다. 그러다 보니 노동 삼권을 누릴 수가 없었고 선수 권익 향상을 위한 행동을 할 수가 없었다.

두 번째, 2000년 설립 때부터 KBO에 소속한 선수단 모두로부터 공감을 얻지 못했다. 2000년 선수협 설립 당시 노동조합으로 한층 더 발전시키려는 선수들과 반대로 친목단체로 나아가려는 선수들 사이에서 갈등이 일어났고 2차례에 걸친 '선수협 파동'이 일어나기도 했다. 그 결과 정부의 개입과 KBO와 타협으로 '친목단체파' 선수들을 중심으로 이호성을 집행부로 새로 선출하게 되었다. 이후 2009년 선수협은 선수노조로 전환하려고 했지만, 일부 선수들의 반대로 실패하였다. 오히려 2011년 야구게임 초상화 비리 문제를 시작으로 선수협 내 각종 안 좋은 문제가 터져 나왔고 정작 중요한 최저연봉제 인상 등 실질적인 선수 권익 향상에는 소극적으로 대응하면서 기득권을 유지하는 단체로 지탄받고 말았다.

세 번째, 선수들과 구담, KBO와의 관계가 철저하게 갑을 관계였다. 1988년 선수회 결성 시도와 2000년 2번의 걸친 선수협 파동 때 보면 거기에 주축이 된 선수들은 보복 트레이드를 당했다. 그리고 2001년 외국인 선수 슬롯 문제로 인해 선수협 회장이었던 이호성은 강제로 은퇴를 당하기도 했다. 그러다 보니 선수협은 클럽과 KBO에 제대로 목소리를 낼 수 없었고 선수들은 서로 선수협 회장을 하지 않으려 하면서 2번의 회장 공백기마저 발생했다.

이처럼 한국프로야구선수협회를 보면서 한국프로축구선수협회는 야구선수협을 반면교사로 삼아 제대로 운영 방향을 잡아야 한다.

먼저 특정한 스타 선수들을 위한 선수협회가 아닌 **모든 축구선수를 위한 선수협회**가 되어야 한다. 그리고 **클럽과 프로축구연맹, 대한축구협회에는 선수 권익에 대해 제대로 목소리를 내면서 한국축구의 발전을 위한 협력 관계**가 되어야 한다.

다음으로는 중장기적으로 노동조합이 될 수 있는 기반을 만들어야 한다. 여기에는 몇 가지 전제 조건이 있는데 다음과 같다.

- 선수들이 개인사업자가 아닌 계약직 서비스업 노동자로 인정받는 법안이 마련되어야 한다.
- 선수협회 차원에서 클럽과 연맹, 협회와 대화할 수 있는 환경이 마련되어야 한다. 꼭 선수노조가 아니더라도 선수협 대표단이 대화할 수 있는 환경을 만들어야 한다.
- 모든 선수가 공감할 수 있는 단체가 되어야 한다. 대표적으로 신인 축구선수 최저연봉이 여전히 7년째 2,400만 원으로 계속 동결된 상황인데 대다수 선수가 공감하는 이런 사항은 제대로 공론화시켜 상향 조정하도록 해야 한다.[5)]
- 스포츠 정신에 어긋난 부당한 행동에 대해서 제대로 목소리를 내야 한다. 축구협회에서 저지른 승부 조작범을 포함한 범죄 행위를 저지른 100명의 사면을 프로축구선수협회 차원에서 규탄 성명서를 낸 것처럼 스포츠 정신에 어긋난 행동에는 단호한 목소리를 내야 한다.
- 선수들의 권익과 관련 없는 정치적인 이슈에서는 선수협회로부터 자유로워져야 한다. 그래야 선수협회는 클럽, 연맹, 협회와 직접 대화하면서 선수들의 실질적인 권익에 대해서 목소리를 내면서 선수의 복지를 포함한 여러 부분을 향상할 수 있다.

---

5) 이성필, 「[직설 인터뷰] '라스트 댄스' 염기훈의 걱정 토로 "이러다가 또 승부 조작 터져요"」, 『스포티비뉴스』, 2023.2.16.

9-3. K리그 선수들이 가져야 하는 의무

한때 유명했던 최희암 전 농구감독(현 고려용접봉 부회장)이 선수들에게 이런 말을 했다.

"너희들이 볼펜 한 자루라도 만들어봤냐? 너희들처럼 생산성 없는 공놀이를 하는 데도 대접받는 것은 팬들이 있기 때문이다. 팬들한테 잘해야 한다."

이 말은 곧 선수들이 팬들에게 잘해야 하는 의무가 있다는 뜻이라고 할 수 있다.

선수들이 팬들에게 잘하는 방법은 크게 2가지를 꼽을 수가 있다.

먼저 **선수들은 매 경기 최선을 다해야 한다.** 팬들은 돈과 시간을 들여가면서 축구경기를 보러 경기장에 찾아온다. 그런 팬들을 위해서 최선을 다해 경기에 임해야 한다.

2021년 7월 K리그 2의 대전 하나 시티즌은 홈 경기에서 서울 이랜드에 2:0으로 졌고, 5위로 추락할 정도로 승강 플레이오프에서 장담 못 할 상황이었다. 경기가 끝나고 대전 하나 시티즌의 콜리더가 투지가 없다고 선수들에게 질책했다. 그 이후 대전 하나 시티즌은 2022년 8월 FC 안양에 패배하기 전까지는 홈 경기에서 무려 23번 동안 단 한 번도 지지 않았고 2021년 승강 플레이오프까지 진출할 수 있었다. 비록 강원 FC에 2차전에서 역전패를 당해 승격에는 실패했지만, 그날 이후 선수들이 정신적으로 각성할 수 있었던 계기가 될 수 있었다. 그다음 시즌 홈 경기에서 겨우 1패만 할 정도로 강한 모습을 보여 주면서 8년 만에 K리그 1으로 다시 승격할 수 있었다.

이처럼 팬들이 원하는 것은 압도적인 승리와 좋은 경기력이 있지만, 그보다 더 중요한 것은 매 경기 최선을 다하는 자세라고 할 수 있다.

두 번째는 **좋은 팬 서비스로 팬들에게 감동을 줘야 한다**. 좋은 팬 서비스란 선수들이 좋은 경기력을 보여 주면서 동시에 유입 팬들을 꾸준히 유지하고 관리하는 특별한 서비스를 말한다. 경기 후 팬들과의 사인회와 사진 찍기, 개인과 클럽 스폰서를 통한 판촉 행사 등이 있다.

팬 서비스의 중요성은 2019년 크리스티아누 호날두(Cristiano Ronaldo)의 노쇼 사태와 일부 프로야구 선수의 팬 서비스 문제를 통해서 알 수 있다. 2019년 7월 26일, 호날두가 소속된 유벤투스(Juventus FC)와 K리그 올스타 경기가 서울월드컵경기장에서 열렸다. 계약상 호날두는 45분 이상 뛰기로 약속했지만, 유벤투스는 경기 당일 한국에 도착했고, 호날두는 경기 전에 했던 팬 미팅에 불참한 것은 물론 급기야 경기에도 나오지 않았다. 그로 인해 전 세계적으로 사랑받았던 호날두는 한국축구 팬들 사이에서는 순식간에 '날강두'라는 불명예스러운 별명이 붙게 되었고 지금까지도 팬서비스와 관련해서는 지탄의 대상이 되고 있다.

한편, 예전부터 일부 스타 프로야구 선수들이 펜 서비스를 잘 안 해준다는 이야기가 있었다. 그러다 보니 야구 팬들은 프로야구 선수들이 연봉만 많이 받고 팬서비스를 잘 안 해주며 거만하다는 이야기가 언급될 정도였다. 그 대가로 한국야구는 2021년에 열린 2020년 도쿄 올림픽 때 디펜

딩 챔피언이었음에도 4위라는 충격적인 결과를 받았는데, 한국 야구 팬 대부분이 상대 팀을 응원했을 정도로 최악의 상황까지 가기도 했다. 2년 뒤인 2023년 WBC에서는 충격적인 3회 연속 1라운드 탈락을 당하였는데 당시 팬들은 국가대표 선수들을 위로하기는커녕, 냉소와 무관심으로 대응했다.

선수들은 팬 서비스를 무엇보다 중요하게 생각해야 한다. 팬 서비스는 곧 선수의 이미지와 직결되고 좋은 선수일수록 더 잘해야 한다. 또한 선수들은 팬들을 그저 경기장을 찾는 존재가 아니라, 자신을 있게 만드는 존재로 인식해야 한다. 어린이 팬을 대할 때는 어쩌면 나중에 자신처럼 유명한 선수가 될 수 있다는 마음가짐으로 그들에게 좋은 추억거리를 만들어줘야 한다.

스포츠선수로서 가장 중요한 것은 **스포츠 정신에 어긋난 어떠한 부당한 행위에도 단호하게 반대의 목소리를 내야 한다**는 것이다.

2023년에 있었던 승부 조작범을 포함한 범죄 행위를 저지른 축구인 100명 사면 사건에서 이사회에 참가한 임원진 중에서 이영표, 이동국 부회장, 조원희 사회공헌위원장 모두 축구협회의 부정에 침묵했다는 것에 많은 팬이 분노를 했다. 특히 2011년 승부 조작 사태 당시 전북 현대 선수로 활동했던 이동국은 승부 조작 사태로 K리그와 한국축구가 어떻게 망가졌는지 그 누구보다 똑똑히 보았었다(또 이사회에 참석한 박경훈 전무는 그 당시 제주 유나이티드 감독으로 당시 상황을 목격했음에도 사면 사태에 대해서는 침묵했다).

물론 사태 발발 이후 3명 모두 사과하였고 맡은 요직에서 물러났지만, 여전히 대부분 축구 팬과 국민들은 용서하지 않고 있다.

반대로, 2020년까지 축구협회 전무이사를 맡았던 홍명보 감독은 축구협회 사면 사태에 대해서 축구인을 대표해서 대신 사과하였고, 2022년까지 축구협회 사회공헌위원장을 맡았던 이천수는 본인의 유튜브 채널을 통해서 사면 번복 사태에 비판적인 입장을 밝혔으며, 2018년에는 아산 무궁화의 이한샘이 장학영의 승부 조작 권유를 고발하기도 하였다. 선수들은 전·현직 선수 예외 없이 부당한 행위에 절대 침묵해서는 안 되고 단호하게 행동해야 한다.

특히 스포츠 정신에 어긋나는 승부 조작 행위는 어떤 방식으로도 용납해서는 안 되고 승부 조작과 범죄를 저지른 축구인들에 대해서는 어떠한 관용도 베풀어서는 안 된다. 그렇게 해야 지금보다 팬들에게 사랑받는 축구선수가 될 것이고 더 나아가 지금보다 더 건강하고 사랑받는 K리그와 한국축구가 될 것이다.

K리그 클럽들의 선수의 권익과 의무에 대해 알아보았다. 다음 챕터에서는 K리그 경기장에 대해 한번 알아보도록 하자.

Chapter 10

더 좋은 K리그 경기장 만들기

많은 축구 팬들은 유럽축구를 시청하며 열광한다. 유럽축구를 보면서 경기마다 가득 채운 관중석을 보면서 부러워 한다.

K리그가 유럽리그만큼은 아니더라도 더 흥행하려면 어떤 조건이 갖춰져야 할까.

무엇보다 각 경기장에는 경기마다 비어 있는 **좌석이 보이지 않고 관중들로 가득 차야 한다.** 그리고 경기장 밖의 미디어에는 **지금보다 더 많은 방송중계가 이뤄져야 하고 언론 노출과 SNS 언급횟수가 더 늘어나야 한다.** 이렇게 해서 K리그가 흥행할 수 있다. K리그가 흥행한다면 K리그와 K리그 클럽들은 리그와 클럽들을 브랜드화해 더 많은 사람에게 호감을 줄 수가 있다.

이번 챕터와 다음 챕터에서는 어떻게 하면 경기장과 미디어를 통해 더 많은 사람에게 호감을 사고 팬층을 두텁게 할 수 있는지 알아보려고 한다.

우선 어떤 방식으로 경기장을 관중들로 가득 채울 수 있는지 한번 생각해 보자.

축구클럽은 자신들의 홈구장인 경기장을 갖고 있다. 그것이 축구 전용구장인지 종합운동장인지 아닌지와 상관없이 축구경기장에서 매 라운드 홈 앤 어웨이 방식으로 경기를 펼친다. 또한, 축구경기는 야구와 달리 매주 열리지 않고 일주일에 1~2번 정도 열린다. 그러다 보니 축구경기 외에는 거의 사용하지 않고 사용한다면 대형 경기장 경우에는 축구경기 외에 콘서트로 활용되기도 한다.

그러다 보니 축구경기만으로 수익을 내기는 불가능하다. 예외적으로 서울 월드컵경기장의 경우는 홈플러스와 메가박스 영화관, 스포츠센터(찜질방, 수영장, 헬스장) 등 여러 부대시설을 유치해 흑자를 내지만, 이외의 상당수 경기장은 적자로 골머리를 앓고 있다.

이런 만큼 축구경기장을 어떻게든 이익을 얻을 수 있는 공간으로 만드는 게 중요하다. 즉, 더 많은 사람에게 평상시에도 방문하여 여가를 즐길 수 있도록 만들어야 하는데 그러기 위해서 다음과 같은 조건이 성립되어야 한다.

첫 번째, 모처의 축구경기장을 홈구장으로 사용하는 축구클럽이 좋은 성적을 거둬 연고 지역의 축구 팬들이 경기장을 찾을 수 있게 만들어야 한다.

두 번째, 축구클럽들이 **지역밀착 마케팅**을 통해서 더 많은 지역 팬들을 끌어모을 수 있게 만들어야 한다.

세 번째, 홈구장으로 사용하는 **축구경기장의 시설과 콘텐츠를 평상시에도 방문할 수 있는 박물관과 같은 공간**이 마련되어야 한다.

네 번째, 축구경기장에 더 많은 축구 팬이 찾아올 수 있도록 **항상 운동장의 잔디와 시설은 꾸준히 관리되고 개보수**되어야 한다.

다섯 번째, 축구경기장에는 **대형 할인점과 영화관, 호텔 같은 높은 수익성을 보장받는 시설이 유치**되어야 한다.

마지막으로, **축구경기장의 수익이 축구 관련 콘텐츠 외의 수익보다 더 많아야** 한다는 것이 제일 중요하다.

10-1. 최적의 K리그 경기장 조건

앞에서 다룬 축구경기장의 조건을 갖추기 위해서 어떻게 해야 하는지 알아보도록 하자. 그 시작으로 코로나 이전의 연도인 2019년을 기준으로 K리그 참가 클럽들의 평균 관중 수와 좌석점유율을 한번 보자.

2019년 K리그 클럽 평균 관중과 좌석점유율

클럽명	홈경기장	관중석 수 (석)	총관중 (명)	평균 관중 (명)	좌석 점유율 (%)[1]
강원 FC (K1)	춘천 송암레포츠타운	20,000	54,331	2,860	14.3
경남 FC (K1)	창원 축구센터	15,074	73,646	3,876	25.7
광주 FC (K2)	광주 월드컵경기장	40,245	56,669	3,148	7.8
상주 상무 (K1)	상주 시민운동장	15,042	44,702	2,353	15.6
대구 FC (K1)	대구 DGB대구은행파크	12,419	203,942	10,734	86.4
대전 시티즌 (K2)	대전 월드컵경기장	40,903	35,589	1,977	4.8
부산 아이파크 (K2)	구덕운동장	12,349	71,000	3,944	31.9
부천 FC 1995 (K2)	부천 종합운동장	34,456	39,946	2,219	6.4
FC 서울 (K1)	서울 월드컵경기장	66,704	324,162	17,061	25.6
서울 이랜드 (K2)	잠실 종합운동장[2]	69,950	56,114	3,117	4.5
성남 FC (K1)	탄천종합운동장	16,867	105,950	5,576	33.1
수원 삼성 블루윙즈 (K1)	수원 월드컵경기장	44,031	167,974	8,841	20.1
수원 FC (K2)	수원 종합운동장	11,808	45,674	2,537	21.5
아산 무궁화 (K2)	아산 이순신종합운동장	17,376	56,494	3,139	18.1
안산 그리너스 (K2)	안산 와~스타디움	35,008	53,438	2,969	5.6
FC 안양 (K2)	안양 종합운동장	17,095	65,597	3,644	21.3
울산 현대 (K1)	울산 문수축구경기장[3]	43,554	181,148	9,692	22.3
인천 유나이티드 (K1)	인천 축구전용경기장	20,356	161,593	8,505	41.8
전남 드래곤즈 (K2)	광양 축구전용구장	10,680	41,709	2,317	21.7
전북 현대 모터스 (K1)	전주 월드컵경기장	42,477	219,666	13,937	32.8

1) 좌석점유율 = (평균 관중 / 경기장 관중석) * 100

2) 시즌 초반 홈경기 10경기는 천안종합운동장에서 개최.

3) 2019년 7월부터 잔디공사 관계로 울산종합운동장에서 홈경기 개최.

제주 유나이티드 (K1)	제주 월드컵경기장	29,791	66,741	3,708	12.4
포항 스틸러스 (K1)	포항 스틸야드	15,521	161,134	8,481	54.6

K리그 경기장 평균 관중과 좌석점유율은 대부분 클럽의 홈 경기장이 평균 관중이 1만 명이 넘는 곳이 극히 드물며 대부분 경기장은 30% 미만의 좌석점유율에 불과할 정도로 빈 경기장이 많은 것이 현실이다.

그렇다면 왜 K리그 경기장에는 비어 있는 좌석이 많을까?

먼저 2002년 한일 월드컵 때 경기를 개최하기 위해서 대도시권에는 4만석 이상의 대규모 월드컵경기장이 신설되었다. 문제는 한국 시장의 현실을 고려하지 않고 지나치게 큰 규모로 지어졌다는 것이고, 한일 월드컵 이후 제주월드컵경기장을 제외하고는 관중석 축소를 할 수 없었다.

두 번째, 월드컵경기장을 신설할 당시 입지를 고려하지 않고 외곽 지역에 경기장이 세워졌다.

대표적으로 대구스타디움(위쪽 지도 동그라미)을 예를 들 수가 있다. 대구스타디움의 경우에는 대구 시내와 멀리 떨어져 있는 수성구 대흥동에 있었다. 대구스타디움은 종합운동장이었고 2014년 당시 평균 관중이 겨우 966명에 불과했다. 그러나 2019년 구 대구 시민운동장 부지에 대구 DGB대구은행파크라는 축구 전용구장이 신설되면서 관중 수가 급격히 늘어났다.

대구 DGB대구은행파크(아래쪽 지도 동그라미)는 대구 시내와 가까운 북구 고성동에 자리 잡고 있다. 그 결과 홈구장을 옮긴 시즌에 대구는 총 관중이 203,942명, 평균 관중이 10,734명이 경기장을 찾아왔고 그 시즌 최초로 파이널 A에 진출하여 최종 5위를 차지할 수 있었다.

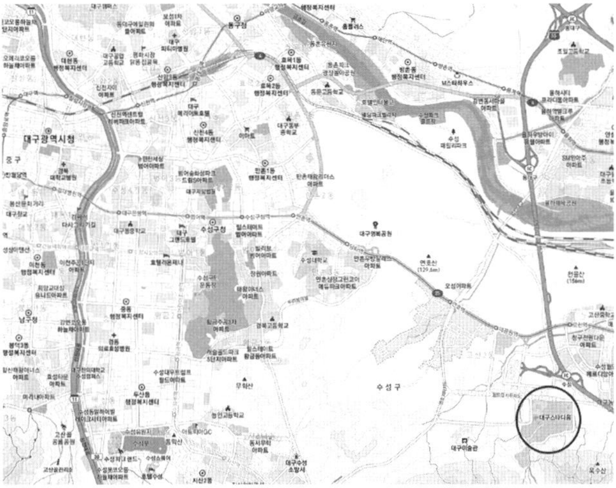

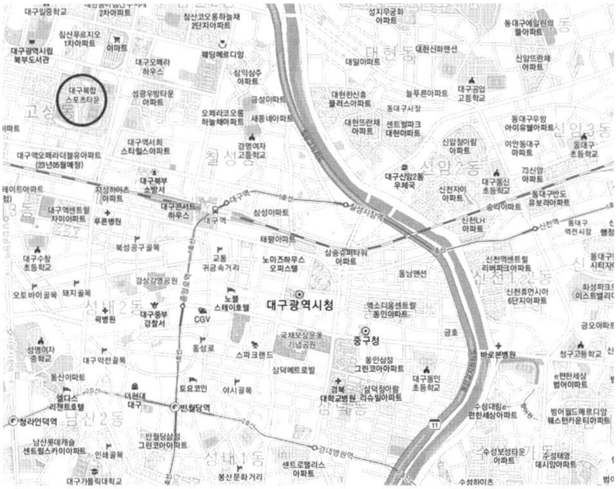

대구스타디움 위치(위)와 DGB대구은행파크 위치(아래) (출처: 카카오맵)

종합운동장을 홈 경기장으로 쓰는 K리그 클럽

클럽명	홈경기장
강원 FC	강릉종합운동장
	춘천송암스포츠타운
김천 FC	김천종합운동장
부산 아이파크	부산아시아드주경기장
부천 FC 1995	부천종합운동장
서울 이랜드 FC	목동종합운동장
성남 FC	탄천종합운동장
수원 FC	수원종합운동장
충남 아산 FC	이순신종합운동장
안산 그리너스	안산와~스타디움
안양 FC	안양종합운동장
천안시티 FC	천안종합운동장
충북 청주 FC	청주종합운동장

세 번째, 일부 K리그 홈경기장은 종합운동장으로 되어 있다. 종합운동장은 육상 트랙이 있어 경기장과 시야가 벌어져 팬들이 경기를 제대로 즐기기가 어렵다는 단점이 있다. 그래서 일부 클럽들은 그 문제를 해결하기 위해서 트랙 위에 가변석을 세우기도 한다.

이런 문제점 때문에 K리그 경기장을 가득 메울 수가 없다는 결론을 내릴 수가 있는데 이 점에 대해 좀 더 구체적으로 이야기해 보자.

먼저 경기장에 필요 이상의 관중석이 있다 보니 클럽들은 경기장의 관중을 가득 메우려면 필요 이상의 마케팅을 진행해야 한다. 하지만 지금 K

리그의 현실에서는 제아무리 지역밀착 마케팅을 한다고 해도 경기장 관중을 더 늘리기에는 어려움이 따른다. 그래서 2023년 기준 시점에는 일부 좌석을 천을 덮어 폐쇄하기도 한다.

경기장의 안 좋은 위치와 육상 트랙의 존재는 축구 팬이 경기장에 방문하는 데에 큰 걸림돌이 되기도 한다. 대구처럼 새로운 축구 전용구장을 만들거나, 경기장 관중 축소나 육상 트랙 제거 같은 리모델링이라는 방안도 있지만, 현실적으로 위치 선정과 비용 문제로 쉽지 않은 일이다.

광주 축구 전용구장처럼 불완전한 방식으로 축구 전용구장을 만든다면 축구 팬이 찾아오지도 않는다.

광주 월드컵경기장 (제공: 광주 FC)

광주 FC는 광주 상무 불사조 시절부터 광주 월드컵경기장을 홈 경기장으로 사용하고 있었다. 본래 광주 월드컵경기장은 축구 전용구장으로 지어졌지만, 향후 육상 트랙을 설치하려고 일부러 운동장과 관중석 사이에

거리를 두었고 월드컵이 끝난 직후 육상 트랙이 설치되었다.

광주 상무 불사조는 월드컵 이후 경기장 활용을 위해 급하게 기존의 국군체육부대 축구단(당시 이천 상무)이 K리그에 참가하였고 2010년까지 한시적으로 광주광역시에 연고지를 두었다. 그러다 보니 광주 축구 팬이 광주 상무에 애정을 가질 수가 없었다.

그 이후 2011년 국군체육부대가 상주시와 연고 계약을 맺으면서 지역 내 연고 구단이 필요했던 광주광역시에 광주 FC가 창단되었다. 광주 FC는 K리그 1과 K리그 2를 왔다 갔다 할 정도로 그렇게 강한 팀은 아니었지만 2020년에 최초로 K리그 1과 파이널 A에 들어가는 저력을 보여 주었고, 2022년 K리그 2에서 무려 86점 1위라는 압도적인 성적으로 우승을 차지해 K리그 1로 다시 승격했다.

광주 축구 전용구장의 내부 전경 (제공: 광주 FC)

하지만 광주 FC 홈 경기장이었던 광주 월드컵경기장은 종합경기장이다 보니 축구 팬이 광주 FC 경기를 보기 위해 찾아오지는 못하고 있다. 그래서 광주 FC는 새 축구 전용구장의 필요성을 느끼고 2020년 광주 월드컵 경기장 보조구장 쪽에 광주 축구 전용구장을 신설했는데 대구의 신축 구장과 달리 너무나 문제투성이였다.

광주 축구 전용구장은 말로만 축구 전용구장이었지, 실제로는 본부석을 제외한 나머지 대부분 좌석은 가변석으로 구성되어 있다. 그 이유는 전국체전을 유치하려는 종합운동장에는 반드시 육상 트랙을 갖춘 보조구장이 필수적으로 있어야 하기 때문이다.[4)]

또 가변석으로 경기장을 짓다 보니 대구처럼 지붕이 없고 화장실과 매점은 간이시설로 되어 있다. 더 심각한 문제는 가변석 부실 공사로 인해 시즌 도중 원정석 폐쇄되고 보수공사까지 할 정도로 자칫 대형 참사가 이어질 수 있는 안전 문제가 도사리고 있다는 것이다.

광주 축구 전용구장은 광주 시내와 가까운 서구 풍암동에 있고 거기다 롯데아울렛과 롯데마트가 있어 많은 사람이 이곳을 찾아오지만, 잘못된 경기장 구조로 인해 광주 축구 팬과 광주시민들이 많이 찾아오지 않고 있다. 여타 K리그 클럽은 광주를 반면교사로 삼아야 하며, 광주 축구 전용구장도 마찬가지로 단기적으로 완전한 구조를 갖춘 축구 전용구장을 만들 수 있어야 하고, 장기적으로는 도심에서 멀리 떨어지지 않는 새로운 곳에 완전한 축구 전용구장을 만들어야 한다.

---

4) 대한육상연맹, 『공인 육상경기장 시설과 로드레이스 코스 및 경보경기코스 규칙』.

10-2. K리그 경기장으로 흑자 만들기

앞서 대부분의 축구경기장은 수익성이 없다고 하였다. 그래서 대부분 K리그 홈 경기장을 쓰는 월드컵경기장의 2010~2019년 누적 손익계산서를 한번 보기로 하자.

2010~2019년 월드컵경기장 누적 손익계산서[5)]

경기장	홈경기장 클럽 (2023년 기준)	사업비(원)	경기장 손익(원)
서울 월드컵경기장	FC 서울	2,060억	791억1,100만
부산 아시아드주경기장	X	2,270억	-36억9,200만
인천 문학주경기장	X	2,836억	-253억4,200만* (* 2000년~2009년 누적 손익계산서)
대구스타디움	X	3,305억1,800만	-201억3,000만
광주 월드컵경기장	X	1,587억880만	-233억8,015만
대전 월드컵경기장	대전 하나 시티즌	1,274억	-141억9,800만
울산 문수축구경기장	울산 현대	1,514억	-66억9,600만
수원 월드컵경기장	수원 삼성 블루윙즈	3,107억	227억4,600만
전주 월드컵경기장	전북 현대 모터서	1,365억600만	-24억1,600만* (* 2000년~2009년 누적 손익계산서)
제주 월드컵경기장	제주 유나이티드	1,083억	-79억4,700만

5) 김형준, 「[계륵이 된 월드컵 성지] 지붕 뜯긴 채 20주년 맞이…쓸모 잃은 날 돌아봐주세요」, 『한국일보』, 2021.1.19.

2022년 기준으로 서울과 수원을 제외한 나머지 월드컵경기장들은 흑자를 내지 못하고 오히려 경기장을 소유하고 있는 지자체들에 돈 먹는 하마로 전락한 것이 현실이다. 그러한 원인에는 대부분 월드컵경기장은 좋지 않은 입지 때문에 각종 부대시설을 제대로 활용하지 못하고 있다는 점이고, K리그 경기를 통해서 수익금을 거둘 수 없어 지금까지도 대부분 경기장은 적자투성이이기도 하다.

그중에서 매년 58억의 흑자를 내는 서울 월드컵경기장은 어떻게 흑자 수익을 내는지 한번 알아보도록 하자.

서울 월드컵경기장의 위치 (출처: 카카오맵)

서울 월드컵경기장(지도 안 동그라미)은 여타 월드컵경기장에 비하면 최적의 입지를 갖고 있다. 마포구 성산2동에 있는 서울 월드컵경기장은 당시 낙후된 서울 서부권 개발을 위해서 난지도 쓰레기 매립장 부지에 월드컵공원과 함께 건설되었다. 경기장 주변에 있는 디지털미디어시티(DMC)가 있는 상암동과 멀지 않은 거리에 신촌과 홍대라는 번화가가 있다. 또 월드컵경기장을 개발할 당시 6호선이 개통되어 월드컵경기장역이 지나갈 수 있도록 설계되었다.

서울 월드컵경기장 내부에는 홈플러스, 메가박스, 찜질방, 스포츠센터 등 수익시설을 유치해 그 시설에서 얻은 이익을 통해서 흑자를 낼 수가 있었다. 그뿐만 아니라 서울월드컵경기장 관중석이 66,704석이다 보니 대형 콘서트와 대형 집회를 개최하기 좋아 많은 이익을 거둘 수 있다. 하지만 문제는 광주의 경우처럼 축구를 통한 수익보다 축구 외적인 수익이 더 많다는 사실이다.

이런 서울 월드컵경기장에는 원래 축구경기장의 본질은 당연히 축구 경기를 하는 데 있는데 현실적으로 축구경기로만 이익을 거둘 수 없다. 앞에도 언급했듯, 축구경기장에서 열리는 축구경기는 일주일에 1~2번 치를 정도로 한정적이고, A매치나 이벤트 경기는 아주 가끔 펼쳐진다. 그렇다 보니 현실적으로 축구경기로만 이익을 거둘 수 없으니 축구경기장 내에 부대시설을 어떻게든 활용해서 이익을 얻어야 할 수밖에 없다.

여기에 일부 경기장은 좋지 않은 입지 때문에 부대시설마저도 제대로 활용할 수 없다. 그러다 보니 여러 경기장은 만성적자에 시달릴 정도로 돈 먹는 하마로 전락하고 있는 현실이다.

여기서 우리는 왜 대부분 경기장이 만성적자에 시달리고 있는지 생각해 봐야 한다. 국내 대부분 경기장은 자치단체들이 소유하고 있고, 그 자치단체 산하에 있는 시설관리공단에서 운영 및 관리하고 있다.

2023년 K리그 클럽 경기장 운영 주체 (출처: 위키피디아)

클럽명	홈 경기장	운영 주체
강원 FC (K1)	강릉종합운동장	강릉시 체육시설사업소
	춘천종합운동장	춘천 도시공사
경남 FC (K2)	창원축구센터	창원시설공단
광주 FC (K1)	광주축구 전용구장	광주광역시체육회 (소유: 광주광역시)
김천 상무 (K2)	김천종합운동장	경상남도 김천시
김포 FC (K2)	김포 솔터 축구장	김포 FC (소유: 경기도 김포시)
대구 FC (K1)	대구DGB대구은행파크	대구 FC (소유: 대구광역시)
대전 하나 시티즌 (K1)	대전월드컵경기장	하나금융축구단 (소유: 대전광역시)
부산 아이파크 (K2)	구덕종합운동장	부산시설공단
부천 FC 1995 (K2)	부천종합운동장	부천도시공사
FC 서울 (K1)	서울월드컵경기장	서울시설관리공단
서울 이랜드 (K2)	목동종합운동장	서울특별시 체육시설 관리사업소
성남 FC (K2)	탄천종합운동장	성남도시개발공사
수원 삼성 블루윙즈 (K1)	수원월드컵경기장	(재)경기도수원월드컵경기장관리재단
수원 FC (K1)	수원종합운동장	수원도시공사
안산 그리너스 (K2)	안산와~스타디움	안산도시공사
FC 안양 (K2)	안양종합운동장	안양도시공사
울산 현대 (K1)	울산문수축구경기장	울산시설공단
인천 유나이티드 (K1)	인천축구전용경기장	㈜인천 유나이티드 FC (소유: 인천광역시)
전남 드래곤즈 (K2)	광양축구전용구장	㈜전남드래곤즈 (소유: 포스코그룹)
전북 현대 모터스 (K1)	전주월드컵경기장	전주시설공단
제주 유나이티드 (K1)	제주월드컵경기장	서귀포시 문화관광체육국
천안 시티 FC (K2)	천안종합운동장	천안시시설관리공단
충남 아산 FC (K2)	아산이순신종합운동장	아산시청 복지문화국 체육진흥과
충북 청주 FC (K2)	청주종합경기장	청주시시설관리공단
포항 스틸러스 (K1)	포항스틸야드	㈜포항스틸러스 (소유: 경상북도 포항시)

그러다 보니 클럽들이 경기장을 직접 소유한다는 것은 상상할 수가 없다. 물론 이론상으로는 전남 드래곤즈처럼 클럽들의 경기장 소유는 가능하지만, 문제는 경기장은 비업무용 부동산[6]으로 되어 있어 막대한 세금을 내야 한다. 그러다 보니 경기장 유지비가 건설비보다 많이 든다는 문제점이 있어 축구클럽들이 경기장을 소유하고 싶어도 소유할 수 없는 것이 현실이다.

그 해결책이 경기장 소유권을 가지고 있는 자치단체가 **클럽들에 운영권을 위탁**해주는 방법이 있다. 현재 K리그에서는 포항 스틸러스와 인천 유나이티드, 대구 FC, 대전 하나 시티즌 등이 자치단체에서 위탁받아 운영하고 있다. 위탁받은 클럽들은 경기장 시설을 통해 더 수익을 낼 방법을 찾아 활용할 수 있고 대구 FC처럼 명명권으로 경기장 명칭을 판매할 수도 있다.

그러나 안타깝게도 K리그 클럽 대부분이 이러한 경기장 운영권이 없는 것이 현실이다. 그 이유로, 먼저 경기장을 통해서 수익금을 낼 수 없다는 것과 소유하고 있는 자치단체에 임대료를 부담해야 한다는 것, 그리고 클럽들이 경기장을 제대로 활용할 수 있는지에 대해서 자신들 스스로 의문을 가지고 있다는 것이다.

자치단체가 경기장을 운영하다 보니 수많은 부작용이 생기는데, 대표적으로 매 시즌마다 일어나는 잔디 훼손 문제가 대표적이다. 자치단체에서는 수익을 내기 위해서 운동장 사정을 고려하지 않는 무리한 이벤트와 콘서트를 개최하면서 운동장의 잔디가 훼손되는 불상사가 일어나기도 한

6) 법인세법 시행규칙 제92조의8.

다. 잔디 훼손은 K리그와 국가대표 경기에도 상당한 악영향을 미칠 수밖에 없고, 당연히 축구선수와 경기장을 찾는 축구 팬에게 손해를 끼칠 수밖에 없다.

그러다 보니 2022년 프로축구연맹에서는 이러한 문제를 방지하고자 삼성물산리조트 부문 잔디 환경연구소와 협약을 맺어 K리그 전 경기장을 대상으로 잔디를 관리하기로 했다.

다음으로 경기장의 육상트랙에 대해서도 어떤 해결책이 있는지 한번 알아보기로 하자.

단기적으로는 경기장의 육상 트랙을 제거하거나, 대형 경기장의 관중석 수를 축소하는 것이 맞지만, 이것도 큰 문제점을 안고 있다. 종합운동장의 육상 트랙을 제거하는 것은 육상계에서 큰 반발을 불러일으킬 것이 뻔하며, 거기다 전국체전과 도민체전을 유치하려는 자치단체도 마찬가지로 트랙을 없애는 방안에 미온적으로 반응하며 적극적으로 나서지 않으려고 하기 때문이다.

또한, 육상 트랙을 제거하려고 한다면 경기장 구조변경도 고려해야 한다. 그러다 보니 종합운동장을 축구 전용구장으로 바꾸는 것은 거의 신축구장을 만드는 것만큼 비용이 막대하다. 물론 독일 분데스리가의 VFB 슈투트가르트(VFB Stuttgart)의 홈구장인 메르세데스 벤츠 아레나(Mercedes-Benz Arena)와 러시아 월드컵 개최구장인 모스크바 루즈니키 스타디움(Luzhniki Stadium)처럼 기존의 경기장 틀을 그대로 두고 육상 트랙을 제거해 축구 전용구장을 만든 사례가 있다. 하지만 이런 외국의 사례가 한국에서도 적용되기는 힘들다.

지금 종합운동장을 홈구장으로 활용하는 축구클럽들은 고육지책으로 육상 트랙 일부 구간에 가변석을 두고 있는 것이 현실이다. 하지만 가변석도 축구경기장 외에는 사용하지 않는다는 것이 문제이기도 하다.

이런 문제를 해결하기 위해서 웨스트햄 유나이티드(West Ham United FC)의 홈구장인 런던 스타디움(London Stadium)처럼 좌석을 움직여 육상 트랙을 보존하면서 축구 전용구장을 만드는 방법이 있다. 이 방법은 축구 전용구장을 신축하지 않고 기존의 구장을 사용할 수 있다는 장점이 있지만, 이는 기존 구장이 2층으로 된 대형 경기장이어야 하고 1층 관중석 부분을 움직일 수 있도록 시공해야 가능하다. 그러다 보니 웬만한 중소규모 종합운동장에서 시도하기에는 어려운 면이 있다.

이것이 힘들다면 대구 FC처럼 축구 전용구장을 신설하는 것이 최선일 수도 있다. 축구 전용구장이라고 해도 무조건 관중과 경기장이 가까이 있는 구장으로만 머물러서는 안 된다. 진정한 축구 전용구장이 되려면 먼저 대구처럼 시내와 가까운 거리에 위치해야 하고, 클럽의 성적과 그 지역의 수요에 맞게 관중석을 맞춰야 한다. 그러면서 축구 팬이 찾을 수 있도록 지붕과 편의시설이 갖춰야 하고 거기다 장차 클럽 성적이 올라가고 팬 규모가 커지면 거기에 대비해 관중석을 확장할 수 있도록 만들어야 한다. 그래야지 대구처럼 축구 팬이 축구경기를 보러 찾을 것이고 그렇지 않으면 광주처럼 축구 전용구장이더라도 찾아오지 않을 것이다.

대구 DGB대구은행파크의 내부 전경

월드컵경기장 같은 대규모 경기장 경우에는 K리그 팬 규모에 맞춰 관중석을 축소하는 방법이 있긴 하지만, 월드컵경기장은 관중석을 축소할 수 없는 구조로 되어 있고 설령 축소한다고 해도 막대한 비용이 든다. 또 대규모 경기장인 만큼 국가대표 A매치를 유치할 수 있는 경기장 후보가 될 것이고 대형 콘서트나 이벤트를 개최하는 공간이어서 축소해도 그 부분이 사라진다는 점에서는 큰 문제이기도 하다.

실제로 울산 문수축구전용경기장은 2층 스탠드를 제거하고 유스호스텔로 설치하려는 시도가 있었다. 게다가 A매치 개최 문제 등 여러 가지 문제로 인해 경기장 리모델링이 무산된 적도 있었다. 2023년 6월에 김두겸 울산시장이 다시 유스호스텔 개조를 추진하고 있지만, 현재 울산 현대의 성적과 인기가 높은 상황에서 팬들이 격렬하게 반대하고 있으며 과연 개조 과정에서 안정성과 유스호스텔의 수익성이 확실히 보장되는지 의문시되고 있다. 그 정도로 2층 관중석을 제거해서 관중 규모를 축소한다는 것은 쉽지 않다.

이러한 문제를 해결하기 위해서는 어떻게 해야 할까? 가장 이상적인 것은 유럽축구처럼 지역밀착 마케팅을 통해 경기장마다 2층까지도 관중을 꽉 차게 만드는 것이다. 2층까지 관중을 채우는 것이 힘들다면 좋은 팀 성적으로 최소 1층 관중이 가득 차게 만드는 것이다.

하지만 지금 대부분의 구단은 2층은커녕 1층도 가득 채우지 못하고 있다. 관중석을 가득 채우는 방법은 마케팅 챕터 자세히 다룰 예정이니 여기서는 현실적인 방법을 생각봐야 한다.

일단 지금 대규모 경기장을 가지고 있는 K리그 클럽들은 2층을 폐쇄하고 통 가림막으로 덮어 비어 있는 관중을 보이지 않게 하는 것이다. 축구가 인기 스포츠가 아닌 미국 메이저리그 사커(MLS)의 경우에는 일부 클럽 홈 경기장에는 맨 위층 스탠드 부분을 아예 가릴 수 있도록 통 가림막이 설치되었다.

현재 K리그 경기장 상황에서는 통 가림막이 최선이지만 문제는 통 가림막으로 덮을 수 없는 공간이 있다. 또, 그 공간이 홈경기장을 사용한 클럽들의 색과 맞지 않는 관중석을 가진 경기장들이 대부분이다. 그래서 **팀 색깔과 맞게 관중석을 바꿔야 하는데** K리그 최강팀이기도 한 전북 현대 홈구장 전주월드컵경기장과 울산 현대 홈구장인 울산 문수축구전용경기장은 팀 색깔과 맞게 좌석을 교체하기도 했다. 물론 관중석을 교체하는데 쉽지 않은 것은 사실이지만 팀 색깔로 바꾼다면 선수들과 팬들은 진정한 홈 경기장이라는 것을 어느 정도로 인식하게 된다.

두 번째, 클럽이 홈 경기장을 소유할 수 없다면 임대를 통해서라도 **운영권을 확보**하는 것이 최선이다. 현재 자치단체에 위탁받아 경기장 운영권을 가지고 있는 클럽은 포항 스틸러스, 인천 유나이티드, 대구 FC, 대전 하나 시티즌, 김포 FC가 있다. 마찬가지로 유럽리그 클럽의 축구경기장 대부분도 클럽이 소유하지 않고 그 운영권을 장기 임대해 사용하고 있다. 클럽들은 경기장을 꾸준히 개·보수하고 잔디를 관리하면서 경기장에는 박물관이나 스토어 같은 클럽 부대시설을 만들고 경기장 임대사업과 경기장 명명권을 통해 이익을 얻기도 한다.

포항 스틸야드의 내부 전경

그렇다면 자치단체에 운영권을 위탁받은 클럽들이 어떻게 활용되고 있는지 구체적인 예와 함께 이야기하도록 하자.

대한민국 최초의 축구 전용구장이면서 포항 스틸러스 홈경기장 포항 스틸야드는 완공되자마자 포항시에 무상기증을 했고 포항시는 포항 스틸러스에 다시 무상임대를 해줘 처음부터 포항 스틸러스가 포항 스틸야드를 운영할 수 있도록 만들었다.

운영권을 가진 포항 스틸러스는 꾸준히 포항 스틸야드를 꾸준히 리모델링을 하였다. 1999년에는 K리그 최초로 서포터 전용석을 만들었고 2003년에는 사계절 잔디와 음향시설 교체, 라커룸 공사를, 2005년 특별 관람석 좌석을 만들고 N, S석 스탠드 서포터석을 제외한 나머지 구간에 철조망을 제거했다. 이후에도 지붕 도색과 함께 E석 스탠드 좌석 부분을 포항의 상징인 빨간색으로 바꾸고 1층에 스틸러스 영문명을 새겼다. 그뿐만 아니라 전광판과 LED 광고판 교체를 하였고 스카이박스 설치와 함께 관중석도 교체하였다.

포항 스틸야드는 본래 포항 축구 전용구장이었지만 지금은 포항 스틸야드로 정식 명칭이 변경되었고, 2013년 포항 스틸러스 E석 스탠드의 이름을 포항 스틸러스의 창단 당시 구단주였던 고 박태준 포스코 전 회장의 호를 딴 청암존으로 바꿨다. 그리고 2023년에는 LED 조명 공사로 2023년 첫 야간 경기 때 광주와 홈 경기에서 화려한 조명 쇼로 많은 주목을 받기도 했다. 포항 스틸야드는 오래된 경기장이지만 포항 스틸러스의 지속적인 관심으로 지금까지도 최상급 인프라를 갖춘 경기장으로 많은 축구 팬을 불러모으고 있다.

그리고 대구 DGB대구은행파크는 건립 당시 좌석을 대구 FC의 색깔에 맞게 하였고 DGB대구은행파크 주변에 상가를 설립하고 운영권과 임대료는 대구 FC가 직접 관리할 수 있도록 하였다. 그러면서 대구 DGB대구은행파크는 K리그 클럽 최초로 지역 은행인 DGB대구은행과 경기장 명명권을 3년간 45억 원에 계약을 맺어 기업명이 들어간 축구경기장이 되었다(참고로 AFC와 FIFA에서는 경기장 이름에 기업명을 들어갈 수 없어

AFC와 FIFA 공식 국제대회에서는 본래 이름이었던 대구 포레스트 아레나라는 이름을 사용하고 있다).

이외에도 25년간 운영권을 확보한 대전 하나 시티즌의 홈경기장 대전 월드컵경기장은 클라이밍 짐을 개장하였고, 2021년에 잔디 공사를 한 이후 꾸준히 잔디를 관리해 운동장 잔디 상태를 유지하도록 했다.

포항 스틸야드와 대구 DGB대구은행파크, 대전 월드컵경기장 사례는 왜 클럽들이 경기장 운영권을 확보해야 하는지를 알 수 있다. 클럽들이 운영권을 확보하면 직접 경기장과 그 주변 시설을 관리할 수 있다. 클럽이 직접 잔디 관리를 하면서 최상의 운동장 상태를 유지하면서도 시설 리모델링을 통해 경기장 시설도 지속해서 관리할 수 있는 것이다. 그뿐만 아니라 명명권 계약과 경기장 주변 시설 임대사업을 통해 클럽들이 직접 경기장 수익을 낼 수 있다. 자치단체는 막대한 세금으로 경기장을 관리하지 않으면서도 클럽을 통해서 얻은 수익금 일부와 임대료를 세수로 확보할 수 있어 클럽과 자치단체가 윈윈할 수 있다.

이러한 이상적인 구조를 만들기 위해서는 몇 가지 전제 조건이 있다.

먼저 **클럽은 경기장에 대한 확실한 운영 능력이 갖춰야 한다.** 정확히 말하자면 경기장을 통해서 수익을 낼 수 있는 능력이 있어야 한다.

두 번째, 경기장을 소유하는 자치단체들은 클럽에 부담을 주는 무리한 임대료를 요구하지 말아야 한다. 그래야 경기장을 소유하는 자치단체와 임대받아 운영하는 클럽 모두 경기장을 통해서 부담 없이 수익을 낼 수 있다.

세 번째, 경기장 운영권을 확보한 클럽들은 경기장을 통해 수익을 낼 수 있도록 **제대로 된 부대시설을 갖추고 활용**할 수 있어야 한다. 거듭 이야기하였지만, K리그에서 축구경기장은 축구가 메인이므로 축구 콘텐츠만으로 수익을 낼 수가 없는 구조이므로 경기장 부대시설을 활용해서 수익을 내야 한다.

그렇다면 경기장 부대시설은 어떻게 활용해야 할까?

먼저 홈경기장을 사용한 **축구클럽의 콘텐츠를 활용**해야 한다. 유럽 명문 축구클럽들은 본인들의 홈 경기장에는 메가스토어, 박물관, 스카이박스, 팬존을 두고 있으며 경기장 내부에는 푸드코트, 클럽 내부에 레스토랑과 카페, 펍이 있다. 이 시설의 공통점은 홈경기장을 사용하는 클럽과 관련된 공간이라는 것이다. 그러면서 경기가 없는 평상시에는 경기장 투어를 통해서 더 많은 사람이 축구경기장에 찾아올 수 있도록 만들기도 한다.

지금 K리그 대부분의 경기장은 경기장 내부에는 스토어가 있지 않고 경기장 외부에 임시 시설로 되어 있는 스토어를 경기가 있는 날에만 운영하고 있다. 경기장 내부에는 푸드코트와 식당은 운영되지 않고 대신 경기일에는 편의점이 운영되는데, 대부분 클럽에서는 푸드트럭을 경기일에 운영하고 있다.

2022년 5월에 대전 하나 시티즌 홈경기장인 대전 월드컵경기장은 기존의 S석 스탠드 지하 1층에 있는 대전월드컵기념관을 만들고, W석 스탠드 3층을 대전 월드컵박물관으로 확장 이전하기도 했다. 기존의 2002년 한일 월드컵 기념관과 함께 대전 하나 시티즌 홍보관을 신설해 대전 하나

대전월드컵박물관 내부 전경 (출처: 스포츠에픽)

시티즌의 역사 콘텐츠를 더 많은 축구 팬에게 볼 수 있도록 만들어 주고 있는 것이다.

그다음으로 축구 외 시설 활용에 대해서도 생각해 봐야 한다. 서울월드컵경기장은 경기장 내부 시설을 영화관, 쇼핑몰, 찜질방, 스포츠시설로 활용하여 수익을 거두고 있다. 현재 적자투성이인 축구경기장들이 서울월드컵경기장처럼 황금알 낳는 거위로 탈바꿈해야 한다.

그러기 위해서는 두 가지 전제가 있어야 한다. 먼저 경기장 주변 지역 주민들에게는 평소에도 자주 찾을 수 있도록 **친숙한 공간**이 되어야 한다. 다음은 경기장 연고 지역은 **축구경기장 자체가 최고의 지역 명소가 되어야 한다.** 이 두 가지가 충족된다면 축구경기장은 지역경제 활성화에도 기여할 수 있다.

그렇다면 어떤 부대시설을 유치해야 경기장 운영에 도움이 될까?

먼저 경기장 내부에는 헬스장, 골프장, 스크린골프 등이 가능한 스포츠센터가 있어야 한다. 대표적으로 서울 월드컵경기장과 대전 월드컵경기장이 있다.

두 번째, 영화관이다. 서울월드컵경기장은 메가박스 영화관이 있고 서울 월드컵경기장 근처에 사는 많은 지역주민이 영화를 보러 서울 월드컵경기장에 찾아온다.

네 번째, 찜질방이다. 서울 월드컵경기장은 스포츠센터 옆에 찜질방이 있다. 찜질방은 숙박 기능의 역할도 할 수 있어 먼 길을 찾아온 축구 팬들이 쌓여있던 피로를 풀며 휴식을 취할 수 있는 공간이 되어주기도 한다.

스탬포드 브릿지 옆에 붙어 있는 밀레니엄 호텔
(출처: 프리미어리그 공식 홈페이지)

다섯 번째, 경기장 내부에 팬들이 숙박할 수 있는 호텔이다. 이런 예로 EPL 명문 첼시 홈경기장 스탬포드 브릿지(Stamford Bridge)와 류현진이 뛰고 있는 MLB 토론토 블루제이스(Toronto Blue Jays)의 홈경기장 로저스 센터(Rogers Centre) 내부에는 호텔이 들어서 있다. 특히 로저스 센터는 일부 토론토 선수들의 숙소로 활용되곤 한다.

여섯 번째, 쇼핑몰이다. 서울 월드컵경기장은 홈플러스가 있고, 광주 월드컵경기장은 롯데아울렛이 있다. 이런 쇼핑몰들은 많은 지역주민이 쇼핑하러 찾아와 수익을 낼 수 있다.

2022년에 KBO 야구팀 SSG 랜더스는 연고지 인천광역시의 청라국제도시에 신축 돔구장을 짓는 프로젝트를 진행하면서, 돔구장 내부에 복합 쇼핑몰인 스타필드 청라점을 함께 추진하고 있다. 이처럼 축구경기장 근처에 대형 쇼핑몰을 유치하여 축구와 K리그 클럽을 연계할 수 있는 문화공간으로 만들고, 많은 쇼핑객이 경기장을 찾을 수 있도록 만들어야 한다.

업무용 건물이 붙어 있는 VEB 아레나 (출처: 위키피디아)

일곱 번째, 구장 안에 모기업과의 클럽 스폰서, 연고 지역 회사의 홍보관이나 지점을 만드는 것과 축구나 지역과 연관된 스타트업을 유치할 수 있는 사무실 공간을 만드는 것도 하나의 방법이다. 그 방법에는 기존의 경기장 내부에 있는 사무용 시설을 활용하는 것과 CSKA 모스크바(CSKA Moscow)의 홈경기장 VEB 아레나(VEB Arena)처럼 별도의 건

물을 만들어서 활용할 수도 있다.[7]

이런 방법으로 경기장 부대시설을 활용한다면 경기장을 통해 이익을 거둘 수 있으며 더 나아가 경기장이 그저 한 건물이 아니라 하나의 지역 명소로 거듭날 수 있다.

10-3. 경기장 브랜드화로 지역 명소 만들기

앞에서 얘기한 부대시설 유치와 활성화가 현실화되려면 **경기장을 브랜드화**하는 것이 필요하다. 경기장을 브랜드로 만드는 것은 축구 팬뿐만 아니라 수많은 사람에게 경기장 자체를 대내외적으로 인식하게 하고 찾아오게 한다. 현재 유럽 명문 클럽들은 경기장을 브랜드화시켜 전 세계의 많은 축구 팬이 찾아올 수 있도록 하고 있다.

경기장이 하나의 브랜드가 되기 위해서는 다음과 같은 전제조건이 필요하다.

첫 번째, 반드시 **클럽의 색깔과 정체성이 서로 일치되어야 한다.** 지금 K리그 대부분 클럽의 경기장들은 클럽 색깔과 정체성하고는 일치하지 않는다. 그러나 전주 월드컵경기장, 울산 문수축구경기장은 리모델링 통해 경기장 좌석을 클럽 색깔과 정체성이 일치하게 하였고, 인천 축구 전용구

7) VEB Arena: harmony of sport and business, *INTILED.*

장과 대구 DGB대구은행파크는 건설 때부터 아예 좌석 색깔을 클럽 색깔과 일치시켰다. 그리고 K리그 대부분 경기장 명칭은 월드컵경기장이거나 종합운동장이라는 명칭을 사용하는 데, 유럽리그 클럽 홈경기장들은 본인들의 정체성을 나타낼 수 있는 지역명이나 전설적인 선수의 이름, 명명권을 통한 기업명을 사용하고 있다. 포항 스틸야드와 대구 DGB대구은행파크처럼 명칭 변경을 해서 축구 팬이 경기장 이름을 더 잘 기억할 수 있고 더 매력을 느낄 수 있도록 만들어야 한다.

두 번째, 많은 사람이 경기장을 찾을 수 있도록 **꾸준한 잔디 관리와 경기장 시설 관리**가 이루어져야 한다.

세 번째, 시내와 떨어진 경기장의 경우에는 교통 문제가 심각한데 **클럽 차원에서 경기마다 셔틀버스를 운영하거나 자치단체와 협의해서 더 많은 축구 팬이 경기장을 찾을 수 있도록 교통체계 개편**이 이뤄져야 한다.

경기장 브랜드화는 축구 팬뿐만 아니라 수많은 사람이 경기장을 더 많이 찾도록 만듦으로써 더 많은 수익을 거둘 수 있고 더 나아가 지역 명소가 될 것이라 확신한다.

지금까지 축구 팬을 어떻게 K리그 경기장에 찾아오게 할 수 있는지 이야기해 보았다. 다음 챕터에서는 방송이나 각종 미디어를 활용해서 더 많은 사람에게 K리그를 노출하고 관심을 가질 수 있는지 이야기해 보도록 하자.

Chapter 11

미디어로 더 많은 사람에게 K리그 보여 주기

앞에서 K리그가 흥행하려면 어떤 조건들을 갖춰야 하는지 이야기해 봤다.

먼저 매 경기 경기장 관중석을 꽉 채우는 게 중요하다. 이를 위해서는 팬들에게 좋은 환경의 경기장을 만들어줘야 하는데 경기장 환경 개선에 관해 앞서 챕터에서 이야기했었다.

경기장 외에도 한국축구는 방송중계와 SNS, 유튜브, 언론보도 등 여러 언론과 미디어를 활용하여 지금보다 더 많은 노출이 필요하다. K리그를 자주 접하다 보면 경기장을 찾고 K리그 팬이 될 수 있다.

이번에는 어떻게 하면 K리그가 미디어에 많이 노출될 수 있는지 알아보자.

K리그는 물론 전 세계의 프로스포츠는 더 좋은 경기력으로 더 많은 사람이 경기장에 찾아와 경기를 관람할 수 있게 만드는 것이 궁극적인 목표이다. 사람들을 경기장으로 끌어들이는 방법은 여러 가지가 있지만 가장 효과적인 방법은 더 많은 미디어 노출이다. 그래서 미디어 노출은 중요한데, 굳이 비유하자면 경기장 직관이 메인 상품이라면 미디어 노출은 메인 상품을 팔리게 하는 포장이라고 할 수 있다.

대중에게 미디어 노출이 많아지면 더 많은 사람이 축구경기장을 찾을 것이다. 그 사람들은 클럽의 팬이 되는 것으로 이어지고 팬으로서 팀의 유니폼과 각종 굿즈를 사게 된다. 그것이 클럽의 수익이 되어 클럽의 재정을 탄탄하게 하는 데 도움을 준다.

미디어 노출 중 가장 효과적인 건 방송중계다. TV와 인터넷을 통한 방송중계는 축구 팬이 직접 경기장을 가지 않더라도 언제 어디서나 경기를 볼 수 있게 한다. 그 경기를 방송으로 보는 축구 팬이 경기하는 클럽에 관한 관심이 커지면서 자연스럽게 구단의 팬이 될 것이며 경기장을 찾는 관중들도 늘어날 것이다. 그뿐만 아니라 축구 팬들이 경기를 많이 볼수록 그 경기에 관련된 광고가 늘어날 것이고 중계권을 판매할 때 방송사와 미디어 회사들이 중계권을 사려고 경쟁하면서 중계권료는 높아질 것이다. 방송중계는 경기를 지켜본 사람들이 클럽의 팬이 될 것이다. K리그는 점차 흥행할 것이고 클럽을 포함해 K리그 전반이 재정적으로 안정될 것이다.

전 세계에서 가장 인기 있는 잉글랜드 프리미어리그의 사례를 통해 왜 방송중계가 리그에 많은 영향을 미치는지 한번 이야기 해보도록 하자.

2022년 4월 한국에서 스포츠 OTT 'SPOTV NOW'를 운영하는 에이클라 엔터테인먼트가 3년간 699억 원으로 한국(3년간 370억 원)과 일본(3년간 329억 원) EPL 중계권을 확보했다.

그뿐만 아니라 구글과 페이스북, 아마존, 넷플릭스, 트위치 등에서도 EPL 중계권에 관심을 가지기 시작했고 아마존에서는 19-20 시즌부터 20경기를 스트리밍 해주는 중계권 계약을 했다.

그 정도로 EPL은 전 세계적으로 열광하고 있는 축구리그가 되었고 그것을 중계하기 위해서 수많은 방송사와 기업들이 막대한 비용을 투입하고 있다.

막대한 중계권료 수입을 거두고 있는 EPL은 참가 클럽들에 어떻게 배분하고 있는지 다음 표를 보도록 하자.

18-19 EPL 클럽별 분배금[1)]

순위	클럽명	분배금(파운드)	비고
1	맨체스터 시티	150,986,355	우승, UCL(챔피언스리그) 진출
2	리버풀	152,425,146	UCL 진출
3	첼시	146,030,216	UCL 진출
4	토트넘 홋스퍼	145,230,801	UCL 진출
5	아스널	142,193,180	UEL(유로파 리그) 본선 진출
6	맨체스터 유나이티드	142,512,868	UEL 본선 진출
7	울버햄프턴 원더러스	127,165,114	UEL 2차 예선 진출
8	에버튼	128,603,905	-
9	레스터 시티	123,328,078	-
10	웨스트햄 유나이티드	122,528,663	-
11	왓퍼드	113,895,527	-
12	크리스털 팰리스	114,215,215	-
13	뉴캐슬 유나이티드	120,130,418	-
14	본머스	108,139,973	-
15	번리	107,340,558	-
16	사우샘프턴	104,302,937	-
17	브라이턴 앤 호브 앨비언	105,741,728	-
18	카디프 시티	102,704,107	EFL 챔피언십 강등
19	풀럼	101,904,962	EFL 챔피언십 강등
20	허더즈필드	96,628,865	EFL 챔피언십 강등

1) Premier League value of central payments to clubs 2018/19, *https://www.premierleague.com/news/1225126*.

표를 보면 순위에도 불구하고 분배금에 큰 차이가 없다. EPL 중계권료 수익은 영국 내 중계권료는 50%는 균등하게 배분하고 25%는 성적별 차등분배가 이루어지고 나머지는 시설 이용비에 따라 배분된다. 해외 중계권료 전부는 균등하게 배분되고 기업의 EPL 후원금 역시도 균등하게 배분해주고 있다.

그렇다 보니 EPL 클럽들은 배분된 수익금으로 더욱더 적극적으로 투자할 수 있고 세계에서 내로라하는 선수들을 영입할 수 있다. 이는 결국 EPL의 유럽축구클럽 대회 좋은 성적으로 이어지고, 세계적으로 EPL을 보는 축구 팬이 늘어나고 있다. 15-16 시즌 EPL에서는 직전 시즌에 EPL에 승격한 클럽 레스터 시티가 예상을 뛰어넘어 EPL 우승을 차지하며 전 세계가 깜짝 놀란 이변을 일으켰다. 이런 일이 가능했던 배경에는 EPL 수익금의 균등한 배분이 있다. 그 수익금으로 클럽들이 최적의 선수를 영입하는 투자가 가능했다.

그러나 빛이 있으면 그림자가 있는 법, EPL의 막대한 중계권료 수익 이면에는 어두운 면도 있다. 먼저 EPL 영국 내 중계는 스카이스포츠, BT 스포츠라는 특정 방송사에서 중계하고 있는데, 영국에서 TV로 축구를 보기 위해서는 TV 라이선스를 따야 하는데 1년에 159파운드(한화 25만원)를 내야 한다. 그리고 스카이스포츠는 유료채널이라 별도로 따로 가입해야 하는데 스카이스포츠를 포함한 스카이 계열 방송사를 보기 위해서 30파운드(한화 47,500원)를 내야 하고 BT 스포츠는 15파운드(한화

23,700원)를 내야 한다.[2)]

그러다 보니 집에서 EPL을 보는 게 상당한 부담이다. 그래서 잉글랜드에는 펍(pub)이라는 공간에서 함께 맥주를 마시면서 축구를 보는 문화가 형성되었다.

막대한 중계권료 지급은 부작용도 따랐다. 클럽들이 배분받은 수익금으로 전 세계 최고의 선수를 영입하기 위해 적극적으로 투자하는데 그로 인해 지출비용이 늘어났고, 이 비용을 메우기 위해 경기장 입장료가 올라갔다.[3)] 그러다 보니 기존의 클럽 팬들은 EPL 경기장을 찾아보는 것은 하늘의 별 따기가 되었다.

또한, EPL이 전 세계적으로 중계되면서 중계 국가 팬들은 자국 리그와 EPL을 비교하면서 뛰어난 기량의 EPL을 더 선호하였고, 자국 리그 흥행에 악영향을 끼치는 문제를 불러일으켰다.

---

2) 마루탱님, 「영국에서 EPL 축구보는게 너무 비쌉니다.」, https://www.clien.net/service/board/park/16081551, 2021.4.21.

3) 「영국인도 부담스러운 프리미어 경기 입장권 가격」, https://www.bbc.com/korean/news-42009789, 2017.11.17.

11-1. K리그 중계의 현주소

이젠 K리그 방송중계에 대해서도 한번 알아보도록 하자. 먼저 본격적으로 알아보기 전에 유럽 5대 리그와 한·중·일 중계권료를 표로 비교해보자.

유럽 5대 프로축구 리그 중계권료 및 배분 방식[4]

리그	국내	해외	종합	배분 방식
EPL (잉글랜드 / 19-22)	188,400	147,500	335,900	50% 균등 / 25% 차등 / 25% 시설
라 리가 (스페인 / 19-22)	114,000	89,900	203,900	50% 균등 / 50% 5시즌 간 성적에 따라 차등
세리에 A (이탈리아 / 18-21)	97,300	37,100	134,400	50% 균등 / 30% 성적 / 25% 시청자 수
분데스리가 (독일 / 17-21)	116,000	24,000	140,000	국내 균등 / 국제 UEFA 대회 성적
리그 1[5] (프랑스 / 20-24)	115,300	8,000	123,300	해당 시즌 성적 / 생방송 횟수 기준으로 분배

자국 축구리그의 인기가 높아지면 경기장뿐만 아니라 방송으로 보려는 사람들이 많아지니 중계권료가 늘어나고 축구를 통해서 벌어들일 수 있는 돈도 늘어나게 되었다.

4) 데어데블, 「유럽 5대리그 연간 중계권료 최신버전.jpg」, https://www.fmkorea.com/3087682429, 2020.9.12.

5) 위의 링크.

지금 유럽 5대 리그는 전 세계적으로도 많이 찾아보기 때문에 막대한 중계권료 수입을 거둘 수 있고 구단들이 더 좋은 선수들을 영입하는 데 큰 보탬이 되어주기도 한다. 또한, 축구 인프라와 중계 콘텐츠에도 더 투자할 수 있어 지금보다 더 큰 규모의 리그로 만들어줄 수도 있다.

한·중·일 프로축구 리그 중계권료 비교[6)]

리그	13~18년 평균 관중(명)	중계권료
K리그(대한민국)	7,104	총액 260억 원, 연간 65억 원 (2016-19)
슈퍼리그(중국)	22,594	총액 1조4300억 원, 연간 2,740억 원 (2016-20)
J리그(일본)	18,227	총액 2조1000억 원, 연간 2,168억 원 (2017-26)

J리그의 경우에는 1993년 J리그가 출범한 이후, 막대한 경제 규모와 지속적인 투자를 통해 성장하였고 그로 인해 일본축구 발전에도 이바지하였다. 특히 2015년 J리그 평균 관중이 17,803명이 될 정도로 J리그는 큰 성장을 거둘 수 있었고, 이를 본 영국 스트리밍 회사 DAZN에서 2017년부터 무려 9년간 2,100억 엔(한화 총액 2조1,000억 원/연간 2,168억 원)으로 중계권료를 계약하였다(참고로 중국 슈퍼리그는 코로나 이전에는 수많은 클럽이 세계적인 선수와 감독을 영입함으로써 중계권료가 높았다).

하지만 K리그는 안타깝게도 여타 리그 비해서 중계권료가 높지 않다. 중계권료가 낮다는 것은 많은 축구 팬에게 K리그가 그렇게 매력적이지 않다는 것이기도 하다. K리그가 축구 팬들에게 매력이 없다 보니 중계권

6) 이종석, 「별들 건사 못하고… 쪼그라드는 K리그」 기사 내 표 변형, 『동아일보』, 2017.1.19.

을 통한 수익 또한 낼 수 없다. 수익이 없으니 투자도 쉽지 않고 결국 큰 규모의 발전도 기대하기 어렵다. 이처럼 리그 규모가 크지 않다 보니 K리그의 우수한 선수들은 일본, 중국, 중동으로 가게 되고 K리그는 점차 셀링 리그가 되었다.

이제는 K리그에 대한 장점과 매력을 끌어내서 지금보다 더 높은 중계권료를 받고 리그 규모를 키우는 방법을 고민해야 한다. 그 전에 왜 K리그의 중계권료가 낮은지 알아보기로 하자.

먼저 K리그는 상대적으로 여타 스포츠와 다른 국가 축구리그보다 인기가 낮은 편이다. 2019년 기준 K리그 1의 총관중이 182만7,061명, 평균 관중이 8,013명으로 집계되었다. 반대로 동시기에 진행하는 KBO리그의 총관중은 728만6,008명, 평균 관중은 10,119명이 되고 한때는 한 시즌 총관중이 840만 명이 넘었을 정도로 많은 사람이 야구장을 찾았다(물론 K리그 1은 한 클럽당 38경기를 펼치고 KBO리그는 정규리그 기준 한 클럽당 144경기를 펼쳤다).

그렇다면 K리그 중계권은 어떻게 될까? 2023년 K리그 중계권을 가진 방송사를 한번 알아보자. K리그 1을 중계하는 방송사는 JTBC 골프&스포츠, 스카이스포츠, IB 스포츠에서 중계해주고 있고, 지상파 KBS, MBC, SBS 등은 각각 2경기씩 중계해주고 있다. K리그 2는 K리그에서 자체 중계를 해주지만 스카이스포츠, 생활체육 TV, SMT 스포츠, 채널 A 플러스, CJB(충북 청주 FC 주말 홈 경기 한정)에서 송출해주고 있으며, IB 스포츠에서는 자체 중계를 하고 있다.

2023년부터 쿠팡 플레이에서 온라인으로 독점 중계를 하고 있고 K리그 1 경기에서 라운드마다 한 경기를 '쿠플픽'이라고 선정하여 자체적으로 중계하고 있다.

K리그는 평균 TV 시청률이 겨우 0.12%밖에 안 되고 평균 동시 접속자 수가 2021년 K리그 1은 18,533명, K리그 2는 4,882명에 머무는 상황[7]이고, K리그 중계권으로 버는 수익은 2021년 기준 112억 원에 불과하다. 그리고 2019년 축구협회에서는 축구 국가대표팀 A매치 같은 친선경기 중계권을 K리그 중계권과 같이 판매하려고 했지만, 유찰되었고, 반대로 2022년 국가대표팀 중계권만 판매하였는데 TV 조선에서 무려 200억원으로 2년간 계약을 맺었다.

이와 달리 KBO리그는 2023년 지상파 계열 스포츠 채널과 SPOTV, SPOTV 2에서 중계해주고 있으며 포스트시즌의 경우에는 초창기 때부터 지금까지 계속 지상파에서 중계를 해주었다. 2019년에는 통신, 포탈 컨소시엄에서 유무선 중계권을 5년간 총 1,100억 원으로 계약을 맺기도 하였다.

KBO리그는 2022년 평균 시청률이 0.798%, 2021년 총접속자 수가 1,706만 명, 2022년 한국시리즈 6차전 시청률은 8%, 2022년 한국시리즈 1차전 동시 접속자 수가 35만 명일 정도로 많은 사람이 야구 중계를 보고 있다.

겨울 프로스포츠 V리그는 KBSN과 2번에 걸쳐서 2016년 5시즌 동안

---

7) 김성원, 「K리그1 포털 중계 시청자수, 작년 대비 20% 늘었다」, 한국프로축구연맹, 2022.4.7.

200억 원대와 2021년 6시즌 동안 300억 원대 독점계약을 맺었다.[8] V리그는 20-21시즌 여자부 기준으로 평균 시청률이 1.23%, 평균 동시 접속자 수가 37,575명으로 명실상부한 겨울 인기 스포츠로 발돋움하였다.

중계권료와 수익, TV 시청률, 동시 접속자 수의 지표는 K리그가 많은 사람에게 외면받을 정도로 인기가 없다. 이러니 K리그는 상대적으로 미디어 노출도가 낮을 수밖에 없고 중계권료를 통한 수입을 얻기 힘들다. 그 결과 과거 지상파 스포츠 방송사에서는 과거 중계권이 있었을 때도 KBO리그 경기에 밀려 거의 중계되지 못했다. 그리고 방송사에서는 K리그를 거의 중계하지 않다 보니 중계 기술에 대한 투자에도 소홀해졌고, 관련 방송 콘텐츠를 개발하지 않은 결과, 지상파 스포츠 채널에서는 더는 K리그 중계권을 확보하지 않게 되었다. 그뿐만 아니라 경기 도중 중간광고도 판매되지 않지 않았고 설령 광고하더라도 KBO리그나 V리그보다 광고비가 훨씬 적었다. 이처럼 연맹 차원에서 한때 K리그를 중계해달라고 읍소를 했을 정도로 K리그에 대한 인기와 매력이 없었다.

K리그는 또 상대적으로 해외축구 리그와 여타 스포츠, 문화 콘텐츠 비해서 시장이 너무나 작다. 사실 K리그는 프로야구 같은 다른 스포츠와 해외축구리그뿐만 아니라 한국의 문화 콘텐츠들과도 경쟁해야 하고 살아남기 위해 K리그만의 매력을 많은 사람에게 보여 주어야 한다. 이런 상황에서 K리그 클럽들은 지금보다 더 적극적으로 투자하는 자세가 필요하

8) 김진회, 「[오피셜]프로배구 중계권료 6년 300억원 '잭팟', KOVO-KBSN 프로스포츠 사상 최장 22시즌 연속 계약」, 『스포츠조선』, 2021.6.16.

다. 투자가 이뤄질 때 TV 중계와 미디어 노출이 늘어나고 지금보다 더 많은 사람이 K리그를 볼 수 있다.

하지만 안타깝게도 K리그가 셀링 리그가 된 상황에서, 대부분의 K리그 클럽들은 투자에 소극적인 자세이기도 하다. 설령 프랜차이즈 선수나 인기 선수가 있다고 해도 그들이 더 나은 조건으로 일본, 중국, 중동으로 이적하다 보니 팬들마저 이탈하는 현상이 보였다. 그 결과 K리그의 중계권료가 늘어나지 않았고, 여러 회사들도 K리그에 매력을 느끼지 못하면서 광고도 늘지 못했다.

그렇다면 K리그의 낮은 중계권료에 어떤 부작용이 있는지 한번 알아보기로 하자.

첫 번째, 상대적으로 프로야구와 유럽축구 리그보다 **중계 기술이 부실하다**. K리그 팬들이 K리그 경기를 방송으로 볼 때마다 가장 불만을 토로한 부분은 열악한 중계 기술이었다. 그 원인에는 각 방송사에 K리그만을 위한 중계 전담팀이 없다는 것이다. 한마디로 말하자면, K리그의 특성을 살리지 못한 중계를 하고 있다는 것이다. 특히 좋은 카메라 앵글로 보여 주면 실제로 축구장을 방문한 느낌을 전달할 수가 있는데 K리그 중계 방송은 앵글이 좋지 않다. 이는 축구 팬들이 K리그 경기를 시청하지 않는 주요 원인이 되기도 한다.

어느 리그이든 사람들이 많이 시청하면 방송사에서는 자연스레 스파이더 캠, 4K 중계 등 첨단중계에 대한 투자를 한다. 중계기술의 발전은 더 많은 사람들이 TV중계를 보게 될 것이다.

두 번째, **K리그 관련 콘텐츠가 부실**하다. 전 세계에서 가장 인기 있는 EPL의 중계권을 가지고 있는 스카이스포츠는 '먼데이 나잇 풋볼', 국영방송 BBC에서는 '매치 오브 더 데이'를 통해 매 라운드가 끝나고 경기를 분석하고 EPL 역사와 전설들을 재조명해준다.

KBO리그 역시도 매 경기 끝나고 하이라이트 프로그램인 '아이 러브 베이스볼', '베이스볼 투나잇', '베이스볼 S', '스포츠타임 베이스볼' 등을 방영한다. 야구경기가 없는 월요일에는 한 주 전에 했던 야구경기들과 클럽들을 집중적으로 분석하면서 관련된 이슈에 관해서 이야기하는 주간 야구 프로그램인 '야구의 참견', '주간 야구' 등을 방영한다. 그러면서 스프링캠프 때에는 전지 훈련하는 클럽들이 있는 현지로 가서 경기를 중계하거나 스프링캠프와 관련 프로그램을 제작하기도 한다. 또한, 클럽 관련 다큐멘터리도 제작하기도 한다.

그렇다면 K리그는 어떨까? 과거에는 K리그에서는 KBS의 '비바 K리그'와 SBS의 '풋볼 매거진'을 방송한 적이 있었다. 2021년 후반기에는 K리그에서 스카이스포츠와 함께 다이나믹 피치라는 분석 프로그램도 있었다. 현재 JTBC 골프&스포츠에서는 경기 시작 전 프리뷰쇼, 하프타임 때 해설진과 스튜디오 토크, 경기 끝나고 진행하는 경기 리뷰를 하고 있다. K리그를 온라인 독점 중계하고 있는 쿠팡 플레이에서도 중요한 경기를 경기장 현장에서 쿠플픽이라는 프리뷰쇼를 하고 경기 끝나고 리뷰 분석하고 있다.

하지만 안타깝게도 K리그 경기를 라운드마다 집중적으로 리뷰하는 프로그램을 갖춘 방송사는 없다. 물론 K리그를 중계해주는 방송사에서는 자체적으로 다큐멘터리도 제작하고 하이라이트를 방영하지만, K리그와 축구 팬을 끌어모을 수 있는 리뷰 프로그램 같은 방송 콘텐츠가 부실하다.

결론적으로 K리그 중계권료가 낮은 이유는 근본적으로 K리그가 매력이 없기 때문이다. 그러다 보니 K리그 중계하려는 방송사들이 K리그에 투자할 가치를 느끼지 않고 중계 품질과 콘텐츠는 상대적으로 부실해진다. 그로 인해 K리그를 보려는 축구 팬들이 늘어나지 않고 있고 무관심할 수밖에 없다.

11-2. 더 나은 K리그 중계 만들기

이러한 문제점을 해결하기 위해서 프로축구연맹에서는 발 벗고 뛰기 시작했다. 중계품질 개선과 중계방송의 더 많은 노출을 위해 현재 진행되는 노력들은 다음과 같다.

첫 번째, 2020년에 서울특별시 강서구 마곡동에 **미디어센터**를 세워서 지금보다 더 좋은 중계 품질을 만들려고 노력하고 있다. 그 결과 그동안 소외되었던 K리그 2도 전 경기 중계가 가능해졌다.

두 번째, 2021년부터 유럽축구 리그처럼 **K리그 중계 그래픽을 표준화**해서 많은 사람에게 경기를 보면서 K리그의 존재감을 각인시켜주고 있다.

세 번째, 2021년 KT와 협약을 맺어 자체적으로 K리그 전문 채널을 만들 예정이며, 현재는 **스카이스포츠가 사실상 K리그 주관 방송사 역할**을 해주고 있다.

네 번째, 해외 K리그 팬들을 대상으로 **자체적인 OTT 사이트**(tv.kleague.com)를 운영하고 있다.

다섯 번째, 라 리가와 협약을 맺어 **K리그에서도 라 리가 중계 기술을 벤치마킹**하려고 노력하고 있다.

여섯 번째, 2023년부터는 3년 동안 **K리그 온라인 중계는 쿠팡 플레이에서 독점 중계**를 하게 되었다.

일곱 번째, 유튜브와 인스타그램 등 **뉴미디어를 활용**해서 더 많은 축구 팬이 K리그에 관심을 가지도록 노력하고 있다.

그렇다면 어떻게 하면 지금보다 더 좋은 방송중계 콘텐츠를 만들어서 K리그의 미디어 노출도를 늘릴 수 있을까?

먼저 방송사는 K리그를 단순히 경기를 보여 준다는 것에 그치는 것이 아니라 한 편의 공연, 드라마를 보여 준다는 느낌으로 중계해야 한다. 그러기 위해서는 단순히 경기 중계와 하이라이트 위주의 방송 콘텐츠에 벗어나 **스토리 텔링이 살아나는 중계와 방송 콘텐츠**를 만들어 지금보다 더 축구 팬들이 K리그를 관심 갖도록 해야 한다. 그 조건으로 먼저 K리그 중계 전담팀이 구성되고 좋은 중계 기술과 함께 K리그와 다양한 방송 콘텐츠가 제작되어야 한다. 다행히도 지금 K리그를 중계해주는 스카이스포츠와 JTBC 골프&스포츠에서는 K리그 경기를 중계할 때마다 좋은 화질과 카메라 앵글로 K리그 팬들에게 놀라움을 선사해주고 있다. 그렇지만 아쉬운 점은 아직까지는 K리그를 위한 방송 콘텐츠가 부재하다는 것이다.

팬들은 방송사에서 자체적인 기획으로 K리그 방송 콘텐츠를 만들어 주기를 바라고 있다.

두 번째, 더 좋은 방송중계를 위해서는 지금보다 **더 많은 방송장비를 투입**해야 한다. 현재 K리그 중계해주는 JTBC 골프&스포츠에서는 경기장을 가로질러 와이어를 설치해 축구 게임처럼 화면을 연출하는 와이어캠(스파이더캠/스카이캠)과 30~40개 카메라를 설치해 파노라마 화면을 연출하는 4D 리플레이, 선수 동선 및 히트맵을 그래픽으로 표현하는 트래킹 기술, 초고속 미니 지미집 카메라로 골키퍼 시점 화면을 연출하는 피코캠, 카메라맨이 특수 수트를 입고 흔들리지 않는 화면을 연출하는 스테디캠, 360도 회전하며 낮은 앵글로 촬영하는 로바디 등을 설치해서 주요 경기에서 선보이고 있다.[9)]

그 정도로 방송사는 예전과 비교하면 중계 기술에 대해서 많이 투자하고 있다. 그런데 문제는 최첨단 중계 기술은 중요 경기와 중계권을 가지고 있는 JTBC 골프&스포츠와 스카이스포츠에서만 볼 수 있다는 점이다. 그래서 K리그 1 대부분의 경기와 K리그 2 경기 중계에서는 최첨단 기술의 중계를 볼 수 없어 축구 팬들은 여전히 만족하지 못하고 있다.

그렇다면 여기서 K리그와 협약 맺고 있는 라 리가 중계 기술을 한번 살펴보기로 하자.

라 리가에서는 경기 중계와 VAR에 활용하는 골라인 카메라, 경기장

9) 「JTBC G&S K리그1 파이널 라운드 고품질 중계·라이브 하이라이트 편성」, 『오늘의축구(네이버포스트)』, 2020.9.25.

전경을 보여 주는 뷰티 카메라, 경기 도중에 전술을 분석해주는 오토매틱 카메라 포 리베로, 경기장에 와이어에 카메라를 달아서 공중에서 경기장을 촬영하는 스파이더 캠, DSLR 카메라를 활용해서 영화 같은 분위기를 연출해주는 시네마틱 카메라, 경기장의 높은 곳에서 촬영하는 에어리얼 카메라, 인텔과 협약 맺어 인텔 트루 뷰로 특정 장면을 다양한 각도로 촬영하는 360도 리플레이, 특정 선수 1인칭 시점으로 촬영하는 비 더 플레이어, 오프사이드를 특수효과로 활용해 실제로 벽으로 만들게 하는 레이저 웰이 도입되었다. 그뿐만 아니라 슈퍼 슬로우 모션으로 주요 장면을 느리게 촬영하고 일부 경기는 4K 카메라로 중계해주기도 한다.[10)]

엘 클라시코에 적용된 라 리가 중계 카메라 (출처: 라리가 공식 홈페이지)

이처럼 라 리가의 중계는 최첨단 기술을 적용하고 있으며 계속해서 업그레이드하고 있다. 중계 기술에 따라 시청률이 달라지고 그만큼 관심이 커졌다. 첨단중계 기술을 도입한다는 것은 더 많은 사람이 K리그를 보게

10) 한준, 「[라리가 가이드 ①] "세계 최고 중계 기술로 승부" 라리가, 실시간 전술 분석+시네마틱 카메라」, 『스포티비뉴스』, 2019.8.20.

할 수 있는 포장의 역할을 하고 있다. 축구경기를 위한 최신식 방송장비를 경기장에 최적화된 장소에 배치하고 그것을 활용해서 중계한다면 중계의 질 또한 높아진다. 중계의 질이 높아지면 당연히 시청자의 몰입감도 커지게 된다. 거기에 라 리가와 JTBC 골프&스포츠처럼 실시간 분석과 효과를 넣는다면 마치 축구 게임을 한다는 느낌이 들 정도로 더 흥미롭게 축구경기를 볼 수 있다.

제아무리 좋은 장비를 갖추더라도 중요한 것은 어떻게 하면 팬들에게 좋은 중계 기술을 보여줘야 할지를 생각해야 한다. 또 중계에 투자할 비용을 어느 정도로 할지 비용 문제도 생각해야 한다. 중계 때 사용할 카메라 장비는 어떤 것을 사용하고, 어떤 장소에 배치할지도 생각하는 게 필요하다. 그러면서 중계를 보는 축구 팬들에게 몰입감을 높여주기 위해 어떤 카메라 장비를 활용해서 비주얼적 요소를 낼 것인가에 대해서도 생각해 봐야 한다.

다양한 방송 콘텐츠 제작 또한 중요하다. 지금의 K리그 방송 콘텐츠는 상당히 부족하다. 그래서 다양한 K리그 방송 콘텐츠를 제작해야 하는데 먼저 JTBC 골프&스포츠처럼 경기 전에 프리뷰 프로그램과 경기 도중 하프타임 때 스튜디오에서 분석해주고 경기 끝나고 나서 그날 했던 경기들을 집중적으로 논평하는 프로그램을 진행해야 한다.

대표적으로 비바 K리그와 다이나믹 피치처럼 K리그만을 위한 매거진 프로그램과 K리그 역사와 클럽, 명경기, 전설을 집중 조명해주는 다큐멘터리, 그리고 프리시즌, 개막 전 K리그 프리뷰와 시즌 끝나고 전체를 프리뷰하는 프로그램을 만들어야 한다.

OTT, 유튜브 같은 뉴미디어 등 다양한 미디어를 활용하는 것도 중요하다. 먼저 OTT(Over The Top)란, 기존에는 그동안 TV로만 방송되었던 콘텐츠들을 컴퓨터, 태블릿, 스마트폰 등 다양한 플랫폼으로 볼 수 있는 서비스를 말한다. OTT의 정의에 맞는 서비스는 넷플릭스, wavve, TVING, 쿠팡 플레이 등이 있다.

축구도 마찬가지로 OTT를 통해서 볼 수 있는데 대표적으로 대부분 유럽축구 경기를 중계하는 SPOTV NOW, 분데스리가와 월드컵 최종예선, 아시안컵 등 AFC 주관대회 경기를 중계해주는 TVING, 라 리가와 축구 국가대표와 K리그 경기를 중계해주는 쿠팡 플레이가 있다(참고로 AFC 주관대회는 현재 TVING에서 중계해주고 있지만, 2025년부터 4년간 쿠팡 플레이에서 독점 중계할 예정이다).

K리그도 2021년부터 해외 팬들을 위해 'tv.kleague.com' 사이트를 개설해서 자체적으로 운영하고 있다. 그리고 2022년부터 쿠팡 플레이와 4년간 협약을 맺어 현재 K리그를 중계해주고 있으며, 2023년부터는 3년 동안 온라인 독점 중계하고 있다.[11] 사실 쿠팡 플레이 독점 중계 소식을 듣고 대부분 축구 팬은 반발했다. K리그가 가뜩이나 사람들이 많이 보지 않는데 돈 내고 K리그를 보는 것이 맞는지 의문이 들었고, K리그를 보려는 신규 유입 숫자가 더 줄어들 것이라고 예상했다. 여기에 과연 K리그가 돈 내고 볼 가치가 있는지 의문이 드는 것도 사실이다.

사실 이런 우려는 프로축구연맹에서도 예상했을 것이다. 그렇다면 왜 프로축구연맹에서 이런 결정을 내렸는지 한 번 생각해 봐야 한다. 먼저 K

11) 명재영, 「'내년부터 단독 중계' 쿠팡플레이와 K리그가 손 잡은 이유」, 『스포츠니어스』, 2022.4.12.

리그는 KBO리그에 비해 관심이 적은 편이다. K리그는 평균 동시 접속자 수가 2021년 기준으로 K리그 1은 18,533명, K리그 2는 4,882명이지만, KBO리그는 2021년 기준으로 총 동시 접속자 수가 무려 1,706만 명이 될 정도로 평균으로 따진다면 거의 수십만 명이 경기를 보고 있다. 그러다 보니 K리그가 온라인과 모바일을 통해서 유입되기가 어려울 수밖에 없는 현실이다. 이러한 문제를 해결하기 위해서 기존 K리그 팬들을 중심으로 쿠팡 플레이를 보게 하고 K리그 유튜브 하이라이트 영상을 통해서 새로운 K리그 팬들을 유입하려는 전략을 쓰고 있다. 또 K리그는 방송사에서 보면 그렇게 매력이 있는 콘텐츠가 아니다. 그러다 보니 방송사들이 막대한 비용을 들여서 K리그 중계권을 살 가치를 못 느끼는 것 또한 현실이다.

이런 현실에서 쿠팡 플레이의 K리그 독점 중계는 상당히 가치가 있다. 쿠팡에서 막대한 비용을 들여 독점 중계권을 확보한 것은 그래도 K리그가 매력과 잠재성이 있다고 볼 수 있다. 또 쿠팡 플레이에서 독점 중계함으로써 K리그 경기뿐만 아니라 K리그만을 위한 다양한 콘텐츠를 제작할 수 있고, K리그 경기 중계에도 투자해 K리그 팬들이 더 좋은 K리그 경기와 콘텐츠를 즐기도록 만들 것이다.

현재 쿠팡 플레이에서는 K리그 1의 매 라운드 한 경기를 선정하여 쿠플픽으로 자체 중계를 하고 있는데, 경기 전 프리뷰쇼와 하프타임 팬들과의 인터뷰와 공연, 유명 해설가인 한준희 축구협회 부회장의 중계로 질 높은 경기 중계를 선보이며 많은 K리그 팬들에게 극찬을 받고 있다. 그러면서 기존에 했던 K리그 다큐 K와 일부 클럽들의 시즌 다큐멘터리를 쿠팡 플레이로 보여 주고 있고, 향후 쿠팡 플레이에서는 K리그만의 콘텐츠를 만들 계획을 가지고 있다.

지금 K리그가 쿠팡 플레이를 통해서 얻을 기대효과를 누리고 있는 곳이 일본 J리그다. J리그는 2017년부터 9년간 영국 스트리밍 회사 DAZN가 무려 9년간 2조1,000억 원으로 계약을 맺었다.[12] DAZN과 계약을 맺었다는 것은 J리그가 그 정도로 매력과 잠재성을 갖추고 있는 시장이라고 할 수 있다. DAZN과 계약 맺은 J리그는 빗셀 고베를 중심으로 지금보다 더 좋은 선수를 영입할 수 있었고, 일본축구 선수들이 전 세계적으로 주목받으면서 유럽 축구리그로 이적하는 효과를 누리고 있다. 그뿐만 아니라 코로나 직전 2019년 시즌에는 J 1리그 평균 관중이 20,751명, J 2리그 평균 관중이 7,176명이 될 정도로 예전과 비교하면 인기가 높아졌다.[13]

물론 J리그보다 시장이 작은 K리그에서도 비슷한 효과를 거둘 수 있을지는 의문이고, 이제 막 걸음마를 뗀 상태이기도 하다. 이러한 기대효과를 살리려면 쿠팡 플레이의 독점 중계에 걸맞은 중계 기술과 품질이 갖춰져야 하고, 중계를 통해 얻은 이익이 K리그 모든 클럽에 돌아가야한다. 이를 바탕으로 클럽들은 지금보다 투자를 늘려 더 많은 축구 팬들이 찾아볼 수 있게 해야 한다.

또 하나는 유튜브 같은 뉴미디어 활용이다. 사실 이 부분은 K리그에서는 제일 잘하는 분야이다. 먼저 프로축구연맹에서 운영하는 K리그 경기

---

12) 류청, 「[류청의 스포츠랩] 중계권 2조원에 판 J리그, 어떻게 구조를 바꿨나」, https://contents.premium.naver.com/sclass/slab/contents/220501012842662Yo, 2022.5.1.

13) 홍재민, 「축구 '알쓸신잡' 일본 J리그 편」, https://m.blog.naver.com/redjaemin/222725411797, 2022.5.9.

에는 쿠팡 플레이에서 먼저 2분 하이라이트를 경기종료 뒤 2시간 뒤에 보여 주고, 4시간 뒤 풀 하이라이트를 보여 준다. 그 뒤 K리그 유튜브 채널에 쿠팡 플레이가 업로드되고 몇 시간 뒤에 2분짜리 영상과 풀 하이라이트를 보여 준다. 그러면서 매 라운드가 끝나고 나서 그 라운드에서 나오는 골만 편집해서 올리고 주요 선수의 활약상과 재미있거나 인상적인 장면, 선수들의 인터뷰를 숏츠로 편집해서 짧은 영상으로 보여 주기도 한다. 또한, 경기의 장면만 보여 주는 것이 아니라 해설위원 이상윤의 VIP 식사권과 선수들의 스페셜 영상, 특별 캠페인, 팬들이 만든 다큐멘터리 등 다양한 콘텐츠를 보여 주기도 한다.

K리그 공식 유튜브 채널 "K LEAGUE"

그 결과 K리그 유튜브 구독자 수는 27.1만 명(2023년 7월 기준)[14]으로 한국 4대 프로스포츠 중 가장 많은 구독자 수를 차지하고 있다. 그리고 K리그는 팬들이 만드는 움짤에 대해서 특별히 규제하고 있지 않아 에펨코리아 같은 축구 커뮤니티 사이트에서도 활발하게 만들어지고 있다. 움짤 규제에 대해 특별히 강조하는 이유는 바로 KBO리그에서 움짤을 규제하는 문제가 터져 많은 야구 팬들의 항의가 있었기 때문이다.

14) KBO – 7.53만 명 / KBL TV – 10.4만 명 / KOVO – 14.5만 명.

움짤은 단순히 하나의 장면만 보여 주는 것이 아니다. 더 많은 사람이 주요 장면을 보면서 리그와 클럽에 관심을 가지게 될 것이고, 더 나아가 그 선수와 팀의 팬이 되게 해주는 매개체가 되어주기도 하다. 그런데 KBO리그는 2019년 통신, 포탈 컨소시엄과 계약을 맺을 때 이 부분에 대해서 저작권 침해라는 이유로 규제를 시도한 적이 있었다. 그것도 강력하게 법적 조치까지 하겠다며 규제하려고 했다. 그러자 KBO리그 팬들은 청와대 국민청원에 올릴 정도로 강하게 반발하였다. 그 결과 KBO리그는 도쿄 올림픽 국가대표의 성적 부진이라는 이슈와 맞물려 2021년 시즌에는 TV 시청률이 직전 시즌에 비해 0.13%가 줄어든 0.71%, 총 동시 접속자 수가 434만 명이 줄어든 1,706만 명이 되기도 했다. 그 정도로 움짤의 중요성은 한순간이지만 리그의 미래와 향후 방향을 결정해 주는 매개체이기도 하다. KBO의 사례를 보았듯이, K리그는 움짤에 대해서 더욱더 적극적으로 장려하고 관련 콘텐츠를 만들어야 한다.

그 외에도 K리그는 EA스포츠와 독점계약으로 한국에서 가장 인기 있는 스포츠 게임인 FIFA 온라인 4를 eK리그라는 대회로 개최하고 있고, eK리그는 아프리카TV에서 중계해주고 있다. 또한, 지상파 방송사들은 본인들의 스포츠 유튜브를 통해서 K리그 경기 중 중요한 명장면을 편집해서 사람들에게 공개하기도 하는데 영상마다 조회 수가 10만이 넘을 정도로 많은 사람이 보고 있다. 그뿐만 아니라 축구전문가들이 운영하는 유튜브 채널, 예컨대 달수네라이브(박문성), 이스타TV(이주헌, 박종윤, 임형철, 황덕연), 뽈리TV, 뽈리K(서형욱), 볼만찬기자들(윤진만, 박찬준) 등에서 K리그 콘텐츠를 제작하기도 한다.

아직 K리그가 미디어 노출이 많지 않은 것이 현실이지만, 지금처럼 뉴미디어를 제대로 활용한다면 지금보다 더 많은 축구 팬이 K리그에 관심을 가질 것이다.

지금까지 두 챕터에 걸쳐서 K리그 흥행 조건 2가지인 경기장과 미디어에 관해서 알아보았다.

다음 챕터에서는 어떻게 하면 K리그에 더 많은 사람이 관심을 가지고 경기장을 찾을 수 있을지 생각해 보고, 과연 어떤 방법이 좋은 마케팅인지를 알아보도록 하자.

Chapter 12

더 좋은 마케팅으로 K리그 관심 가지기

앞서 두 챕터에서 관중을 끌어모으기 위한 조건으로 경기장과 미디어에 관해 이야기하면서 K리그가 지금보다 더 많은 사람이 관심을 가지고 경기장을 찾아야 한다는 결론을 찾았다. 그러려면 마케팅이 필요한데, 마케팅은 축구 팬들을 실제로 경기장으로 끌어모으는 방법이다.

어디서나 흔히 언급되는 게 마케팅이지만 경영학적 용어 정의가 아닌 필자만의 방법으로 마케팅을 정의해보겠다.

마케팅(marketing)이란, 시장(market)과 -ing(현재진행형)의 합성어이다. 쉽게 이야기하자면 '시장은 계속 움직인다'라는 의미이기도 하다. 만약 마케팅하지 않는다면 그 시장은 죽은 시장이기에, 시장이 움직일 수 있도록 꾸준히 시장을 알려야 하고 운영해야 한다.

그렇다면 축구에서 시장이란 무엇일까? 바로 축구라는 콘텐츠를 팬들에게 보여줌으로써 돈을 버는 것이다. 축구를 본다는 것은 경기장을 찾아가서 직접 보는 것과 경기 중계를 통해 보는 방법, 크게 2가지가 있다.

그렇다면 스포츠에서 흔히 거론되는 '직관'과 '집관'의 차이를 한번 알아보기로 하자. 먼저 '직관'이란, 경기장에 직접 가서 스포츠경기를 관람하는 것이다. 여기서 경기장 관중 수가 늘어난다는 것은 기존 팬들의 충성도가 늘어나는 의미이고 신규 팬 또한 유입되었다는 것이며, 이는 클럽의 직접적인 수익원이 되기도 한다.

'집관'은 TV, 컴퓨터, 스마트폰 등 각종 미디어를 통해 중계되는 경기를 보는 것이다. 스포츠경기 중계방송을 많이 볼수록 단기적으로는 팬들의 확보가 수월하며, 이렇게 '집관'을 통해 불러모은 팬들이 경기장으로 올 수 있게 만들어 준다. 그렇지만 '집관'은 실질적으로 그 클럽에 직접적인 수익원이 될 수가 없는데 중계권료를 통해 얻은 이익은 연맹이 각 클럽에게 배분한다.

'직관'과 '집관'은 직접과 간접이라는 차이가 있지만, 이 둘의 공통점이 있다면 실제로 많은 사람이 보기 위해서 많은 차원의 노력이 필요하다. 마케팅도 더욱 적극적이고 다양한 방법으로 팬들을 모을 수 있도록 만들어야 한다.

그렇다면 마케팅이 성공하려면 어떻게 해야 할까? 먼저 소비자가 무엇이 필요한지, 니즈(needs)를 파악해야 한다. 그 니즈의 첫 번째는 축구경기를 보는 사람들은 수준 높은 경기를 보기를 원한다. 그렇다면 팬들이 원하는 수준 높은 경기가 많아지려면 어떤 조건이 필요할까? 바로 실력 좋은 축구선수와 감독을 영입해서 경기 수준을 높이고 좋은 경기력으로 좋은 성적을 거두는 것이다. 여기에 팬들이 축구경기에 관심을 가질 수 있는 다양한 콘텐츠를 개발하고 활용해야 한다.

그다음 단계는 다양한 니즈에 따라 소비자의 유형을 파악하고 마케팅 전략을 세우는 것이다. 앞서 설명한 '집관'과 '직관'을 각각 선호하는 팬층에 따라 유형을 달리하여 접근하는 방법도 중요하다. '집관'을 선호하는 사람들에게는 축구경기를 직접 볼 수 있게 경기장으로 끌어모으는 마케팅을 펼쳐야 하는데, '유튜브'와 '메타버스' 등을 통해 마케팅하는 것이다. 한편, 단순히 축구를 보기 위해서 오는 사람들에게는 경기장 내 이벤트와 콘텐츠를 활용하는 마케팅으로 경기장을 꾸준히 찾아올 수 있게 마케팅을 펼쳐야 한다. 또 특정 클럽을 응원하기 위해 경기장을 방문하는 사람들에게는 그 클럽의 충성도를 높일 수 있는 마케팅을 펼쳐야 한다.

12-1. K리그 마케팅 방향 설정하기

현재 K리그는 어떻게 마케팅을 하고 있는지, 어떻게 하면 좋은 마케팅을 펼쳐서 사람들이 K리그에 관심을 가지게 할지를 이야기하도록 하자.

먼저 지금의 K리그가 어느 정도로 관심을 끌고 있는지, 또 어떤 마케팅 방식이 필요한지, 대전 하나 시티즌과 한화 이글스의 경우를 통해 알아보자. 대전 하나 시티즌 팬들은 야구에 관심이 없거나 다른 KBO리그 팀을 응원하지 않는 이상 대부분 한화 이글스도 함께 응원한다. 하지만 한화 이글스 팬들에게 "당신은 대전 하나 시티즌 팬입니까"라고 물어본다면 대부분 아니라고 할 것이다. 그들은 축구나 K리그에 관심이 없거나 대전 외의 충청권이나 다른 지역의 팬일 수도 있다. 그래서 대전 하나 시티즌은 연고지인 대전광역시나 그 근처 도시인 세종특별자치시, 공주시, 논산시, 계룡시, 금산군, 옥천군, 보은군, 영동군 등에 사는 한화 이글스 팬들을 대전 하나 시티즌 팬으로 만들어야 하는 마케팅이 필요하다(이것은 부산 아이파크와 롯데 자이언츠, 인천 유나이티드와 SSG 랜더스, 대구 FC와 삼성 라이온즈, 광주 FC와 KIA 타이거즈, 경남 FC와 NC 다이노스로 바꿔서 적용할 수 있다).

K리그는 2019년 K리그 1 총관중이 182만7,061명이었고, 평균 관중은 8,013명이었고, 2021년 기준 평균 시청률이 0.12%, 평균 동시 접속자 수가 K리그 1은 1만8,533명, K리그 2는 4,882명이 되었다. 반대로 KBO

리그는 2019년 기준 KBO리그 총관중이 728만6,008명, 평균 관중이 1만119명이었거, 2021년 기준 평균 TV 시청률이 0.71%였고, 총 동시 접속자 수가 1,706만 명이었다.

이처럼 K리그는 KBO리그 비해서 관심이 적고 어떻게든 그 관심을 높이기 위해서는 지금보다 더 적극적인 마케팅이 필요하다.

'SWOT 분석'을 하면서 K리그가 어떤 식으로 마케팅해야 하는지 한번 알아보자. 먼저 K리그에 대한 'SWOT 분석'을 해보았다.

K리그 SWOT 분석

강점(S)	약점(W)
• 아시아에서 가장 뛰어난 실력을 보유한 리그. • 국가대표팀 선전시, 관중 수 증가.	• 판매(셀링) 리그 - 우수 선수의 이탈. • 프랜차이즈 스타의 부재. • 인기 없는 K리그.
기회(O)	**위험(T)**
• 해외에서 K리그 관심이 점차 증가.	• K리그 외에 즐길만한 콘텐츠가 많음. • 2023년 기준, 축구계 내외부적 부정적 이슈로 부정적 인식 증가.

첫 번째, K리그의 강점(strength) 요인은 2022년 AFC 리그 순위 2위로 들어설 정도로 아시아에서 가장 뛰어난 실력을 보유하는 리그이다. 그리고 2018년 카잔의 기적 이후 국가대표팀이 선전하면서 예전보다 관중과 미디어 노출이 늘어나고 있어 관심도가 증가하고 있다. 이에 따라 K리그 클럽과 프로축구연맹에서도 더욱더 적극적으로 마케팅을 시행하고 있다.

두 번째, K리그의 약점(weakness) 요인은 K리그는 셀링 리그로 전락한 상태라 우수한 선수들은 타 K리그 클럽이나 타 국가 리그로 이적해 프랜차이즈 스타가 부재한 상태이다. 그리고 K리그의 인기가 저조하다 보니 다른 리그나 다른 인기 스포츠보다 상대적으로 미디어 노출도가 낮을 수밖에 연고 지역주민조차도 연고 지역 클럽이 있는지 모르는 사람들이 많다.

세 번째, K리그의 기회(opportunity) 요인으로 2020년 코로나19 대유행 이후 해외에서 K리그에 관한 관심이 늘어나면서 2021년에는 34개국에 해외중계가 되었고 자체적인 해외 팬들을 위한 OTT 사이트(tv.kleague.com)가 새로 개설되었다.

네 번째, K리그의 위험(threat) 요인은 K리그의 경쟁상대가 KBO리그만 있는 것이 아니라 K팝, 드라마, 영화, 웹툰, 관광지 등 축구 외에도 즐길 거리가 많다는 것이다. 여기에 2023년에 접어들면서 축구협회 사면 사태부터 울산 현대 주장단의 인종차별 논란과 황의조의 사생활 논란 등 축구계의 부정적인 이슈가 연달아 드러나면서 위험요소가 점차 느는 추세다.

이렇게 SWOT 분석을 했다면 다음은 어떤 목표로 마케팅을 진행해야 하는지 뚜렷한 방향성을 제시해야 한다. K리그는 다음과 같은 세 가지 목표로 마케팅이 이뤄져야 한다.

첫 번째, **K리그의 강점을 제대로 살릴 수 있는 마케팅**이 되어야 한다. 두 번째, 상대적으로 한국에서 주목도가 약한 **K리그가 지금보다 더 많은 사람에게 이목을 끌 수 있어야 한다.** 세 번째, K리그도 'K팝', 'K드라마', 'K무비', 'K웹툰' 등과 같이 **전 세계가 주목받는 하나의 K 문화 콘텐츠**로 거듭나야 한다.

이런 세 가지 목표를 갖고 K리그와 K리그 클럽들만의 마케팅 방향을 설정해야 한다. 그래서 K리그는 리그 자체가 하나의 프로스포츠로만 남는 게 아니라 하나의 문화 콘텐츠로서 방탄소년단(BTS), 오징어 게임, 리그 오브 레전드(LOL), 에버랜드 등등과 비교해도 뒤떨어지지 않도록 발전해야 한다. 그리고 K리그는 아시아에서 넘버원 축구리그로 거듭나기 위해 선수 개개의 실력뿐만 아니라 경기 흥행 면에서도 최고가 될 수 있도록 해야 한다.

K리그 클럽은 다음 3가지 시장으로 나눠서 마케팅 방향을 설정해야 한다.

먼저 **연고 지역(local) 주민들에게는 연고지 클럽이 우리 지역 클럽이라는 인식을 확실히 각인시켜주고 응원**하게 만들어야 한다. 두 번째, **전국(nation)으로 넓히면 전국에 있는 축구 팬들에게는 본인만의 K리그 클럽으로 만들어 주고 응원**하게 해야 한다. 세 번째, **전 세계(global)로 확**

장한다면 해외 팬들에게는 K리그를 대표하는 클럽이라는 것을 알려주고 응원하게 해야 한다.

12-2. K리그 소비자층에 맞는 마케팅 설정하기

SWOT를 통해 마케팅 방향을 설정한다면 소비자 유형을 파악해야 한다. 축구 소비자는 크게 소극적 소비자층, 일반 소비자층, 마니아 소비자층, 서포터 소비자층, 플레이 소비자층 등 총 다섯 가지로 나뉜다.

첫 번째, 소극적 소비자층(light costomers)은 축구에 평소에는 관심은 없지만, 간혹 국가대표팀 경기나 월드컵 때만 보는 사람들을 말한다. 두 번째, 일반 소비자층(normal costomers)은 축구에 대한 애정은 어느 정도 있지만 그렇게 깊게 관심이 없고 그저 즐겨보는 사람들을 말한다. 세 번째, 마니아 소비자층(mania costomers)은 축구 그 자체를 좋아하고 특정 혹은 다양한 축구클럽과 리그, 국가대표팀 경기를 깊게 파고드는 축구 마니아들을 말한다. 네 번째, 서포터 소비자층(supporter costomers)은 특정한 클럽을 응원하고 지지해주면서 거기에 더 적극적으로 소비하는 사람들을 말하는데 연고 지역과 전국, 해외, 세 가지 범주로 나뉜다. 다섯 번째, 플레이 소비자층(play costomers)은 실제로 축구를 하는 것을 좋아하거나 축구 콘텐츠 게임인 EA스포츠 FC(舊 FIFA) 시리즈나 풋볼매니저 등을 즐기는 사람들을 말한다.

축구 소비자층이 다섯 부류라면 K리그는 소비자의 유형에 따라 어울리는 마케팅 전략(positioning)을 세워야 한다.

각 소비자 유형을 파악했으면 이번에는 그에 맞는 마케팅을 펼쳐야 한다. 먼저 소극적 소비자층(light costomers)에는 축구와 K리그가 즐겁다는 것을 보여줘야 한다. 사람들은 왜 K-MOVIE, K-DRAMA 그리고 K-웹툰 등에 열광할까? 바로 콘텐츠 자체가 재밌고 입소문을 타면서 사람들이 직접 찾아보기 때문이다. 그래서 K리그는 K무비와 K드라마, K웹툰 등처럼 전 세계가 열광하는 K컬쳐가 되기 의해서는 K리그만의 중독성 있는 재미와 소소한 매력을 느낄 수 있는 '틱톡(Tik Tok)'과 유튜브 숏츠, 인스타그램 릴스 등의 짧은 영상 위주 콘텐츠로도 개발해야 한다.

두 번째, 일반 소비자층(normal costomers)에게는 마니아와 서포터 같은 적극적인 소비자층으로 만드는 마케팅 전략을 펼쳐야 한다. 이들은 축구를 관람하기는 하지만 가끔 찾아보는 사람들을 말한다. 따라서 이들이 축구경기를 꾸준하게 보게 할 수 있는 콘텐츠를 개발해야 한다.

세 번째, 마니아 소비자층(mania costomers)에게는 K리그 마니아로 나아갈 수 있도록 마케팅 전략을 구상해야 한다. 축구 마니아들은 꾸준히 축구경기를 보면서 축구와 관련된 뉴스나 영상을 찾아보기도 하고 관련 굿즈를 구매한다. K리그가 축구 마니아를 공략하려면 K리그를 깊이 있게 파고들어 즐길 수 있는 콘텐츠가 필요한데 대표적으로 과거 K리그의 기록과 영상을 정리해 놓은 아카이브(archive) 콘텐츠가 있겠다.

네 번째, 서포터 소비자층(supporter costomers)에게는 그들이 응원하는 K리그 클럽을 우리 클럽으로 만들 수 있어야 한다. 서포터 소비자층

(supporter costomers)은 크게 세 가지로 나눠서 전략을 세워야 하는데, 먼저 연고 지역(local) 서포터 소비자층에게는 지역 연고 팬들과 함께 지역 자원봉사와 지역 친화 마케팅을 펼쳐야 한다. 두 번째, 전국(nation) 서포터 소비자층에게는 전국에 입소문을 탈 수 있는 굿즈 개발과 이벤트, 영상 콘텐츠를 개발해야 한다. 세 번째, 해외(global) 서포터 소비자층에게는 현지 팬들을 배려해주는 콘텐츠를 개발하고 현지에서 개최하는 글로벌 마케팅을 펼쳐야 한다.

다섯 번째, 플레이 소비자층(play costomers)들에는 실제 축구와 축구 게임을 활용해서 마케팅을 펼쳐야 한다. K리그와 각 클럽들은 실제 축구 대회와 축구 게임을 개최하고 플레이 소비자층들이 K리그를 볼 수 있도록 만들어야 한다.

축구 소비자층 특징과 그에 따른 마케팅 전략

소비자층	특징	전략
소극적 소비자층 (light costomers)	평소에 축구에 관심 없다.	축구와 K리그가 재밌는 콘텐츠라는 것을 보여줘야 한다.
일반 소비자층 (normal costomers)	축구를 보지만 깊이 있게 관심을 두지 않는다.	적극적인 소비자층(마니아, 서포터)으로 끌어모아야 한다.
마니아 소비자층 (mania costomers)	축구 그 자체를 좋아하고 깊이 있는 관심을 갖고 있다.	K리그 마니아로 만들어야 한다.
서포터 소비자층 (supporter costomers)	특정 클럽을 응원하고 지지한다.	특정 클럽을 지지하는 팬/서포터로 만들어야 한다.
플레이 소비자층 (play costomers)	실제로 축구 하는 것을 좋아한다.	실제 축구와 게임을 활용한 콘텐츠를 통해 플레이 소비자층으로 만들어야 한다.

12-3. 성공적인 마케팅을 위한 K리그 콘텐츠 활용하기

앞에서 소비자를 분석하고 이에 따른 유형별 마케팅 방향을 제시했는데 어떻게 하면, 어떤 콘텐츠를 활용해야 성공적인 마케팅이 될 수 있는지 알아보도록 하자.

축구에서 가장 메인이 되는 콘텐츠는 축구경기이다. 경기장을 찾는 사람들은 수준 높은 축구경기를 보기를 원한다. 그렇다면 수준 높은 축구경기가 이뤄지려면 어떻게 해야 할까?

그러기 위해서는 수준 높은 선수와 감독, 프런트들의 지원, 그리고 팬들의 열정적인 응원이 있어야 가능하다. 먼저 수준 높은 선수가 있으려면 스타 선수의 영입과 프랜차이즈 스타를 육성해야 한다. 스타 선수를 영입한다는 것은 클럽의 전력에 크게 도움이 되고 클럽의 성적에도 크게 이바지할 수 있어 팬들의 수 또한 늘어나게 된다. 라 리가의 명문 레알 마드리드의 갈락티코(Galactico) 정책과 중동 재벌에게 인수된 맨체스터 시티와 파리 생제르맹(PSG)의 폭풍 같은 거물급 선수를 영입하였고 세 클럽의 전력은 예전보다 상승했고 자국 리그뿐만 아니라 UEFA 챔피언스리그에서 좋은 성과를 거두고 있다. 이러한 노력 덕분에 세 클럽의 팬들은 과거보다 많이 늘어날 수 있었다.

K리그도 마찬가지로 현재 전북 현대와 울산 현대가 국내의 우수한 선수들을 영입하면서 K리그의 수준이 예전보다 좋아졌고 축구 팬들로부터 과거보다 많이 주목받기 시작했다. 그렇지만 스타 선수를 영입하기 위해서는 모기업이나 구단주의 적극적인 투자 의지가 있어야 가능하다.

다음은 프랜차이즈 스타 육성이다. 프랜차이즈 스타는 그 클럽을 대표하고 빼어난 실력을 갖춘 선수를 말한다. 프랜차이즈 선수를 통해서 팀은 좋은 성적과 막대한 이익을 거둘 수 있고 클럽 연고지의 홍보대사 역할까지도 한다. 그리고 프랜차이즈 스타는 거액을 들여서 영입한 스타 선수보다도 팬들에게 더 많은 사랑을 받고 존경받는 선수가 되는 남다른 상징성을 가지고 있다.

그렇다면 프랜차이즈 스타는 어떻게 육성해야 할까? 먼저 클럽 유소년 시스템을 통해서 육성하는 방법이 있다. FC 바르셀로나의 대표적인 프랜차이즈 선수로 팀에서 직접 육성한 리오넬 메시, 사비 에르난데스(Xavi Hernández), 안드레스 이니에스타(Andrés Iniesta) 등의 프랜차이즈 선수들을 통해 FC 바르셀로나는 08-09시즌과 14-15시즌에 트레블을 달성할 수 있었다. 또한, 아르헨티나 국적의 메시를 제외한 대부분 스페인 국적의 FC 바르셀로나 출신 프랜차이즈 스타들은 스페인 국가대표로 참가하여 유로 2008과 유로 2012의 우승과 2010년 남아공 월드컵 우승을 이끌었다.

직접 유소년을 육성하는 방식 외에도 다른 팀에서 주목받는 유망주를 영입해 오랜시간 꾸준한 활약을 하는 것이다. 대표적인 사례로 레알 마드리드의 주장을 맡았던 세르히오 라모스(Sergio Ramos)가 있다. 라모스는 05-06시즌이 시작하기 전에 세비야 FC(Sevilla FC)에서 영입되었고, PSG로 떠난 21-22시즌 전까지 레알 마드리드의 라 리가 5회 우승과 UCL 4회 우승이라는 성과를 이끌었다. 특히 15-16시즌부터 17-18시즌까지 UCL 3연속 우승 때 팀의 주장이기도 했다.

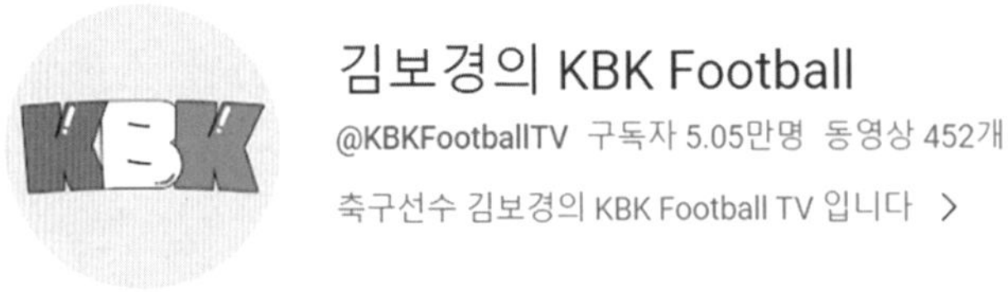

김보경의 KBK Football TV

그렇다면 스타 선수와 프랜차이즈 스타를 활용하는 마케팅 방법에는 무엇이 있을까? 먼저 선수들이 직접 SNS와 유튜브 같은 개인 방송을 통해 팬과 쌍방향으로 소통하는 방법이 있다. 현재 K리그 선수 중 개인 유튜브 채널을 통해 팬과 꾸준히 소통하는 대표적인 선수들은 수원 삼성의 김보경과 울산 현대의 조수혁으로 각각 'KBK Football', '베리나히쏘'라는 채널을 운영하고 있다.

그리고 클럽에서 선수를 활용한 마케팅을 펼치는 방법도 있다. 먼저 클럽이 직접 운영하는 유튜브 채널에서 선수를 위한 특집 다큐멘터리와 스페셜 영상을 제작하는 것이 있다. 그다음 팬들과 함께 하는 온·오프라인 이벤트를 개최하는 것인데 대표적으로 팬 사인회와 생일 이벤트를 펼치는 것이 있다. 그리고 클럽이 직접 운영하는 잡지에서는 선수 표지와 함께 그 선수를 위한 특집 세션을 마련하는 것이다. 그뿐만 아니라 클럽 샵에서 선수 굿즈를 제작하고 판매하는 방법도 있다.

좋은 선수를 통해 마케팅을 펼친다면 좋은 감독을 통해서도 마케팅을 해야 한다. 지금 유럽축구에서는 맨체스터 시티의 펩 과르디올라

(Pep Guardiola), 리버풀의 위르겐 클롭(Jürgen Klopp), AS 로마의 주제 무리뉴(José Mourinho), 레알 마드리드의 카를로 안첼로티(Carlo Ancelotti) 등 수많은 명장의 지략을 보면서 팬들이 열광하고 있다. 이런 실력 있는 감독들은 단순히 성적을 올려주는 것뿐만 아니라 훌륭한 마케팅 수단이 될 수 있다.

대표적으로 KBO리그를 호령했던 김성근 전 감독은 상당히 규모 있는 개인 팬덤이 있었다. 덕분에 한화 이글스의 감독을 맡았을 당시 구단에서는 '야신 고로케'나 '매운 성근이'와 같이 감독의 이름을 딴 간식을 판매하는 마케팅[1)]을 했다.

그렇다면 감독 마케팅은 어떻게 해야 할까? 감독은 단순히 팀 성적을 올리기 위해 권위적인 모습을 보여 주기보다는 좋은 성적을 뒷받침하고 팬들과 끊임없이 소통하면서 어느 정도 감독으로서의 권위가 갖춰졌을 때 마케팅이 가능하다(물론 권위적인 스타일로 유명한 김성근 감독의 경우는 예외로 치기도 한다).

먼저 감독도 직접 SNS로 팬들과 소통할 줄 알아야 한다. 대표적 예로 주제 무리뉴(José Mourinho), 안토니오 콘테(Antonio Conte), 카를로 안첼로티(Carlo Ancelotti) 등 감독들인데 이들은 본인의 인스타그램을 개설하여 직접 팬들과 소통하기도 한다.

클럽은 자신의 감독을 위한 특집 다큐멘터리 영상과 잡지 표지와 특집 세션을 마련하는 방식 등의 마케팅을 해야 한다. 그러면서 선수들과 마찬

1) 김상래, 「개성 만점 '특별석' 예약 불티…야구장의 진화」, 『일요신문』, 2017.6.16.

가지로 감독을 위한 온·오프라인 이벤트와 감독을 위한 굿즈를 제작하고 판매해야 한다. 그러면 팬들은 지금보다 더 감독을 친숙하게 여기고 열광할 것이다.

좋은 선수와 감독을 갖추기 위해서는 프런트의 지원이 필요하다. 프런트가 지원하는 일은 단순히 선수와 감독 영입에 그치는 것이 아니라 팬들을 더 모을 수 있다.

그렇다면 프런트는 어떻게 해야 팬들을 경기장에 찾아오게 만들 수 있을까? 먼저 클럽 자체 마케팅으로 팬을 끌어모으는 방법이 있다. 먼저 경기 홍보수단으로 활용되는 경기 홍보 포스터와 클럽 잡지가 있다. 과거에는 오프라인 통해서 유포되고 있지만, 최근에는 클럽 홈페이지와 SNS를 통해서 유포되고 있다.

이외에도 K리그 구단 대부분 클럽에서는 자신들의 자체 유튜브를 운영하는데, 많은 팬들은 구단 유튜브 영상을 챙겨 보고 있다. 대부분의 축구 클럽들은 경기 전후로 구단에서 직접 촬영한 골 장면 영상을 게시하기도 한다. 특히 대전 하나 시티즌, FC 안양, 인천 유나이티드 등의 유튜브 채널은 경기가 끝나고 나서 다큐멘터리 형식으로 각각 '오프 더 피치'와 '피치캠', '피치 위에서'라는 타이틀로 경기 비하인드 영상을 올리고 있다. 거기에 더해 인천 유나이티드는 경기 전 '90분 전 라이브'라는 제목으로 경기전에 유튜브 라이브를 하는 것처럼, 경기 전후로 팬들과 함께 하는 영상 콘텐츠를 제작해야 한다. 그러면서 훈련 장면과 함께 선수들과 코칭스태프들의 인터뷰 등 경기 외적인 비하인드를 보여 주는 것이 있는데 대표적으로 대전 하나 시티즌의 '대전일기(B팀은 보은일기)'와 인천 유나이티드의 '피치 밖에서'가 있다. 또한, 유튜브 숏츠 영상을 통해 1분 이내 비하인드 영상을 보여 주어 K리그와 그 클럽에 관심 없는 사람들에게도 관심을 가지도록 만들 수 있다.

그다음 자치단체와 방송사, 연맹과 연계해서 마케팅하는 방법이 있다.

자치단체와의 지역밀착 마케팅의 사례를 든다면, 대전 하나 시티즌의 구단 채널 '하나TV'에서 '함께가게'라는 지역 연고 기업을 소개하는 콘텐츠인데, 이 콘텐츠는 나름의 홍보대사 역할도 하고 있다.

다음으로 **방송사, OTT와 협력해 매치 프리뷰, 명승부, 다큐멘터리를 제작**하는 것인데 대표적으로 EPL 명문 맨체스터 시티, 아스널, 토트넘과 세리에A 명문 유벤투스는 'All or Nothing(모 아니면 도)'을 아마존 스튜디오에서 제작해 스트리밍하고 있다.

또 하나는 K리그 클럽들과 프로축구연맹은 중요한 경기를 미디어 데이를 통해 홍보하고 영화관이나 특정 장소를 대관해 경기 뷰잉 이벤트를 열어 더 많은 팬이 함께 즐길 수 있도록 만들어야 한다. 2022년 3월, FC 서울은 홈 경기장인 서울월드컵경기장의 메가박스 컴포트 관에서 K리그 1, 1라운드 대구 FC와의 원정 경기, 5라운드 울산 현대와의 원정 경기의 뷰잉 이벤트를 열었고, 두 번의 이벤트 모두 예매가 시작한 지 10분도 안 돼서 매진되었을 정도로 반응이 뜨거웠다. 그리고 울산 현대의 경우, 2022년 12월 18일 울산 현대의 다큐멘터리 「푸른 파도 2」를 서울 강남구 노플

렉스에서 팬들과 함께 종방연을 진행했다. 그때 「푸른 파도 2」의 극장 특별판을 보여 주면서 블루웨이브 칵테일을 한정 판매하였고 홍명보 감독과 엄원상, 정승현, 김민준, 이명재 등의 선수들이 참석하여 팬들과 함께 하는 시간을 가졌다.

무엇보다 프런트에서 해야 할 중요한 역할은 수준 높은 경기를 만들기 위해서 지금보다 더 적극적으로 선수영입과 마케팅에 투자해야 한다. 그래야 팬들이 지금보다 더 많이 늘어날 것이다.

대표적으로 수원 FC는 2021년 승격 이후 지속해서 투자했고 2022년에는 한때 최고의 유망주 이승우를 영입했다. 당시에는 많은 우려가 있었지만, 현재는 이승우는 K리그에서 명실상부한 최고의 스타로 발돋움했고, 수원 FC는 예전보다 더 많은 사람이 관심을 가지기 시작했다.

12-4. 지속 가능한 마케팅으로 K리그 인기 꾸준히 만들기

모든 스포츠 리그는 1년 동안 계속 시즌이 진행된다. 물론 경기를 하지 않는 비시즌이 있지만, 그 기간에도 각 클럽은 다음 시즌을 준비한다. 그래서 클럽들은 해체되지 않는 이상 팬들을 계속 모아야 하고 **지속 가능한 마케팅**을 펼쳐야 한다. 그렇다면 어떻게 하면 지속 가능한 마케팅이 될 수 있을지 한번 알아보자.

지속 가능한 마케팅은 단기간 주목받을 수 있는 연예인 초대나 스타 선수영입 위주의 일시적인 마케팅에서 벗어나 **클럽의 정체성을 살리고 우리의 클럽을 만들어 주는 마케팅**을 펼쳐야 가능하다.

여기서 KBO리그와 유럽축구가 왜 지금까지 인기가 있는지에 대해서 한 번 알아보려고 한다.

먼저 대한민국에서 최고 인기 프로스포츠인 KBO리그는 K리그와 달리 리그 초창기 때부터 지역 연고제를 시행해 정착할 수 있었다. 그래서 연고 지역주민을 일찍이 팬으로 만들 수 있고, 지금도 세대에 걸쳐서 팬층을 이어가고 있다. 이런 연고제를 시행한 덕분에 KBO리그에는 지역 연고 프랜차이즈 스타가 팀마다 한 명씩 존재할 수 있었다. 대표적으로 KIA 타이거즈의 이종범, 삼성 라이온즈의 이승엽, 롯데 자이언츠의 이대호, 한화 이글스의 김태균이라는 걸출한 지역 연고 출신 스타들이 활약했고, 그들을 보기 위해서 많은 지역 팬이 야구장을 방문하였다. 이후, 2008년 베이징 올림픽 금메달을 따면서 그때부터 KBO리그와 야구 클럽들은 더 적극적으로 마케팅하면서 많은 팬을 확보할 수 있었다. 특히, 2008년 이후에는 여성 야구팬의 유입이 크게 증가하였다.

그 결과, KBO리그는 한때 800만 관중을 돌파할 정도로 리그 가치가 크게 상승하였고 방송사에서도 KBO리그를 중계하기 위해 더 적극적으로 투자하게 되었다.

유럽축구도 마찬가지로 전 세계적으로 가장 인기 있는 스포츠이다. 유럽축구클럽 대다수가 100년 이상 역사를 가진 클럽으로 구성되었고 예전부터 연고 지역주민에게 높은 지지를 받았다. 그들에게 축구클럽은 단지 응원하는 팀을 넘어 하나의 문화로 자리 잡을 수 있었다. 그렇다 보니 오래된 역사와 클럽의 전설적 선수들을 대대로 전해지면서 기억할 수 있게 되었고, 이후 세대들에게도 계승되어 공유될 수 있었다.

이처럼 유럽리그의 명문 팀들은 클럽의 중대한 사건을 기념하는 메모리얼 캠페인(Memorial Campaign)과 클럽의 역사를 보존하고 공유하는 아카이브 마케팅(Archive Marketing)을 펼치기도 한다. 대표적으로 명예의 전당 선정을 하거나 해당 선수의 레트로 유니폼을 판매하기도 하고 레전드 굿즈를 판매하는 행사를 한다.

이제 K리그가 지속적인 마케팅을 하려면 어떻게 해야 하는지 고민해 보기 전에 먼저 K리그의 현실부터 알아보도록 하자.

K리그의 일정 대부분은 KBO리그와 겹치다 보니 관중 수가 상대적으로 적을 수밖에 없다. 그럼 K리그가 관중이 많을 때가 언제쯤일까? 그 시기는 보통 KBO가 개막하기 전인 4월과 K리그가 개막한 이후, 2~3경기가 치러진 때, 그리고 월드컵이 치러지고 난 뒤 1~2경기 때에 대체로 많이 들어오는 편이다. 그렇다면 K리그는 왜 KBO리그에 비해 관중 유입이 적은지도 한번 생각해 봐야 하는데 여러 가지 원인이 있지만, 근본적으로 K리그 안에서 한번 찾아보도록 하자.

먼저 K리그는 KBO리그와 달리 지역 연고제를 시행하지 않고 순회형식으로 경기하다 보니 대체로 연고지 정착이 늦을 수밖에 없었다. 그리고 1998년 트로이카 세대의 등장부터 2002년 한일 월드컵 개최 때까지 K리그 관중이 제일 많았던 때였는데 때마침 KBO리그의 암흑기와 겹친 때였다. 하지만 KBO가 2006년 WBC 준결승 진출과 2008년 베이징 올림픽 금메달 우승을 거치면서 점차 KBO리그와 K리그의 관중 격차가 벌어지기 시작하면서 K리그 관중 수는 지속하지 못하고 줄어들게 되었다.

그렇다면 여기서 K리그는 1998년과 2002년 때 모았던 많은 관중을 왜 떠나보낼 수밖에 없었는지 생각해 봐야 한다. 먼저 K리그는 스타 선수들에게 지나치게 의존했었다. 1998년 안정환, 이동국, 고종수라는 소위 트로이카 세대들의 활약으로 많은 여성팬이 축구경기장에 찾아오게 할 수 있었지만, 안정환의 해외 진출과 이동국과 고종수의 부진과 부상으로 여성팬들이 이탈하기 시작했다. 이 트로이카 외에도 2002년 한일 월드컵 4강 신화로 인해 4강 선수들을 보러 많은 축구 팬이 K리그에 왔으나, 팬들을 계속해서 경기장에 찾아오게 할 콘텐츠가 마땅히 없었고, 오히려 심판 판정 문제 같은 악재가 생기면서 팬들이 서서히 이탈하게 되었다.

거기다 잦은 리그 시스템 변화와 함께 서서히 드러난 클럽들의 막장 경영도 축구 팬의 이탈을 가속했다. 여기서 K리그 클럽의 막장 경영에 대해서는 대전 시티즌의 사례를 들 수 있겠다(Chapter 8, 클럽 편 참조).

K리그가 많은 관중이 지속해서 찾게 하려면 어떻게 해야 할까?

먼저 클럽의 **정체성(identity)**, 존재하는 이유를 찾고 연고지 팬들을 설득해야 한다. 여기서 클럽 정체성은 크게 3가지가 있는데 클럽의 색깔, 축구 스타일, 그리고 지역 정체성이 있다.

클럽 색깔은 프로스포츠 경기를 보면 유니폼에 클럽 정체성을 상징하는 유니폼 색깔이 있다. 그 색깔을 통해 클럽을 쉽게 연상할 수 있고, 그 색깔을 활용해서 각종 상품과 마케팅으로 쓸 수 있다. 축구 스타일은 그 클럽이 추구하는 축구 방식을 통해 팀의 정체성을 파악할 수 있다. 대표적으로 FC 바르셀로나는 티키타카(Tika-Taka)라는 패싱 위주 플레이와 라 마시아(La Masia)라는 우수한 유소년 시스템으로 좋은 축구 유망주를 배출한다는 것으로 연상할 수 있다. 지역 정체성은 연고 지역을 상징하는 것을 이야기한다. 대표적으로 응원가가 있는데 리버풀의 「You will never alone」, 울산 현대의 「잘 있어요」, 포항 스틸러스의 「영일만의 노래」, 광주 FC의 「남행열차」 등이 있다.

그다음으로 클럽의 역사를 스토리 텔링으로 풀어내 많은 사람과 후세에게 전해줄 수 있어야 한다. 역사는 과거의 기록이지만 팬들에게는 향수를 불러일으키고 팬들의 클럽 충성도를 올려줄 수 있는 콘텐츠이기도 하다. 역사에는 좋은 기억과 나쁜 기억들도 있지만, 역사는 절대 지울 수 없는 기록이기에, 아름다운 추억을 소환하고 나쁜 기억은 뼈아픈 교훈으로 삼는다면 훌륭한 스토리텔링이 된다.

팬들에게 그 축구클럽만의 역사 콘텐츠를 보여 주는 방법에는 어떤 것이 있을까?

첫 번째, 경기장 안에 있는 박물관을 통해 클럽의 유명 선수와 클럽의 역사적인 순간을 담은 특별전을 여는 것이다.

두 번째, 올드 유니폼 데이나 유명 선수 혹은 역사적 순간을 기념하는 축구경기를 여는 것이다.

세 번째, 클럽 샵에는 유명 선수와 역사적인 순간을 기리는 굿즈를 판매하는 것이다.

네 번째, 유명 선수와 역사적인 순간을 집중 조명하는 특집 잡지와 책을 발간하는 것이다.

다섯 번째, 클럽 공식 유튜브으로 유명 선수와 역사적 순간을 소개하는 다큐멘터리나 스페셜 영상을 제작하는 것이다.

여섯 번째, 유명 선수와 역사적인 순간을 기념하는 온·오프라인 이벤트를 개최해야 한다.

에버튼 FC의 상징 프린스루퍼트 탑 (출처: 위키피디아)

마지막으로, 팬들과 소통하며 연결하게 하고 하나의 클럽을 상징하는 콘텐츠가 있어야 한다. 여러 클럽 엠블럼에는 클럽을 상징하는 지역 휘장, 문화유산, 동물, 꽃, 상징물, 문구 등이 있다. 대표적으로 에버튼(Everton FC)의 엠블럼을 예로 들 수 있다. 이 엠블럼에는 프린스루퍼트의 탑(Prince Rupert's Tower)이 있는데 에버튼에 연고지를 두고 있는 리버풀시의 오래된 문화유산이지만, 에버튼 팬들에게는 초창기 때부터 에버튼의 정체성을 드러낼 수 있는 하나의 상징적인 공간이기도 하다.

엠블럼뿐만 아니라 경기장과 응원가도 클럽의 상징이 될 수 있다. 응원가는 클럽의 정체성을 이야기해주는 역할을 할 수 있고, 팬들을 연결해주는 매개체 역할이 될 수 있다. 그리고 경기장은 연고 지역의 관광 명소이자 하나의 문화 콘텐츠가 될 수 있으며 팬들에게는 하나로 뭉칠 수 있는 공간이 되기도 한다. 물론 경기장에서 팬들을 하나로 뭉치게 하려면 그 경기장 특색에 맞는 콘텐츠가 있어야 한다.

대표적으로 2019년 대구 DGB대구은행 파크가 있는데 작고 아담한 경기장이지만 '쿵쿵, 골!'이라는 새로운 응원 문화를 만들기도 했다. 때마침 대구 FC의 좋은 성적과 함께 많은 사람이 경기장을 찾아오면서 많은 축구 팬과 대구시민들에게 흥미를 줄 수 있었고 대구광역시의 인기 구단으로 거듭나기 시작했다.

12-5. 클럽 브랜드화의 기초 – 지역 밀착 마케팅

이번에는 경기장 밖에서의 마케팅을 알아보도록 하자. 경기장에서는 한정된 좌석 내에서 관중을 꽉 차게 만들어야 하고 그것을 지속해서 유지해야 한다. 그렇지만 관중을 꽉 차게 만들기 위해서는 잠재적인 팬을 확보해야 하는데, 그러기 위해서 **클럽 자체를 브랜드화**해야 한다.

그렇다면 클럽 브랜드화를 하기 위해서 어떻게 해야 할까?

잠재적인 팬층을 구별하고 맞춤형 마케팅으로 클럽을 알리고 경기장을 방문하게 만들어야 한다. 앞서 축구 시장에는 연고 지역(local), 국내(nation), 해외(global)가 있다.

이 세 가지 구분에 맞춰 팬층을 나눠보도록 하고 각각 어떤 방식으로 마케팅해야 할지 알아보자.

먼저 연고 지역(local)부터 살펴보자면, 프로스포츠 클럽들은 홈 경기장이 있고 홈 경기장이 있는 지역이 연고지를 말한다. 프로스포츠 클럽에서 연고지란 단순히 홈 경기장으로 사용하는 것이 아니라 지역주민들에게 축구를 보여줌으로써 연고 의식을 강화를 시켜주고 지역 최고의 브랜드로 자랑할 수 있는 클럽이 되어야 한다. 프로스포츠 클럽에 **지역주민은 잠재적인 고정 고객**이기도 하다. 지역주민을 제대로 공략해 더 많은 주민이 경기장에 지속해서 찾아오게 한다면 더 많은 고정 수익을 확보할 수가 있다. 그래서 연고 지역 마케팅은 프로스포츠 클럽에 있어 가장 기본적인 마케팅이기도 하다.

하지만 예전에는 일찍이 지역 연고에 정착한 KBO리그를 제외하고 대부분의 프로스포츠는 연고 지역 마케팅에 소홀했다. K리그는 초창기 때는 순회 경기 형식으로 하였고 지역 연고가 정착된 이후, 한동안 연고 이전이 있었다. KBL은 K리그가 아무것도 아닐 정도로 잦은 연고 이전과 팀명 변경이 있었고 거기에 역사 지우기와 함께 연고 지역과 멀리 떨어진 곳에 클럽하우스를 둘 정도로 별 관심이 없었다(최근에 KBL에서 클럽들에게 지역 연고성을 정착시키기 위해서 연고 지역 내 사무실과 연습경기장을 두는 것을 의무화했다). 그리고 V리그는 여전히 연고 지역과 멀리 떨어진 곳에 클럽하우스를 두고 있다.

최근에 K리그 클럽들은 지역 연고 마케팅을 더욱 적극적으로 하고 있다. 먼저 연고 지역 내 혹은 근처에 클럽하우스를 두려고 하고 지역 사회봉사활동과 함께 지역 순회 유소년 축구 클리닉과 학교방문, 그리고 경기 중 하루를 지역 연고민의 날과 지역 기업의 날로 만들어 지역주민들과 더욱 친숙해지려고 노력하고 있다.

K리그가 지금보다 더 효과적인 연고 지역 마케팅을 하려면 어떻게 해야 할까? 지역 연고 마케팅의 가장 성공적인 사례를 꼽을 수 있는 V리그 천안 현대캐피탈 스카이워커스[2)]의 사례를 보면서 한번 생각해 보도록 하겠다.

프로배구 V리그는 여타 프로스포츠보다 늦은 2005년에 창설되었다. 그 전에는 슈퍼리그라는 이름으로 지역 순회형식으로 경기를 펼쳤지만, V

2) 최원형, 「[매거진] '배구특별시 만들기까지' 현대캐피탈, 브랜드 마케팅을 말하다」, 『더스파이크』, 2017.11.27.

리그가 창단하면서 연고제가 시행되었고 외국인 선수도 도입되었다. 현대캐피탈 스카이워커스가 처음에 천안으로 연고를 정하였을 때는 많은 우려가 있었다. 일단 현대캐피탈하고 천안하고는 아무런 연관이 없고 천안은 2005년 당시 인구가 50만 명 정도에 불과했고 거기다 배구하고는 전혀 관련 없는 도시였다. 하지만 현대캐피탈 스카이워커스는 당대 최강이었던 삼성화재 블루팡스하고 경쟁자 관계였기에 그걸 이용해서 천안시민들을 공략하기 시작했다.

먼저 **발로 직접 뛰기**로 천안시민들에 직접 다가가서 홍보했다. 주로 천안의 유동인구가 많은 곳이라고 하는 천안역과 고속버스터미널 중심으로 홍보하였고 천안에 있는 반상회와 택시기사회 등 지역 모임이 있을 때마다 와서 홍보하였다.[3] 그러면서 선수들이 직접 학교에 찾아와서 홍보하는 '스쿨 어택'과 함께 선수단들도 직접 지역주민을 만나 홍보하였다. 그러면서 **미디어를 적극적으로 활용**했는데, 07-08 시즌 개막 전에는 자체적으로 미디어 데이를 개최하였고 최초로 클럽 앱과 SNS를 활용하였다. 그리고 2013년 연고 지역인 천안에서 '캐슬 오브 스카이워커스'라는 이름으로 클럽하우스를 세웠다. 클럽하우스는 선수들이 경기가 없는 날 훈련하고 숙식하는 장소인데 대부분 배구단은 모기업 연수원으로 활용했던 연고 지역의 클럽하우스를 사용한다. 그러다 보니 대부분 배구단은 연고지를 농구단처럼 홈 경기가 펼쳐지는 장소로만 생각되곤 한다. 천안 현대캐피탈 스카이워커스처럼 연고지 내에 클럽하우스를 세운다는 것은 **연고지 주민들과 더 가까이 다가가겠다**는 의미로 **연고 지역주민들이 클럽**을 우

3) 서영욱, 「진화하는 현대캐피탈, 그들은 한 걸음 더 나아갔다」, 『더스파이크』, 2018.12.22.

리 클럽으로 생각하도록 만들었다. 그러면서 천안 현대캐피탈 스카이워커스는 캐슬 오브 스카이워커스에서 시즌 전마다 팬 미팅을 진행하기도 한다.[4] 그리고 **팬 퍼스트 마케팅**으로 더욱더 팬들에게 가까이 다가가기 위해 노력했다.

천안 현대캐피탈 스카이워커스 마케팅의 기본 원리는 경기, 팬 엔터테인먼트 & 커뮤니케이션, 연고지 천안이라는 방향 아래에 팬을 중심으로 마케팅을 펼친다. 이 마케팅을 하기 위해서는 반드시 **모기업 현대캐피탈과 프런트, 선수단, 팬 사이의 호흡이 맞아야 한다.** 모기업은 마케팅을 적극적으로 지원해 준다면 마케팅을 담당하는 프런트는 어떻게 팬들을 끌어모을지 고심하고 노력해야 한다. 그 과정에서 선수단이 마케팅에 적극적으로 참여할 수 있게 만들어야 하고 팬들에게 더 적극적으로 홍보한다면 팬들은 호응할 것이고 경기를 보러 경기장에 찾아올 것이다. 그것이 바로 프로스포츠의 가장 성공하는 마케팅 기본 원칙이다.

그렇다면 현대캐피탈의 팬 퍼스트 마케팅은 어떻게 이루어졌을까?

먼저 경기 차원에서 팬 퍼스트 마케팅은 V리그 최고의 더비 V 클래식 매치에는 경쟁자 대전 삼성화재 블루팡스와 함께 하는 마케팅을 펼쳤다. V 클래식 매치 경기 전 양 팀 마스코트를 소개하고 양 팀 치어리더 합동공연과 양 팀 통합 응원전을 펼쳤다. 그다음 팬 엔터테인먼트 & 커뮤니케이션 차원을 통해서 팬들과 함께 소통하면서 팬들이 경기장을 찾을 수 있도록 만들었다. 먼저 천안 현대캐피탈 스카이워커스 홈 경기장인 유관

4) 강필주, 「현대캐피탈, 'All New 2014' 서포터즈 여름캠프 실시」, 『마이데일리』, 2014.8.13.

순체육관에서는 다양한 관중석이 마련되었다. 이마트 패밀리 존에서는 4인석용 매트리스로 편하게 누워서 가족들과 함께 관람할 수 있는 공간이 있고 도시락도 제공된다. 'Bean Bag 존'에서는 개인 소파로 편하게 경기를 관람할 수 있도록 만들었다. '익사이팅 존'에서 관람하면 한정판 선수 티셔츠를 제공하기도 한다. 그러면서 경기장 바깥쪽에서는 스카이워커스 로드와 스카이워커스 라운지, 스카이 돔을 펼쳐서 경기장 바깥에서도 경기장 분위기를 생생하게 만끽할 수 있도록 구성했다. 서포터즈 자일스와 천안 현대캐피탈 스카이워커스 시즌권 구매를 한정해서 팬들의 신청을 받고 추첨을 통해 경기 전 경기장 내 선수들의 라커룸을 방문할 기회를 제공한다. 그러면서 경기가 끝나고 선수들과 코드 밖에서 10~15분간 사인회와 사진촬영시간을 가질 수 있게 하고 선수와 마스코트를 캐릭터화한 굿즈도 판매[5]하기도 한다.

현대캐피탈 스카이워커스는 자신의 연고지인 **천안시를 홍보하는 마케팅**도 활발하게 펼치고 있는데, 천안시 명물이라고 할 수 있는 호두과자를 배구공 모양으로 본떠 판매하고 있고, 천안 지역 택시를 통해서 천안 현대캐피탈 스카이워커스를 홍보하기도 하며, 아라리오와 같은 천안 지역 기업과 합동으로 마케팅[6]을 펼치기도 한다. 그뿐만 아니라 '그린 발리볼 캠페인'을 통해서 일회용 응원 도구를 퇴출했고, 경기 전후로 경기장을 방문하는 팬들을 위해 수소 전지 셔틀버스를 운행하며,[7] '그린 데이'라는 친환경 이벤트를 통해 **친환경 마케팅**을 펼치고 있다.

5) 이상학, 「현대캐피탈, 선수 캐릭터 이용한 스포츠마케팅 실시」, 『조선일보』, 2017.12.7.
6) 황재돈, 「야우리멤버스, 현대캐피탈 배구단과 공동마케팅」, 『디트뉴스』, 2018.11.15.
7) 권혁진, 「[V-리그]현대캐피탈, 무공해 셔틀버스 운행」, 『뉴시스』, 2011.1.8.

그 결과 천안 현대캐피탈 스카이워커스는 2018년을 기준으로 총관중 60,186명, 평균 관중 3,344명, 관객 수 대비 점유율 60.9%로 V리그 참가 클럽 평균 관중 수 1위를 달성했다. 그러면서 천안 내 초등학교와 중학교에 산하 배구부가 창단되었고 창단되었을 때 선수단과 프런트들이 직접 학교를 방문해 격려했다. 그래서 현대캐피탈 스카이워커스는 배구 특별시라고 불릴 정도로 천안을 대표하는 클럽이 되었다.

K리그 클럽들은 천안 현대캐피탈 스카이워커스의 성공 사례를 보면서 어떻게 마케팅을 해야 할까?

먼저 **클럽 마케팅 방향을 위한 기본 설계를 제대로 설정해야** 한다. 클럽의 목표 중에서 좋은 성적을 거두는 것도 있지만, 지금보다 더 많은 팬이 경기장을 찾는 지역 대표 클럽으로 만들어야 한다. 그래서 어떤 마케팅을 해야 좋은 결과를 가져올 수 있는지 효과적인 마케팅 방법을 찾아야 한다. 그리고 클럽 모기업이나 자치단체는 적극적인 마케팅 지원을 해야 한다.

성공적인 지역밀착 마케팅이 되려면, **선수단과 프런트들이 적극적으로 나서야 한다.** 연고 지역주민들에게 클럽을 더 많이 노출한다면 경기장에 찾아오는 관중은 늘어날 것이다. 그렇기에 선수단과 프런트들이 직접 연고 지역주민들과 소통을 해야 한다. 여기서 **선수단의 존재는 지역주민들의 이목을 집중시킬 수 있는 가장 최고의 마케팅 수단**이다. 현재 K리그 대부분 클럽은 학교와 지역 사회복지시설에 찾아와서 재능기부와 봉사활동을 펼치고 있고, 선수 이적 발표가 나면, 그 선수를 데리고 지역 명소를 방문해서 홍보해주는 역할을 한다. 이보다 더 나아가 선수들이 축구 외에게임, 그림, 노래 등 자신의 취미와 특기를 통해 이벤트를 펼칠 수 있도록 만들어 줘야 한다.

프런트는 마케팅을 기획하고 실행해주는 역할이기도 하다. 먼저 4가지 목표로 마케팅을 기획해야 한다.

첫 번째, 어떻게 하면 경기장 관중을 가득 채울 수 있는가?
두 번째, 팬들을 더 즐겁게 하고 지속해서 관람하게 할 수 있는가?
세 번째, 지역 연고 주민들에게 호감을 사 그들에게 클럽을 우리 클럽으로 생각할 수 있게 만들 수 있는가?
네 번째, 어떻게 해야 클럽을 통해서 지역 발전을 이바지할 수 있는가?

이 4가지로 통해 지역주민에게 클럽을 가까이할 수 있는 마케팅을 설정해야 한다.

이제 기획을 세웠으면 **마케팅을 실제로 실행**해야 한다. 성공하는 마케팅은 **클럽을 지역주민들에게 더 많이 노출해서 더 관심을 끌게 하고 실제로 경기장을 찾아오게 하는 것**이다. 지역 연고 어디든지 클럽을 직·간접적으로 드러내도록 해야 한다. 지역주민들과 지금보다 더 소통해야 하고 지역주민 의견이 지금보다 더 많이 반영되어야 한다.

그리고 지역밀착 마케팅은 **지역 발전에 이바지**하도록 만들어야 한다. **클럽과 연고지는 공생 관계**이다. 클럽에 연고 지역주민은 기본 팬층이다. 그렇기에 지역주민이 자연스레 클럽을 연상되도록 만들어야 한다. 그렇기 위해서는 지역 단체와 연계해 홍보 활동을 펼쳐야 하고, 지역 특색에 맞는 마케팅을 펼쳐야 하며, 지역 발전을 위해 프로젝트를 펼쳐야 한다.

에티하드 캠퍼스 메트로 링크 (출처: 위키피디아)

대표적으로 맨체스터 시티는 홈 경기장 에티하드 스타디움(Etihad Stadium) 근처를 개발하는 에티하드 캠퍼스(Etihad Campus)라는 프로젝트를 진행하고 있다. 현재 맨체스터 시티는 EPL을 대표하는 명문 클럽이 되면서 에티하드 스타디움의 관중석이 늘고 근처에 에티하드 캠퍼스 메트로 링크(Etihad Campus Metro Link)라는 트램이 깔리면서 경기장을 찾는 팬들에게 편의를 제공하고 있다.

12-6. 클럽 브랜드화 확장 – 전국구 클럽 만들기

지역 연고에서 어느 정도의 인지도가 쌓이면 **K리그를 대표할 수 있는 전국(nation) 대상의 마케팅**을 해야 한다. KBO리그를 대표하는 클럽을 뽑는다면 소위 '엘·롯·기'라고 불리는 LG 트윈스, 롯데 자이언츠, KIA 타이거즈가 있다. LG 트윈스는 같은 연고인 두산 베어스와 키움 히어로즈와 달리 KBO리그 창설 때부터 대한민국의 수도 서울특별시를 연고를 잡았기에 처음부터 다수의 서울 팬들을 확보할 수 있고, 롯데 자이언츠는 대한민국 제2 도시 부산광역시를 연고를 잡고 있다. 지금은 창원시에 2012년에 창단한 NC 다이노스가 연고지로 자리를 잡고 있지만, 현재까지도 롯데 자이언츠는 '부·울·경'을 대표하는 야구 클럽이기도 하다. KIA 타이거즈는 KBO리그 최다 우승 횟수 11회 기록을 보유한 클럽이면서 호남 지역을 대표하고 있으며, 전국 각지 호남 출신이 모이는 호남향우회를 통해 확고한 팬덤을 갖추었다.

K리그에는 '엘·롯·기'같은 전국구 클럽이 있을까? 물론 FC 서울, 수원 삼성 블루윙즈, 전북 현대 모터스처럼 인기 있는 클럽이 있지만, '엘·롯·기' 정도의 인기 정도는 아니다. K리그의 클럽들이 전국구 클럽으로 발돋움하기 위해서는 반드시 경기장 원정석이 가득 차야 하고, 경기 중계 동시 접속자 수도 많아야 한다. 그것이 일시적인 것이 아니라, 지속되어야 한다. 그렇게 되기 위해서는 먼저 클럽 성적이 좋으면 자연스럽게 팬들이 관심을 가진다.

그러면서 클럽에 관한 관심을 가질 수 있는 스토리 텔링이 있어야 하고, 클럽은 콘텐츠를 개발하고 전국에 있는 축구 팬들의 관심을 갖도록 만들어야 한다.

예를 들어, 전북 현대 모터스는 2005년에 최강희 감독이 부임되었다. 최강희 감독 부임하기 전에는 K리그에서는 그저 중하위권 비인기 클럽이었지만, 최강희 감독이 부임하고 나서 2005년 FA컵, 2006년 AFC 챔피언스리그(ACL) 우승하면서 축구 팬들이 전북 현대에 조금씩 관심을 가지기 시작했다. 그러다가 2008년 조재진, 2009년 이동국 같은 스타 선수를 영입하면서 전북의 전력이 많이 강화되었고 좋은 성적을 거둬 팬들이 많이 찾아오기 시작했다. 그 결과 2009년에 K리그 첫 우승을 거둔 이후 현재 K리그 우승을 9회나 차지할 정도로 최다 우승 클럽이 되었고, 현재는 K리그 인기 클럽 중 하나가 되었다.

그로 인해 전북 현대 모터스의 최다 우승을 본 울산 현대가 자극을 받고 공격적인 투자를 많이 하면서 현재는 K리그는 전북과 울산 양강 체제가 되었고 K리그에 관한 관심 또한 높아졌다.

이처럼 스토리 텔링은 클럽의 역사와 선수 등을 통해 만들 수 있고 팬들에게 호감을 사 관심을 높이고 더 많이 경기장에 찾아올 수 있도록 만들어 주었다.

12-7. 클럽 브랜드화 확장 – 전 세계에 사랑받는 클럽 되기

팀의 인지도가 전국적으로 어느 정도 알려졌다면, 이제는 전 세계(global)로 눈을 돌려야 한다. 2020년 전 세계적으로 코로나19 대유행으로 인해 전 세계 축구리그와 경기는 중단되는 사태가 있었는데, K리그도 원래 3월에 개막할 예정이었지만 5월 초로 미뤄졌다. 5월 개막 당시 K리그 외에 다른 국가의 축구리그는 무기한 중단된 상태였고 K리그는 전 세계적으로 알릴 기회로 삼고 2020년 K리그 43개국에 판매하면서 '더그아웃' 같은 뉴미디어 플랫폼과 협약을 맺었다. 그 결과 무려 약 5,815만 명이 K리그를 시청했다. 그리고 그다음 해에는 34개국에서 중계되었고 직접 해외 팬들을 위해 'tv.kleague.com'이라는 OTT 플랫폼을 만들었다.

그렇지만 아직 K리그와 K리그 클럽들이 유럽 명문 리그와 클럽들처럼 전 세계적으로 주목받으려면 갈 길이 멀다. 그래서 어떻게 하면 유럽 명문 리그와 클럽처럼 전 세계적으로 주목받을 수 있는지 좋은 마케팅 방법을 생각해 봐야 한다.

먼저 **연맹 주도하에서 통합 마케팅**(IMC/Integrated Marketing Communication)을 펼쳐야 한다. 통합 마케팅이란 연맹 차원에서 참가 클럽과 함께 펼치는 마케팅을 말하고, 현재 미국 4대 스포츠에서도 활발하게 이루어지고 있다. 현재 K리그에서는 마스코트 반장 선거와 통합 MD 상품 판매로 이뤄지고 있다(이 부분에 대한 구체적인 내용은 챕터 13의 연맹 편에서 다룬다).

그다음 하나의 경기와 콘텐츠로 유입된 해외 팬들에게 호감을 사야 한다.

안산 그리너스에서 활약했던 아스나위(Asnawi Mangkualam Bahar)
(출처: 안산 그리너스)

대표적으로 2021년 K리그 2 안산 그리너스에 영입되었고, 인도네시아 축구 국가대표팀 부주장 아스나위(Asnawi Mangkualam Bahar)를 활용한 마케팅이 있다. 안산 그리너스의 연고지인 안산시는 대규모 공업단지가 있고 거기에는 수많은 외국인이 살고 있는데, 특히 많은 수의 인도네시아인도 거주하고 있다 보니 아스나위를 보기 위해 안산 그리너스의 경기를 보러 오는 인도네시아인들이 생겨났고 덕분에 인도네시아에 K리그 중계권을 판매하기도 하였다. 그리고 아스나위가 안산 그리너스에서 좋은 활약을 펼치면서 2022년 K리그 2, 28라운드 김포 FC와의 홈 경기 날을 '인도네시아 데이'로 만들어 아스나위와 홈 경기를 찾은 인도네시아 관중을 위한 마케팅을 펼쳤고 무려 3,000명의 관중이 안산와스타디움에 찾아올 수 있게 만들었다.

여기에서 가장 중요한 것은 **글로벌 마케팅이 지속 가능해야 한다**. 하나의 동기(motivation)는 잠시만 인기를 얻지만, 그 이후에 활용되지 못하면 말짱 도루묵이 될 수밖에 없다. 그래서 꾸준히 지속해서 마케팅해야 한다.

맨유 공식 한국어 홈페이지

그럼 지속적인 마케팅은 어떻게 해야 할까?

먼저, **홈페이지와 SNS에 다양한 언어 버전을 제작**해야 한다. 대표적으로 축구 전설 박지성이 속했던 맨체스터 유나이티드는 한국어 홈페이지를 만들었고 손흥민이 있는 토트넘 홋스퍼는 한국어 트위터를 개설하기도 했다.

두 번째, **비시즌 때 클럽이 해외 현지를 직접 방문하는 투어 이벤트**를 펼쳐야 한다. 2022년 7월 EPL 토트넘 홋스퍼와 세비야 FC가 한국에 찾아왔는데, 7월 13일 토트넘은 서울 월드컵경기장에서 K리그 올스타 경기를 펼쳤고, 16일 수원 월드컵경기장에서 토트넘과 세비야와의 친선경기를 펼쳤다. 그때 단순히 경기만 펼치고 간 것이 아니라 한국 팬들을 대상으로 사인회 같은 이벤트를 진행하기도 했고 선수들은 한국문화도 함께 접하는 기회를 가졌다. 그러면서 토트넘과 세비야의 방한을 주관했던 쿠팡 플레이에서는 토트넘 선수들과 함께 '주기자가 해냈다' 등의 예능 프로그램을 진행하였고 토트넘은 「컴온 유 스퍼스」를, 세비야는 「우리들의 10」이라는 다큐멘터리를 제작했다.

세 번째, **현지에 오프라인 샵을 개설해 현지 시장을 공략한 굿즈를 개발하고 판매**해야 한다.

네 번째, **온라인 샵에도 글로벌 판매가 될 수 있도록 다양한 언어와 해외 결제가 가능**하게 만들어야 한다.

다섯 번째, **글로벌 유소년 아카데미가 개설**되어야 한다.

여섯 번째, 가장 중요한 **현지 맞춤형 마케팅**을 펼쳐야 한다. 먼저 현지 명절과 기념일을 축하, 추모하고 해외 팬들을 격려하거나 응원하는 내용을 담은 메시지를 SNS를 통해 전해야 한다.

대표적인 사례로 동아시아권의 음력 설날, 이슬람권의 라마단, 한국의 수능 응원 등을 들 수 있다.

그다음은 **현지 후원 기업 광고를 해주고 그에 맞는 이벤트를 개최**해야 한다. 대표적으로 과거의 맨체스터 유나이티드의 「오뚜기 3분 요리」와 맨체스터 시티의 「넥센타이어 광고」가 있다.

그리고 **현지 팬을 위한 영상과 이벤트를 제작**해야 한다. 그렇지만 글로벌 마케팅은 **무작정 하는 것은 아니다.** 현지 문화를 이해하고 여러 사정을 고려하지 않고, 마케팅에 소극적으로 나선다면 오히려 그 문화권 팬들로부터 반감을 살 수밖에 없다.

2017년 K리그와 베트남 올스타전에서 보여 준 것이 대표적이다. 이 축구연맹의 무책임한 행동으로 실패한 대표 사례로 손꼽힌다.

2017년 연맹에서는 동남아시아 시장을 개척하기 위해 야심 차게 베트남 수도 하노이(Hanoi)에 가서 K리그 올스타와 베트남 U-23 국가대표팀의 올스타전을 하게 되었다. 베트남 같은 동남아시아 시장을 개최하려면 엄청난 노력을 해야 하지만, 연맹은 베트남 국가대표팀 선수 르엉쑤언쯔엉(Lương Xuân Trường)의 강원 FC 임대, 베트남에게 무료 중계권 제공, 한베간 올스타전 밖에 없었다. K리그 올스타와 베트남 국대와의 올스타전이 열리기 한 달 전에 베트남 국대 선수 쑤언쯔엉을 임대 영입한 강원 FC와 호찌민 시티 FC와 사이공 FC로 구성된 호찌민 연합팀과 경기를 펼쳤다. 경기는 호찌민 시내 중심가 경기장 금요일 저녁에 펼쳐졌음에도 흥행에 참패하고 만다.

K리그 올스타와 베트남 국대와의 올스타전에서도 문제점이 드러났는데, K리그 올스타로 구성된 선수들은 팬 투표로 선발되지 않고, 감독이 직접 선발하여 거의 급조되다시피 했고, 경기 일정을 고려하지 않아 경기 당일 1시간 전에야 급히 맞출 정도였다. 반대로, 베트남 U-23 대표팀은 동남아시안게임(SEA)을 대비하기 위해 오랫동안 서로 호흡을 맞춰 구성된 팀이었다. 경기 내내, K리그 올스타는 시종일관 베트남 U-23 대표팀에 끌려다녔고, 1:0으로 베트남 국가대표팀이 승리했다. 여기서 더 큰 문제는 축구연맹은 이 문제에 대해 만회하려는 노력을 보이지 않았고, 올스타

전 이후 축구연맹은 베트남 마케팅을 진행하지 않고 관심도 가지지 않았다. 이와 같은 연맹의 무책임한 행동은 베트남 축구 팬들에게 상처를 주었고, 베트남 축구 팬들의 마음을 되돌리고 K리그에 관심을 가지게 만들려면 지금보다 더 많은 노력이 필요해졌다.

이러한 흑역사를 뒤로하고, 동남아시아 시장을 공략하기 위해서는 엄청난 노력이 있어야 한다. 2020년대에 들어서 동남아시아가 전 세계적으로 엄청 주목받고 있는 시장이다. 유럽축구 리그뿐만 아니라 J리그에서도 태국을 중심으로 동남아시아 리그에 심혈을 기울여서 마케팅을 펼치고 있다. 태국 축구 스타 차나팁 송크라신(Chanathip Songkrasin)이 2017년 여름에 홋카이도 콘사돌레 삿포로(Hokkaido Consadole Sapporo)로 1년 반 임대 계약을 맺었는데, 그 당시 동남아시아 선수들이 왜소한 신체 조건과 피지컬 문제로 K리그와 J리그 진출에 실패했고 특히 차나팁의 신장은 157cm로, 축구선수치고는 엄청 왜소해 많은 사람들의 우려를 했다. 그렇지만 차나팁은 그 우려를 비웃기라도 하듯, 맹활약했고 홋카이도 콘사돌레 삿포로와 완전 계약을 맺을 수 있었다. 이후 차나팁은 2022년 J리그 명문 클럽 가와사키 프론탈레(Kawasaki Frontale)에 입단했고, 2023년 6월에 자국 리그 BG 빠툼 유나이티드(BG Pathum United)에 이적하기 전까지 무려 6년이나 J리그에서 맹활약하였다. 이런 차나팁의 맹활약은 더 많은 태국인이 J리그를 보러 오고 태국 선수들이 J리그로 진출[8]하는 발판이 되어 주었다. 그리고 J리그에서는 외국인 쿼터

8) 조니, 「J리그의 시선은 베트남에서 태국으로」, https://blog.naver.com/footifo/221181407266, 2018.1.17.

를 없애면서 더 많은 동남아시아 선수들이 올 수 있도록 문호를 개방했고 2017년부터는 아시아 챌린지를 개최해 2022년 11월 태국에서 개최하기도 했다.

J리그가 이처럼 동남아 시장에 적극적인 자세를 보여 주듯이, K리그도 마찬가지로 더욱 적극적으로 동남아시아 시장에 대한 마케팅을 펼쳐야 한다. 2020년대에 박항서 베트남 전 국가대표팀 감독과 신태용 인도네시아 국가대표팀 감독, 김판곤 말레이시아 국가대표팀 감독이 좋은 지도력을 보여줘 많은 동남아시아 축구 팬들에게 한국축구에 대한 좋은 이미지를 심어줄 수 있었다. 그래서, K리그에서도 그 기회를 제대로 잡아 동남아시아 시장을 공략해야 하는데, 그러기 위해서 지난번 베트남에서의 무계획적 마케팅이 아니라 제대로 된 목표를 세우고 마케팅을 펼쳐야 한다.

동남아시아 축구선수들은 K리그란 꿈의 리그로 생각할 것이다. 그리고 동남아시아에서는 축구가 가장 인기 있는 스포츠기 때문에 더 많은 축구 팬을 끌어모아야 한다. 지금 전남 드래곤즈 아스나위처럼 K리그에서 좋은 활약을 펼쳐준다면 더 많은 동남아시아 축구선수들이 K리그에 오려고 할 것이고, 현지 축구 팬들 또한 TV나 온라인 매체를 통해 K리그를 접하고 더 나아가 직접 한국을 방문해 경기장을 찾을 것이다. 그렇게 되기 위해서는, K리그에서는 현지 팬들을 감동을 줄 수 있는 이벤트와 현지 팬들의 눈을 사로잡는 굿즈를 개발해서 온라인과 현지 오프라인 샵에서 판매해야 한다. 그러면서 현지를 직접 방문하여 현지 클럽과 함께하는 축구 토너먼트 대회와 슈퍼컵을 개최해 현지 축구 팬과의 스킨십을 강화해야 한다. 그리고 현지 클럽과 협약을 맺어 유소년 아카데미를 개설해 더 좋은 동남아시아 유망주가 K리그에 진출할 수 있는 발판을 마련하여 '동남아시아 쿼터'를 제대로 활용하는 기회도 마련해야 한다. 그래야 일시적이지 않고 지속해서 동남아시아 팬들을 끌어모을 수 있고, 더 나아가 인도와 중앙아시아 같은 블루오션 시장도 개척할 수 있다. 그렇지만 가장 중요한 것은 **현지 사회와 문화, 경제 요소들을 파악하고 이를 존중하는 자세를 가진 마케팅**을 펼쳐야 한다.

12-8. 좋은 마케팅을 위해 활용할 수 있는 콘텐츠들

이제는 좋은 마케팅을 하기 위해서 어떤 것들을 활용해야 하는지 한번 알아보도록 하자.

첫 번째로는 선수들이 경기 때 입는 **유니폼**을 활용하는 것이다. 유니폼은 클럽을 상징하는 색깔과 상징물, 문구로 클럽의 정체성을 강조하고 많은 축구 팬에게 클럽에 대한 이미지를 연상시켜 준다. 자신이 그 클럽의 팬이라면 그 유니폼을 구매한다. 여기서 유니폼이 많이 팔린다는 것은 그 클럽을 응원하는 팬이 많다는 것을 뜻하고, 유니폼 판매는 클럽의 수익을 늘려 준다. 그래서 대부분의 유럽축구클럽들은 시즌마다 유니폼을 변경하고 팬들이 꾸준히 유니폼을 살 수 있게 해준다. 그리고 일부 축구클럽들은 '3rd 유니폼'을 만들어서 판매한다. K리그에서도 시즌마다 유니폼을 바꾸면서 일부 클럽들은 '얼터(alter) 유니폼'이라는 이름으로 '3rd 유니폼'을 제작 판매하고 특정한 경기에서 입는다.

유니폼에는 서플라이 스폰서(supply sponsor) 패치와 후원 스폰서 패치가 새겨져 있다. 먼저 서플라이 스폰서란, 클럽의 유니폼과 트레이닝복, 재킷을 제작하고 공급해주는 스폰서를 말한다. 명문 리그 클럽이나 인기 클럽일수록 판매량은 늘어나고 서플라이 후원금 또한 오르게 된다. 후원 스폰서는 클럽을 후원하는 기업을 유니폼 앞면, 뒷면, 소매 부분에 패치로 새겨 두기도 한다.

22-23 유니폼 스폰서 후원금 순위[9)]

순위	클럽명	후원 스폰서	1시즌 후원금(백만 €)
1	레알 마드리드	에미레이트 항공	70
2	파리 생제르맹	아코르	65
3	FC 바르셀로나	스포티파이	57.5
4	맨체스터 시티	에티하드 항공	55
4	맨체스터 유나이티드	팀 뷰어	55
6	아스널	에미레이트 항공	47.5
6	첼시	3(이동통신사)	47.5
6	리버풀	스탠다드 차티드 은행	47.5
6	토트넘 홋스퍼	AIA	47.5
10	바이에른 뮌헨	도이체 모바일	45
10	유벤투스	지프	45

9) Top football club shirt sponsorship deals as of 2022/23, *Statista*, 2023.

축구경기마다 유니폼에 후원 스폰서가 노출된다는 것은 그 기업을 홍보한다는 것을 의미하고 축구를 보는 많은 사람은 그 기업에 관해 관심을 가지기 시작하고 그 기업에 대한 이미지가 좋아지고 실제로 기업 상품 구매로 이어지게 된다. 그러면서 클럽과 스폰서는 합동으로 마케팅을 진행하게 된다.

그렇다면 K리그는 어떨까? K리그의 경우에는 일부 클럽을 제외하고 대부분 1~2년간 서플라이 스폰서를 교체하고 있으며 후원 스폰서는 대부분 클럽의 모기업을 홍보하거나 자치단체 홍보수단으로 쓰이고 있다. 그러다 보니 디자인적으로 화제성이 높은 유니폼이 아닌 이상 매력도가 상대적으로 떨어지는 것이 현실이다.

그렇다면 K리그 클럽의 유니폼의 가치를 높이라면 어떻게 해야 할까? 표면적으로 **유니폼의 디자인으로 호감**을 사야 한다. 대표적인 케이스로 성남 FC 유니폼을 들 수 있는데, 성남 FC는 팀의 전신인 성남 일화 천마 당시 유니폼 디자인에 대한 평이 안 좋기로 유명했다. 성남 일화의 유니폼 전면에 모기업 일화에서 만든 보리 탄산음료 브랜드 명인 '맥콜'이 붙어 있는데, 통일교에 모체를 두는 일화에 대한 부정적 이미지와 소비자들이 '맥콜'을 마셨을 때 뚜렷하게 갈리는 호불호 반응 때문에 마이너스 요소가 되었었다. 이후 성남 일화 천마가 시민구단 성남 FC로 바뀌면서 유니폼이 두 번이나 바뀌게 되었는데, 여기서 문제는 서플라이 스폰서가 2번이나 교체되면서 동시에 유니폼 디자인 또한 두 번이나 바뀌었고 출시된 유니폼마다 악평이 쏟아졌다.

2023년 성남 FC 유니폼 (출처: 성남 FC)

그다음 해 성남 FC 팬이기도 한 유명 축구 웹툰 작가 샤다라빠가 자신의 재능기부로 디자인한 검정 유니폼이 팬들에게 공개되면서 성남 팬뿐만 아니라 많은 K리그 팬에게 호평을 받을 수 있었고, 검정 유니폼은 기본 색상인 검은색은 유지한 채 매해 색다른 디자인으로 바뀌고 있고 변함없이 호평을 받고 있다.

이처럼 성남 FC는 성남 일화 때처럼 성적이 좋지는 않지만, 유니폼 디자인만큼은 K리그 안에서 좋은 평가를 받고 있다. 그렇지만 궁극적으로는 **클럽의 매력도와 가치** 또한 있어야 그 평가도 유지할 수가 있다. 대표적으로 인천 유나이티드의 사례를 꼽을 수 있다. 인천 유나이티드는 창단 2년 차였던 2005년 시즌에 준우승을 차지하였고(이후 다큐멘터리 영화 「비상」(2006)의 모티브가 되었다), 이후 인천 유나이티드는 '생존왕'이라는 별명이 붙을 정도로 매 시즌 성적은 아쉬웠지만, 항상 K리그 1에 살아남는 이미지가 남게 되었다. 거기다 어려운 구단 상황에도 늘 열성적으로 응원하는 팬들과 멋진 인천 축구 전용구장을 보유하고 있어서, 인천 유나이티드는 다른 구단과 달리 나름의 매력을 갖춘 구단이었다. 이런 점을 알아본 이탈리아의 유니폼 서플라이 스폰서인 마크론(Macron)이 2020년부터 인천 유나이티드와 5+5 장기 계약을 맺고 직접 디자인을 해주고 있다.

이외에도 2023년 시즌 기준으로 2강으로 손꼽히는 전북 현대 모터스와 울산 현대는 2022년 시즌부터 아디다스 코리아와 4년간 계약을 맺었고, 2019년 시즌부터 DIF를 통해 푸마와 계약을 맺은 K리그에서 팬덤이 많은 수원 삼성 블루윙즈는 2023년 시즌부터 푸마 코리아와 3년간 계약을 맺었다.

이상 인천 유나이티드, 전북 현대 모터스, 울산 현대, 수원 삼성 등과 같이, 클럽의 매력과 잠재력을 더 높인다면 서플라이 스폰서가 절로 찾아올 것이며 더 나아가 유럽처럼 기업들이 서로 그 클럽의 유니폼 스폰서가 되고자 할 것이다.

유니폼에 이어 다음에는 **패션**을 거론할 수 있겠다. 앞서 이야기한 유니폼은 경기 때 입는 옷이기도 하지만 클럽을 상징하는 색깔, 상징물, 문구를 통해서 클럽의 정체성을 표현한다. 그래서 경기장 안에서 유니폼을 입으면 클럽에 대한 소속감과 충성심이 드러나고 밖에서 입으면 또 다른 패션이 되기도 한다. 패션에는 팀 유니폼만 있는 것이 아니고 선수들이 경기 전에 입는 트레이닝복과 재킷도 판매하고 있다. 트레이닝복과 재킷도 마찬가지로 팬들에게는 또 다른 패션 아이템이 될 수 있다. 물론 패션에는 무조건 경기와 관련된 것만 있는 것은 아니다. 우리가 흔히 일상복으로 입는 후드티, 티셔츠, 속옷, 마스크, 캡 모자와 비니, 장갑, 넥타이 등이나, 야구복, 수영복, 축구공, 스포츠 고글 등의 선글라스 같은 스포츠용품도 있다.

베네치아 FC와 리도와 협업해서 만든 수영복 (출처: 베네치아 FC)

이 중에서 나이키에서 축구 국가대표팀 디자인으로 제작된 야구복과 베네치아 FC(Venezia FC)와 수영복 브랜드 리도(Lido)와 협업해서 만든 수영복[10]이 대표 사례이다. 그뿐만 아니라 백팩, 캐리어, 손목시계, 머플러, 목도리, 지갑, 키링, 우산 등 각종 액세서리도 있다. 이러한 패션 용품을 통해 팀의 리그 우승, 리그 승격, 유명 선수의 기록 달성이나 은퇴식같이 클럽의 역사적인 순간을 기념하는 의상과 굿즈를 활용할 수 있다.

KBO리그는 이 부분에서 활성화되어 있는데, 2022년에 은퇴한 롯데 자이언츠 이대호의 은퇴 기념 의상과 굿즈를 판매한 사례를 꼽을 수 있다.

그뿐만 아니라 타 브랜드와 콜라보하여 기념 의상을 제작하고 판매하고 있는데, 2022년 울산 현대는 축구 유니폼 전문 제작 업체 오버더피치와 협업하여 울산 현대가 K리그에서 첫 우승한 1996년 당시의 유니폼을 재해석한 의상을 제작하고 판매하기도 했다.

10) Venezia x Lido Swimwear Collection Released, *footy headline*, 2022.5.14.

머천다이징(MD, merchandising) 상품도 있다. 머천다이징이란 클럽을 브랜드화해서 그것을 상품으로 판매하는 것을 말한다. 머천다이징 상품에는 그 전에 이야기한 유니폼을 포함한 패션도 있지만, 클럽의 엠블럼과 선수 등 번호나 사진, 사인으로 제작한 상품들이 있다. K리그에서는 휴대폰 케이스, 클리어 파일, 수첩, 달력이 판매되고 있지만, 유럽 명문 클럽은 이보다 더 많은 종류의 상품을 판매하고 있다.

맨유 공식 온라인 샵에 파는 굿즈

대표적으로 EPL 명문 맨체스터 유나이티드의 경우, 태블릿과 노트북 케이스와 필기도구, 생활도구, 각종 기념품을 온라인 샵과 메가 스토어에서 판매하고 있다. 여기에 생활용품에는 담요, 침대 커버, 베개, 세면도구,

벽시계, 물통, 머그잔, 접시, 면도기, 미용 도구 등이 있다. 기념품에는 액자, 선수 정밀 모형, 경기장 모형 등이 있다.

클럽을 후원해주는 스폰서를 활용하는 방법도 있다. 스폰서는 클럽의 운영이 제대로 이루어질 수 있도록 특정 기업에서 지원해 주는 것이다. 스폰서가 많을수록 클럽 재정에 큰 도움이 된다. 스폰서의 종류에는 유니폼을 제작하는 서플라이 스폰서와 유니폼 앞면, 뒷면, 소매 부분에 후원 스폰서 패치가 적혀 있는 유니폼 스폰서, 경기장 자체와 내·외부 시설에 붙어 있는 경기장 네이밍과 스폰서 존, 그리고 A 보드에 나오는 스폰서로 이루어진 경기장 스폰서가 있다.

맨체스터 유나이티드 등급별 스폰서 목록[11]

파트너 등급	스폰서	비고
메인 파트너	TeamViewer	유니폼 메인 파트너
	Adidas	유니폼 서플라이 파트너
	DXC Technology	유니폼 소매 파트너
	Tezos	트레이닝 키트 파트너
글로벌 파트너	Apollo Tyres	공식 타이어 파트너
	Betfred	공식 베팅 파트너
	Cadbury	공식 파트너
	Canon Medical Systems	공식 의료 시스템 파트너
	Casillero del Diablo	공식 와인 파트너
	Chevrolet	공식 글로벌 파트너
	Chivas	공식 증류주 파트너
	DHL	공식 물류 파트너
	DOO 그룹	공식 온라인 금융 거래 플랫폼 파트너
	ECOLAB	공식 글로벌 파트너
	KOHLER	공식 글로벌 파트너
	KONAMI (eFootball)	공식 게이밍 파트너
	Marriott Bonvoy	공식 호텔 로열티 파트너
	MAUI JIM	공식 비전 파트너
	MELITTA	공식 커피 파트너
	MLILY	공식 매트리스 및 배게 파트너
	REMINGTON	공식 스타일링 전가기기 파트너
	Renewable Energy Group	공식 신재생에너지 파트너

11) Official partners, *https://www.manutd.com/en/partners.*

글로벌 파트너	Qualcomm Snapdragon	공식 글로벌 파트너
	Therabody	공식 퍼큐시브 요법 장치 파트너
	Visit Malta	공식 파트너
금융 파트너	CB Bank	공식 미얀마 금융 파트너
	CARDLESS	공식 미국 금융 파트너
	Emirates NBD	공식 UAE 금융 파트너
	Eurobank Direktna	공식 노르웨이 금융 파트너
	ICICI Bank	공식 인도 금융 파트너
	INVEX Bank	공식 멕시코 금융 파트너
	KRUNGSRI	공식 태국 금융 파트너
	Maybank	공식 말레이시아, 싱가포르, 필리핀 금융 파트너
	SHINSEI	공식 일본 금융 파트너
	VIRGIN MONY	공식 영국 금융 파트너
지역 파트너	DREAMSETGO	인도 공식 여행사 파트너
	HARVES	대만 실내 엔터테인먼트 센터 파트너
	The Hong Kong Jockey Club	공식 파트너
	Sportsbreaks.com	공식 여행사 파트너
미디어 파트너	365 Media	아이슬란드 공식 MUTV 파트너
	Cytavision	키프러스 공식 MUTV 파트너
	GO	몰타 공식 MUTV 파트너
	PCCW	홍콩 공식 MUTV 파트너
	SPARK	뉴질랜드 공식 MUTV 파트너
	STARTIMES	아프리카 공식 MUTV 파트너
	TELECLUB	스위스 & 리히텐슈타인 공식 MUTV 파트너
	TV2	노르웨이 공식 MUTV 파트너
미디어 파트너	United Media	보스니아 헤르체고비나, 크로아티아, 코소보, 마케도니아, 몬테네그로, 세르비아 공식 MUTV 파트너

앞의 표에서는 맨체스터 유나이티드를 예를 들었지만, 유럽 명문 축구 클럽은 스폰서가 많고 스폰서의 지원 액수에 따라 후원 등급이 나눠진다.

그렇다면 K리그는 어떨까? K리그 유니폼 스폰서는 모기업과 자치단체의 홍보수단으로 활용되고 있다. 물론 안양 FC과 김포 FC 같은 일부 시민구단은 후원받은 기업을 유니폼 메인 스폰서로 활용하고 있다. 그리고 대부분의 시민구단의 경우, 가슴, 등, 소매에 들어가는 스폰서에 지역 기업과 후원 기업을 구단의 스폰서로 새기고 있다.

스폰서인 후원 기업과 그 지원 금액이 많을수록 근본적으로 클럽의 성적과 인기, 가치가 높아진다. 하지만 현재 K리그는 그렇지 못한 것이 현실이다. 그런 상황 속에서 어떻게 스폰서를 활용해야 할까?

먼저 특정 한 경기를 **'스폰서 데이'**로 만들어야 한다.

예를 들어서 KBO리그의 SSG 랜더스는 신세계에서 운영하고 관리하는 스타벅스와 노브랜드 버거를 '스폰서 데이'로 활용해 관련 유니폼과 굿즈를 개발하였고 경기장에 스타벅스와 노브랜드 버거를 위한 입점 공간을 마련하기도 했다.

두 번째, 클럽과 스폰서가 함께 할 수 있는 **온·오프라인 이벤트를 개최**해야 한다.

세 번째, **경기장 내 스폰서 존을 설치**하고 **경기장 내 스폰서 사무실**이 입주할 수 있도록 만들어야 한다.

네 번째, **선수들을 활용해 후원기업을 홍보**하는 것이다. 대표적으로 과거의 맨체스터 유나이티드의 '오뚜기 3분 요리'와 맨체스터 시티의 '넥센타이어 광고'가 있다.

다섯 번째, **스폰서와 협력하여 상품을 개발**하는 것이다. FC 서울과 강원 FC는 각 클럽의 정체성이 반영된 클럽 맥주를 개발하고 시중에도 판매하고 있다. 특히, FC 서울은 세븐브로이와 협약을 맺어 'FC 서울 1983'이라는 맥주를 개발하고 판매하고 있다.

이렇게 K리그 클럽은 스폰서와 함께 적극적으로 많은 사람에게 홍보한다면 클럽과 기업에 대한 관심도 더 커질 것이고 좋은 이미지도 구축하게 될 것이다. 더 나아가 스폰서로 후원하는 기업의 홍보 효과를 본 다른 기업에서도 K리그 클럽과 스폰서를 맺으려고 할 것이다.

지금까지 어떤 마케팅을 활용해야 통해 지금보다 더 많은 팬을 경기장으로 끌어모으는 방법을 이야기해 보았다. 이렇게 길게 이야기할 정도로 프로스포츠 구단에서 마케팅은 너무나 중요하다.

마케팅 노력이 성공이었다는 결과는 어떻게 알 수 있을까? 다음 세 가지를 보면 알 수 있다.

첫 번째, 공짜 표 없이 **순수 유료 관중으로 관중이 거의 꽉 차는 것**이다. 공짜 표는 관중이 유입되기 쉽지만, 장기적으로 클럽의 수익과 가치에서는 엄청난 손해를 보는 행위이다.

두 번째, **경기 때마다 암표상이 횡행할 정도로 관중이 꽉 차는 것**이다. 물론 암표 판매는 불법이지만, 암표상의 존재는 그만큼 클럽과 K리그에 대한 팬들의 관심이 늘었다는 것을 보여 준다.

세 번째, **지역의 이미지를 떠올릴 때 그 지역의 연고 축구클럽 또한 떠올리는 것**이다. 한화 이글스는 대전광역시하면 떠올릴 수 있는 이미지 3위[12)]

12) 이기준, 「대전 대표브랜드는 '성심당' 대전 대표기업 1위는 '한화'」, 『금강일보』, 2014.11.24.

에 속할 정도로 많은 사람들이 대전광역시 하면 한화 이글스를 연상하듯, 앞으로 대전 하나 시티즌도 마찬가지로 대전광역시라면 떠오르는 이미지가 되어야 한다. 구단의 이미지와 연고지의 이미지가 밀착될수록 K리그 또한 흥행할 수 있고 마케팅 또한 성공했다고 볼 수 있다.

마케팅 편은 여기서 마치고, 다음에는 K리그를 총괄하는 한국프로축구연맹에 대해 이야기해 보도록 하자.

Chapter 13

프로축구연맹의 역할과 해야 할 일

K리그를 총괄하고 관리하는 곳이 한국프로축구연맹(이하 연맹)이다. 그런데 사람들이 흔히 K리그를 대한축구협회에서 관리하는 것으로 오해하곤 한다. 설령 연맹의 존재를 알더라도 연맹이 축구협회에 종속된 기관이라고 생각하는 사람들이 많다. 사실 프로축구연맹은 서류상 축구협회에 소속된 회원단체가 맞다.[1] 그러나 연맹도 축구협회와 마찬가지로 사단법인으로서 **엄연한 협회와 구분되는 별도의 독립된 기관**[2]이다. 그래서 프로축구연맹이 역할을 제대로 수행한다면 K리그가 발전할 것이고 그렇지 않으면 정체되거나 퇴보할 수밖에 없다.

그 예로 KBO리그를 주관하는 한국야구위원회(KBO)를 들 수 있다. KBO는 프로축구연맹과 달리 대한야구협회보다 야구계에서 엄청난 영향

1) 사단법인 한국프로축구연맹, 총칙 제1장 3조, 『K리그 정관』, 2018.8.20., pp.1-2.
2) 사단법인 한국프로축구연맹, 총칙 제1장 9조, 『K리그 정관』, 2018.8.20., pp.3-4.

력이 있는데 현재 KBO에서는 성인 야구 국가대표팀을 직접 운영하고 있다. KBO리그는 2008년 베이징 올림픽 때 금메달을 따고 난 뒤 폭발적으로 관중 수가 증가하면서 지금까지 가장 인기 있는 프로스포츠가 될 수 있었다.

2011년, 범LG가의 구본능 희성그룹 회장이 KBO 총재가 되었다. 구본능 총재 시기에는 NC 다이노스와 kt 위즈가 창단되면서 10개 클럽이 리그에 참가하였고, 정규리그 평균시청률이 1~2%, 한국시리즈 평균시청률이 10% 이상이다. 총관중은 무려 800만 명을 돌파할 정도로 KBO리그가 국민 프로스포츠로 자리를 잡을 수 있었다. 하지만 이 당시 승부조작, 심판의 클럽 청탁 사건, 원정 도박 사건 등 각종 사건 사고가 터졌지만, KBO에서는 이런 문제를 제대로 해결하려는 의지를 보여 주지 않았다.

그러다가 2018년에 정운찬 전 국무총리가 KBO 총재가 되었다. 정운찬 총재 때에는 MLB 커미셔너를 표방하여 KBO.com을 만들어 메이저리그식 통합 마케팅(IMC)을 추구하였고 클린 베이스볼을 목표로 삼아 처음으로 외부 감사를 받았다. 그러나 문제는 정운찬 총재의 잦은 해외 출장과 2018년 자카르타-팔렘방 아시안게임 때 터진 선발 문제, 그리고 2019년 통신-포탈 컨소시엄과 5년간 온라인 계약을 맺으면서 지상파 방송사와 사이가 틀어졌다는 점이다. 거기다 저작권 문제를 이유로 인터넷 움짤을 제재하면서 KBO리그 팬들에게 엄청난 반감을 사게 되었다. 그 결과 2019년 총관중이 750만 명대로 추락했다.

그리고 2021년 정지택 전 두산 베어스 구단주 대행이 KBO 총재가 되었다. 7월 초에 일어난 NC 다이노스 소속 4명의 선수가 코로나19 방역 수칙을 위반하고 무단이탈하는 사태로 인해 KBO리그가 시즌 도중 중단된 사태가 벌어졌는데 그 과정에서 총재가 개입되었다는 이야기가 나왔다. 그로 인해 도쿄 올림픽 때 야구 국가대표팀이 노메달이라는 수모를 거뒀고 그 과정에서 야구 팬뿐만 아니라 국민도 상대 국가대표팀을 응원할 정도로 야구 국가대표팀과 KBO리그에 대한 불신이 극에 달했다. 그 결과 평균시청률이 전년도에 비해 0.13%가 떨어진 0.71%로, 총접속자 수가 전년도 비해 무려 434만 명이 떨어진 1,706만 명으로 떨어졌다. 그 영향으로 정지택 총재는 취임 1년 만에 자리에서 물러났고 후임으로 허구연 MBC 해설위원이 후임 총재가 되었다.

13-1. 프로축구연맹의 역할

프로축구연맹은 어떨까? 1983년 슈퍼리그 출범 당시 축구협회 산하 구단주위원회와 슈퍼리그위원회, 실무회의를 통해 운영되었다. 1987년 한국프로축구위원회라는 독립된 기구로 운영되었지만 2년 만에 다시 축구협회와 통합되어 축구협회 산하 프로축구관리위원회로 운영되었다. 1994년에 한국프로축구연맹이 설립되었고 초대 회장으로는 정몽준 대한축구협회 전 회장이 4년 동안 겸직을 했다.

1998년 유상부 전 포스코 회장이 7년 동안 프로축구연맹 회장 역할을 하였는데 이 시기는 1998년 트로이카 세대의 등장과 2002년 한일 월드컵 4강 신화의 영향으로 K리그가 제일 관중이 많았을 때였다. 2005년에는 곽정환 전 통일그룹 회장이 이후 6년 동안 프로축구연맹 회장 역할을 했는데, 재임 동안 관중 유입이 줄어들기 시작했고 2008년 베이징 올림픽 이후 관중 규모에서 KBO리그에 압도적으로 밀리게 되었다. 그로 인해 2009년에 K리그는 타이틀 스폰서 없이 진행되기도 했다. 이후, 2011년 범현대가 정몽규 HDC그룹 회장이 2년 동안 프로축구연맹 총재 역할을 했는데 2011년 K리그 승부조작 사건으로 한때 K리그 존폐 위기까지 몰리기도 했지만, 승강제 도입 등 과감한 개혁을 통해 지금의 K리그 기반을 만들어 주었다. 그 덕분에 정몽규 총재는 지금까지 대한축구협회 회장을 맡을 수 있었다.

프로축구연맹은 2013년부터 권오갑 현대중공업 회장이 지금까지 총재로 재임하고 있다. 임기 초반에는 경남 FC와 전북 현대 모터스의 심판 매수 사건 당시 솜방망이 징계와 함께 포털 사이트 네이버에 기사를 청탁한 사건으로 여러 축구 팬에게 K리그의 이미지는 좋지 않았다. 그렇지만 미디어 센터를 설치하고 표준화된 중계 그래픽과 유튜브, 쿠팡 플레이 같은 뉴미디어를 활용하여 K리그의 이미지를 개선하는데 어느 정도 성공할 수 있었고, 결정적으로 2023년 축구협회가 저지른 승부조작범을 포함한 범죄 행위를 저지른 축구인 100명을 사면하는 데에 유일하게 반대 의사를 외쳐 K리그를 지켰다는 것에 국민들로부터 이례 없는 찬사를 받았다.

그렇다면 프로축구연맹의 역할에 대해서 한번 알아보기로 하자. K리그 정관 총칙 제1장 7조 [사업]에 따르면 연맹은 제2조의 목적을 달성하기 위하여 다음 각 호의 사업을 시행한다.

1. 프로축구 대회 주최 및 운영에 관련된 사업
2. 프로축구 저변 확대 및 홍보와 관련한 사업
3. 선수, 지도자, 심판 등 인적자원 개발
4. 프로축구와 관련한 제반 행정과 지원업무
5. 프로축구에 관한 국제적인 교류와 그와 관련된 사업
6. 프로축구에 관한 제반 규정의 제정
7. 연맹의 회원 및 개인에 대한 지도, 감독
8. 유소년 축구 육성 및 활성화 사업
9. 기타 목적 달성에 필요한 사업 및 수익사업

프로축구연맹에서는 이렇게 많은 일을 하고 있지만, K리그가 지금보다 더 발전하기 위해서는 반드시 해야 할 일들이 있다.

13-2. 프로축구연맹이 해야 할 일 – 규제 혁신

먼저 K리그의 불필요한 규제를 없애야 한다. 첫 번째로, 대표적으로 **유니폼 규제 문제**가 있는데, 현재 K리그 규정에는 홈 유니폼은 반드시 유색으로, 어웨이 유니폼은 흰색이나 명도 85% 이상과 채도 10% 이하의 밝은 계통이 되어야 한다.[3] 문제는 2022년 부산 아이파크 유니폼 경우에는 홈 유니폼은 부산 아이파크 엠블럼에 있는 빨간색과 흰색 방패 무늬로 되어 있지만 어웨이는 흰색으로 되어 있다. 2013년에도 홈 유니폼은 빨간색과 흰색 방패 무늬였지만 어웨이는 라임색으로 되어 있어 딱히 문제가 되지 않았지만 어웨이 유니폼 규정이 생긴 지금은 어웨이가 흰색이라 빨간색과 흰색을 메인으로 쓰는 클럽과 대결할 때 유니폼 색상이 헷갈릴 수 있다. 물론 이에 대한 해결책으로 3rd 유니폼을 사용할 수 있지만, 부산 아이파크는 3rd 유니폼을 제작하지 않았다. 부산 아이파크의 유니폼 문제를 통해 보더라도 유니폼 규제 완화가 필요하다.

홈 유니폼은 레알 마드리드와 독일 축구 국가대표팀처럼 흰색 유니폼을 착용하도록 허락해줘야 한다. 또 어웨이 유니폼은 홈 유니폼의 같은 색깔과 밝기를 하지 않는 선에서 유색 계통도 허용해줘야 한다.

두 번째는, **U-22 룰 폐지를 하거나 완화**해야 한다. 현재 K리그는 출전 선수 명단에는 반드시 U-22 선수 2명이 포함되어야 한다.[4] 그렇지 않으

---

3) 사단법인 한국프로축구연맹, 제4절 팀 색상 및 유니폼 제20조 유니폼 색상 및 문자 표기, 『제5장 마케팅』, 2018.08.20., p.11.

4) 사단법인 한국프로축구연맹, 제33-34조, 『하나원큐 K리그1,2 2023 대회요강』, https://www.kleague.com/about/competition.do.

면 출전하지 않는 선수만큼 교체 인원에서 빼거나, 아님 교체한다고 해도 U-22 선수 2명을 써야 5명 교체할 수 있다. U-22 선수를 통해서 좋은 유망주들이 K리그에 뛸 기회를 얻을 수 있고 선수층이 상대적으로 부족한 K리그 2의 일부 클럽에는 유용한 룰이기도 한다. 하지만 문제는 거의 대부분 클럽은 U-22 선수들을 전반에만 잠깐 활용하다가 주전 선수로 교체한다는 점이다. 따라서 이 문제에 대해서는 한번 생각해 봐야 한다.

U-22 룰은 근본적으로 유망주 선수들이 K리그에서 출전함으로 그 선수들이 K리그를 경험하면서 클럽과 K리그, 한국축구 주축으로 성장하는 목표로 만들어졌고 2023년 기준으로 포항 스틸러스의 고영준, 광주 FC의 엄지성 등 어리고 실력 좋은 선수들이 K리그에서 주축으로 활약하고 있다. 하지만 클럽에서 리그 우승과 ACL 진출, 파이널 A 진출이나, 팀의 강등과 승격이 걸린 현장에서는 U-22 룰은 어쩌면 사치일 수도 있다. 한 경기가 소중한 상황에서 유망주에게 출전 기회를 준다는 것은 본인들이 목표하고 원하는 축구를 하는데 상당한 걸림돌이 되기도 한다. 그리고 유망주 팜이 좋은 클럽이나 리빌딩을 해야 하는 클럽들은 U-22 룰을 제대로 활용할 수 있지만 반대로 유망주 팜이 좋지 못한 클럽들은 U-22 룰을 좋게 보지 않고 있다. 사실 K리그 현실상 U-22에서 준주전급으로 활용할 수 있는 선수들은 극히 드물다. 그래서 U-22 선수를 전반에만 잠깐 활용하고 교체하는 일이 빈번하게 벌어지다 보니 일부 클럽들에서는 U-22 룰을 완화하거나 폐지하자는 이야기가 나오는 현실이다.

수원 FC의 이승우가 스페인어로 본인 트위터에 U-22 룰이 폐지되어야 한다고 주장하였고 K리그 감독들뿐만 아니라 대학축구 감독들도 적극적으로 폐지를 주장하고 있고, 현장에서 U-22 룰을 폐지해야 한다고 강력하게 주장하고 있는 상황이라면 연맹은 U-22 룰 존폐에 대해서 진지하게 고민할 때가 왔다. 현장의 의견을 따라서 U-22 룰을 아예 폐지하거나 아니면 본래의 취지에 살리는 손질이 필요하다.

만약 손질하게 된다면 U-22 의무 출전 선수를 2명에서 1명으로 줄어야 하고, 거기에 연령대를 최대 U-24로 확대해야 한다. 의무 출전 선수 축소나 연령대가 확대된다면 그 연령대의 선수들을 준주전급으로 제대로 활용할 수 있어 팬들에게 더 좋은 경기력을 보여줄 수 있다. 물론 한 가지 방안일 뿐, 실질적으로는 연맹과 현장, 대학축구에서 U-22 룰에 대해서 더 깊게 생각해 보고 U-22 룰 존속 여부를 결정하는 것이 더 바람직하다고 생각된다.

세 번째로는 구단에서 영입하는 신입 선수의 국적은 무조건 한국 국적에 국한하는 것이 아니라 외국 국적이지만 유소년 시절 한국에서 활약했다면 프로구단에 입단할 수 있는 **'홈그로운(home-grown) 제도'의 도입**이다. 2023년 기준으로 가나 국적의 데니스 오세이(Dennis Osei), 코트디부아르 국적의 바또 세일로 사무엘(Gbato Seloh Samuel)이 한국 유소년 축구 시스템으로 성장하고 있다.

하지만 그들이 K리그에 입단하려면 반드시 대한민국 국적으로 귀화를 해야 한다. 대표적으로 한국에서 성장한 앙골라 국적의 풍기 사무엘(Pungi Samuel)은 포항 스틸러스에 입단했지만 귀화 문제로 인해 2023년 현재 U리그에 출전하는 한국골프대학교에 진학했고 네팔 국적의 당기 머니스(Manish Dangi)도 국적 문제로 인해 K리그에 입단하지 못하고 고국으로 돌아갔다. 그렇기에 한국 유소년 축구 시스템으로 성장한 외국 국적의 선수들은 국적과 상관없이 K리그에 자유롭게 입단할 수 있도록 홈그로운 제도를 도입해야 한다.

13-3. 프로축구연맹이 해야 할 일 - 과감한 개혁

K리그가 지금보다 더 발전할 수 있으려면 연맹은 더 과감한 개혁을 해야 한다. 먼저 외국인 슬롯 문제에 대해서 과감해져야 한다. 2023년 현재 K리그 외국인 슬롯은 K리그1은 5+1(아시아쿼터), K리그2는 3+1(아시아쿼터)+1(동남아시아쿼터)로 구성되어 있다. 최근에 AFC에서는 ACL 포함한 AFC 주관 클럽대회를 대대적인 개편을 하면서 개편되는 24-25시즌부터는 아예 외국인 쿼터 제한을 폐지하기로 했다. 그러다 보니 K리그도 외국인 슬롯 문제에 대해서 개편할 필요가 보이는데 문제는 외국인 선수 쿼터를 늘리거나 폐지하면 국내 선수들이 큰 피해를 입을 수 밖에 없다는 것이다.

그렇지만 J리그는 외국인 최대 출전 선수는 5명으로 외국인 선수 보유 제한을 폐지했고 유럽리그 대부분은 외국인 선수 보유에 크게 제한하지 않고 있다. 국내 선수가 직접 외국인 선수와 경쟁해서 기량을 끌어올리고 선수와 리그가 상호발전할 수 있게 만든ㄴ다.

그래서 중장기적으로는 외국인 출전 선수가 보유 수를 늘리고 더 나아가 외국인 보유 제한 폐지도 생각해야 한다. 그러면서 U-22 이하 육성형 외국인 선수를 도입해 B팀에 뛰어 장기적으로 클럽 주축 선수로 만들어야 한다. 물론 전제 조건으로는 반드시 홈그로운 제도 도입 같은 국내 선수 보호 제도가 필요하다.

두 번째로는 현재 유예 중인 **로스터 제도 도입을 빠른 시일 내에 도입**해야 한다. 사실 K리그는 클럽들의 효율적인 선수 운영을 위해 예전부터 로스터 제도 도입을 시행하려 했다. 처음에는 2015년을 목표로 25인 로스터 제도를 시행하려고 했지만, 한국축구인 노동조합 등 학원 축구계의 반발로 2015년에 시행 예정이었던 로스터 제도를 전면 백지화가 되었다. 그러다가 2020년 코로나 사태로 여러 축구클럽들이 어려움을 겪게 되자 연맹에서는 2년의 유예 기간을 거쳐 2023년에는 32명을 시작으로 2024년에는 30명, 2025년 28명 로스터 제도를 점진적으로 도입하려 했다. 하지만 때마침 23-24 AFC 챔피언스리그(ACL)부터 5+1 외국인 쿼터 도입을 하게 되면서 보류되었다.

K리그에서 로스터 제도를 보류되었지만, 왜 EPL, 라 리가, 세리에 A에서는 로스터 제도를 도입했는지를 생각해 봐야 한다. 이 중 10-11 시즌부터 로스터 제도를 시작한 EPL을 예로 들어보겠다.[5)]

EPL는 해외 재벌들이 축구클럽을 인수하면서 세계적인 축구선수들을 폭풍처럼 영입하기 시작했다. 여기서 문제는 웬만하면 EPL 클럽에서는 잉글랜드 선수들이 보기가 어려울 정도로 입지가 많이 줄었는데 특히 유로 2008 때 잉글랜드는 크로아티아와 러시아에 밀려 본선 진출에 실패하는

5) Sam Lyon, Premier League squads under scrutiny, *BBC Sports*, 2010.8.13.

사건이 벌어졌다. 그래서 클럽들의 과도한 영입을 지양하고 더 많은 잉글랜드 선수들이 EPL에서 뛸 수 있게 25인 로스터 제도와 홈 그로운 제도를 도입하기 시작했다.

K리그에서도 왜 로스터 제도가 필요한지 2018년 김호 사장이 재직했던 대전 시티즌을 보면서 알 수 있다. 챕터 8, 클럽 편에서 이야기했지만, 2018년 당시 대전 시티즌 선수단은 무려 58명에 육박했고 대전시의회의 예산 삭감으로 다음 해에는 35명으로 줄게 되었다.

그래서 K리그 로스터 제도는 언젠가 반드시 이뤄져야 할 제도이다. 먼저 클럽의 관점에서는 더 효율적으로 선수단을 운영할 수 있다. EPL과 달리 대부분 K리그 클럽들은 큰 금액을 투자하여 선수를 영입할 만큼 재정적으로 여유롭지 않다. 그러다 보니 선수단 인건비가 부담되기도 한다. 거기다 로스터 제도를 하지 않으면 김호 사장처럼 제멋대로 선수단을 늘리거나 아니면 모기업과 자치단체의 사정에 따라 선수단을 줄이는 사태가 벌어질 수도 있다.

로스터 제도를 도입한다면 선수단 비용을 줄일 수 있고 오히려 더 좋은 선수들을 영입할 기회가 되어 선수단의 질을 높일 수가 있다. 또한, 경기를 보러 오는 팬들에게는 상당한 만족도를 줄 수도 있다.

그런데 문제는 감독과 선수들의 관점에서는 그렇게 좋다고 보기에는 어렵다는 것이다.

감독의 관점에서 제한된 로스터 인원 안에서 경기에 나설 선수와 백업 멤버를 구성해야 한다. 만약 시즌 도중에 이적시장에 선수가 다른 클럽으로 이적하거나 부상으로 이탈한다면 로스터 인원 내 대체 선수를 구성할 수밖에 없다. 이때 대체 선수가 이탈 선수와 기량이 차이가 크다면 전력 구상에 큰 고민거리가 생길 수밖에 없다.

선수 관점에서는 자신이 로스터에 들어간다면 가치를 인정받는 것이라고 생각할 것이고, 다른 클럽에서는 그 선수를 영입하기 위해 막대한 비용을 지불할 수 있지만, 문제는 유망주나 백업급 선수들이다. 그들이 1군 로스터에 들어가지 못하면 사실상 방출이라고 할 정도로 엄청난 타격이 된다. 물론 타 클럽이나 외국에 있는 클럽에 임대를 가서 기량이 향상되면 로스터에 들어갈 수 있겠지만 거의 유망주가 아닌 이상 현실적으로 힘든 얘기이다. 거기에 2023년부터 외국인 선수 보유가 늘어나서 보류되기도 했지만, 로스터에 외국인 선수가 들어가면 그만큼 국내 선수를 제외할 수밖에 없는 현실이기도 하다.

K리그가 로스터 제도를 도입하기 위해서는 **국내 선수들에 대한 보호장치가 필요**하다. K리그가 25-28인 로스터를 도입할 때 반드시 홈그로운 제도를 도입해야 하고 23세 이하 유망주 경우에는 별도의 B팀에 편성해 A팀 로스터에 자유롭게 콜업될 수 있도록 만들어야 한다.

이렇게 로스터 제도를 도입한다면 국내 선수들과 유망주들도 보호하고 클럽의 선수단을 효율적으로 운영할 수 있을 것으로 생각된다.

세 번째로는 K리그도 유럽리그처럼 **추춘제(秋春制)**로 변경해야 한다. 현재 K리그는 춘추제(春秋制) 리그로 2~3월에 시작해 11~12월에 끝나는 일정이다. ACL는 2023년부터 기존 춘추제에서 유럽처럼 추춘제로 변경하여 K리그는 시즌 후반에는 ACL 조별리그, 다음 시즌 초반에는 ACL 토너먼트를 펼치는 기형적인 현상을 겪어야 한다. 그래서 추춘제 변경의 필요성이 나오기 시작했는데, 문제는 K리그도 겨울 시즌에 축구경기를 치르는 것이 가능한지 여부이다.

그렇다면 현행 춘추제, 추춘제의 두 문제점을 보면서 과연 추춘제를 할 수 있는지 한번 생각해 보도록 하자.

춘추제와 추춘제 비교

춘추제	추춘제
• 유럽 축구 시즌과 일정이 맞지 않음. • KBO리그 일정과 겹침. • 여름에 무더위, 장마, 폭우, 태풍 속에서 경기 치러야 함.	• 유럽 축구 시즌과 일정이 맞음. • KBO리그 일부 일정과 중복을 피할 수 있음. • 한겨울에 경기 치러야 함.

현행 춘추제는 유럽축구 시즌 일정과 맞지 않다는 문제점이 있다. 하지만 추춘제를 한다면 유럽축구 시즌과 맞게 되고, 특히 이적시장의 경우, 유럽축구와 맞아서 K리그의 정상급 기량을 가진 선수들이 지금보다 더 수월하게 유럽리그에 진출할 수 있다.

또 현재 K리그는 KBO리그와 겹쳐서 흥행에 많은 어려움을 겪는데 추춘제를 하게 된다면 KBO리그와 겹치는 기간이 줄어서 어느 정도 흥행에 도움을 줄 수 있다.

춘추제는 시즌 도중에 무더운 여름이 끼어 있다 보니 30~40℃의 무더위와 장마, 폭우, 태풍 속에서 축구경기를 치르게 된다. 그라운드 사정은 나빠지고 팬들은 한여름 더위나 빗속에서 축구경기를 관전하는 문제가 생긴다. 하지만 추춘제를 한다면 12월부터 2월까지 해당하는 겨울철을 빼고는 거의 선선한 날씨 속에서 축구를 할 수 있다.

물론 추춘제도 단점이 있으므로 만약 추춘제로 하게 된다면 보완책도 생각해야 한다.

추춘제는 12월부터 이듬해 2월까지 한겨울 몹시 추운 상황에서 축구 경기를 열어야 한다. 그래서 좋은 경기력을 펼칠 수 없고 관중 동원에도 어려움을 겪을 수밖에 없는데 여기에 3가지 보완책이 있다. 첫 번째, 분데스리가처럼 제일 추운 1월에 휴식기를 가지는 것이다. 그래서 그 기간에 클럽들은 따뜻한 외국에 가서 전지훈련 할 수 있도록 해야 한다. 두 번째, EPL처럼 그라운드 내부에 열선 설치를 의무화해야 한다. 세 번째, 강원특별자치도 같은 폭설이 많은 지역에는 한겨울에는 홈 경기를 열지 않고, 대신 그 기간에 부산광역시와 경상남도 같이 눈이 내리지 않는 지역을 위주로 홈 경기를 편성해야 한다.

추춘제를 하게 된다면 기존 춘추제 리그를 하는 K리그 일정 편성에 문제가 생기기도 한다. 그렇지만 과거에 춘추제를 했지만 2011년부터 추춘제를 시행한 러시아 프리미어리그처럼 시즌을 기존 2~3월부터 다음 해 5월까지 길게 편성[6]해야 한다. 이렇게 일정이 길게 편성되더라도 경기장 그라운드에 열선을 설치하도록 하고 거기에 따라 홈 경기를 편성해야 한다.

또한 추춘제를 하게 되면 유소년 축구선수들에게도 영향을 미치게 된다. 근본적으로 대한민국의 한 학년의 학기 시작을 3월에서 9월로 바꾸는 것이 이상적이겠지만 학기 시작 일정을 바꾸기는 상당히 어려운 문제

6) 11-12 러시아 프리미어리그 기간(모스크바 시간 기준): 2011.3.12. ~ 2012.5.22.

이다. 그래서 현실적으로 추춘제가 시작한 시즌에는 기존 고등학교 3학년 이나, 대학교 신입 선수들이 시즌 도중에 입단할 수 있도록 만들어야 하고, 이후에는 고등학교 3학년, 대학교 신입 선수들을 준프로로 인정해 시즌 초반부터 프로나 B팀에 출전할 수 있도록 만들어야 한다.

네 번째로는 **2군을 B팀으로 삼아 K4 리그에 참가하는 것을 의무화**해야 한다. 사실 K리그를 포함한 프로스포츠에서 한 경기라도 출전할 수 있는 선수들은 극히 일부에 불과하다. 매 시즌 시작 전에는 신인 선수가 입단하고 시즌이 끝나고는 전력 외 선수들은 방출된다. 그렇지만 입단하는 대부분의 신입 선수는 특출한 선수가 아니면 거의 경기에 출전하지 못하는데 그들의 경기력을 끌어올릴 수 있는 리그가 필요하다.

여기서 2군 리그를 잠시 알아본다면 크게 두 가지로 나뉠 수 있다.

먼저 리저브 리그로 프로에 참가하는 클럽 2군끼리 대결하는 방식이다. 현재 EPL에서 프리미어리그 2라는 형식으로 EPL 참가 클럽에 소속한 U-23 선수끼리 경쟁하는 방식으로 운영된다.

2군 리그의 두 번째 형태는 B팀이 하위 리그에서 하위 리그 클럽과 경쟁하는 것이다. 현재 라 리가와 분데스리가 클럽 B팀들이 하위 리그 클럽들과 경쟁하고 있다. 현재 K리그는 R리그라는 이름으로 리저브 리그를 운영하고 있지만 2021년부터 B팀들이 K4 리그에 참가하는 것을 허용했다. 2023년 강원 FC, 전북 현대 모터스, 대구 FC, 대전 하나 시티즌, 부산 아이파크가 K4 리그에 참가하고 있다.

그러면 R리그와 B팀에 대해 좀 더 깊이 알아보도록 하자.

R리그는 1990년 2군 리그라는 이름으로 시작했지만 얼마 안 되어서

폐지되었다. 그러다가 2000년부터 다시 리그가 시작되었고 2009년에는 2군 리그에서 지금의 R리그로 변경되었지만 2012년에는 대부분 클럽이 선수단을 축소하는 상황이라 R리그에 출전할 선수가 부족한 상황으로 변하면서 폐지되었다. 그로부터 4년 뒤에는 다시 R리그가 부활했고 코로나19가 유행하던 2020년과 2021년 외에는 2022년에는 7개 클럽이 R리그에 참가하고 있다.

R리그는 기본적으로 육성을 기조로 삼고 있지만, 한계가 뚜렷하다. 먼저 K리그 클럽들의 선수단 상황에 따라서 R리그 운영 여부가 결정되는 편이고, 연맹에서도 B팀이 K4 리그에 참가하는 것을 적극적으로 권장하는 상황[7]이라 연맹에서도 그렇게 관심을 가지지 않는 상황이다.

그래서 B팀이 K4리그 참가로 기조가 바뀌었는데, 그렇다면 B팀의 K4 리그 참가는 어떤 특징이 있을까?

먼저 K4 리그는 하위 리그지만 체계적인 리그 시스템을 갖췄기 때문에 선수들이 프로선수로서 그 시스템을 직접 체험할 수가 있다. 두 번째, R리그와 달리 K4 리그는 K리그의 공식 리그다 보니 선수들이 리그에서 기록한 기록들이 앞으로 선수들의 누적 데이터로 활용된다. 나중에 선수가 1군 리그로 가거나, 아니면 다른 클럽이 영입할 때 데이터로 활용될 수 있다. 세 번째, 모호했던 R리그와 달리 K4 리그에서 활동하면 정식 선수로 등록될 수 있으며, 별도의 선수단으로 구성되면서 소속 클럽으로부터 체계적인 지원을 받을 수 있다. 네 번째, B팀은 무조건 1군에 참가한 리그 아래에 있어야 한다는 것과 FA컵에 참가할 수 없다는 핸디캡을 가지고 있다.

---

7) 『한국프로축구연맹 정관/규칙 프로클럽 B팀 운영 세칙』

결론적으로는 사실상 유명무실화된 R리그는 폐지 절차를 밟고, K리그 참가 클럽 모두 B팀의 K4 리그에 참가하는 것을 의무화해야 한다. K4 리그에 참가한 B팀은 최대 K3 리그로 승격할 수 있도록 만들어야 하고, K4 리그가 지금보다 더 확장되어 K4-K5 리그 승강도 가능해진다면 K5 리그로도 강등이 가능하게 해야 한다. 그리고 클럽 유소년 선수와 준프로로 입단한 선수들도 B팀 선수단에 들어갈 수 있도록 해야 한다.

여기서 문제는 군경팀인 김천 상무가 과연 B팀을 의무화해야 하는지에 대한 의문이다. 사실 김천 상무는 매년 1~2번 정도 병역 의무 대상 선수들을 모집하고 있고 거기에 합격한 선수들은 1년 반 동안 의무적으로 김천 상무 소속으로 뛰어야 한다. 문제는 김천 상무가 예전과 비교하면 모집하는 선수가 그렇게 많지 않아졌고, 시즌 후반이나 시즌을 마친 직후 선수들이 전역하면서 선수단이 부족해지는 현상이 나타난다. 가장 이상적인 방법은 더 많은 선수를 모집하거나, 전문하사를 포함해 여자축구클럽보은 상무처럼 부사관 형식으로 장기 복무 선수를 모집하여 B팀에 참가할 수 있게 하는 방법도 있다. 하지만 김천 상무를 운영하는 국군체육부대에서 이와 같은 해결 방안을 받아들일 가능성이 없다는 것이 문제다.

그래서 김천 상무는 예외적인 케이스로 B팀 참가를 유보하지만, 꾸준히 국군체육부대와 협의하여 B팀에 참가할 수 있게 만들어야 한다.

13-4. 프로축구연맹이 해야 할 일 – IMC와 글로벌 마케팅

다음으로 연맹이 할 일은 IMC(Integrat ed Marketing Communication), **즉 통합 마케팅 커뮤니케이션으로 K리그와 K리그 클럽들이 함께할 수 있는 마케팅**을 해야 한다. 챕터 12의 마케팅 편에서 IMC를 소개하며 미국 4대 스포츠에서는 IMC가 활발하게 이루어지고 있다고 이야기하였다. 이 중에서 MLB(메이저리그 베이스볼)는 어떤 식으로 IMC를 이루고 있는지 한번 알아보자.

먼저 'MLB.com'이라는 MLB의 홈페이지가 있는데 단순 리그 공식 홈페이지가 아니라 뉴스, 경기중계, 리그 각종 정보 등을 제공하는 사실상 포털 사이트 역할을 한다. 'MLB.com' 외에도 'MLB.tv'라는 자체적인 온라인 중계 플랫폼으로 미국뿐만 아니라 전 세계에 있는 MLB 팬들이 일정한 금액을 내면 MLB를 볼 수도 있다.

또, MLB 모든 클럽은 나이키라는 통일된 브랜드의 유니폼을 입는다. MLB를 포함한 4대 스포츠와 MLS(메이저리그 사커)에서도 나이키라는 통일된 유니폼을 입고, CSL(중국슈퍼리그)에도 나이키가 독점적으로 공급하고 있다.

이 외에도 MLB 경기 티켓은 클럽이 각자 판매하는 것이 아니라, MLB에서 운영하는 'MLB Ballpark app.'에서 일괄적으로 판매하고 있다. 그뿐만 아니라, 해외에서 MLB 개막전을 열거나 해외 현지 팀과 올스타전을 펼치기도 한다(대표적인 사례로 스즈키 이치로의 은퇴식을 MLB 도쿄 개막전과 함께 치르는 경우가 있었고, 2019년과 2023년에는 런던 올림픽

스타디움에서 '런던 시리즈'를 열기도 했다).

K리그는 현재 IMC를 어떻게 진행하고 있을까? 2020년부터 K리그 클럽 마스코트 선거라는 이벤트를 통해 팬들의 이목을 집중시키고 있다. 2021년부터는 K리그 중계 그래픽의 표준화를 달성했고 해외 팬들을 대상으로 'tv.kleague.com'이라는 자체 중계 플랫폼을 개설하기도 했다. 2022년부터는 K리그 다이내믹 서체를 만들어 K리그 클럽 유니폼에 일괄적으로 등 번호 마킹 전용 폰트로 사용하게 하였다. 이외에도 여러 가지 K리그 MD 상품을 K리그 공식 쇼핑몰에서 판매하고 있기도 하다.

여기서 더 나아가 K리그가 할 수 있는 IMC에는 어떤 것이 있을까? 먼저 K리그 공식 홈페이지를 K리그 팬뿐만 아니라 모든 축구 팬이 즐길 수 있는 축구 포털 사이트로 확대 개편하는 것이 있다. 그리고 지금보다 더 K리그 브랜드를 활용한 MD 상품과 의류를 개발하고 판매할 수 있도록 해야 한다. 또한, 현재 클럽별로 인터파크와 티켓링크를 통해 경기장 티켓 판매를 하고 있는데 K리그 티켓 판매를 같은 티켓판매사로 통일하는 것도 있다. 물론 그 과정에서 생기는 티켓 수익 문제에 대해서는 협의의 과정이 필요하다.

그다음에는 해외 K리그 팬들을 대상으로 더 적극적인 IMC를 펼쳐야 한다. 유럽 명문 리그와 클럽들은 적극적으로 해외시장을 공략하는데, 대표적으로 슈퍼컵을 해외 현지에서 여는 것이다. 대표적 예는 2022년 스페인의 수페르코파 데 에스파냐(Supercopa de España)를 사우디아라비아 수도 리야드에서, 프랑스 트로페 데 샹피옹(Trophée des

Champions)을 이스라엘 텔아비브에서 열었다. 그리고 J리그 아시아 챌린지처럼 현지에 가서 J리그 클럽과 현지 클럽팀끼리 대결하는 이벤트 경기도 있다. 이 외에도 현지 언어 버전의 공식 사이트를 개설하거나, 현지에 유소년 아카데미와 온·오프라인 MD샵을 개설하는 것도 있다.

그렇다면 K리그가 더 적극적인 해외 IMC를 하려면 어떻게 해야 할까? 먼저 시즌이 시작하기 전에 현지에 가서 대회를 펼치는 특별 경기를 개최하는 방식이 있다. 그 예로 K리그 우승 클럽과 FA컵 우승 클럽이 대결하는 슈퍼컵을 현지에서 개최하거나, 현지에서 K리그 클럽끼리 경기를 치르거나, K리그 클럽과 현지 클럽끼리 대결하는 토너먼트 대회를 개최하는 이벤트도 있다.

그리고 K리그 공식 홈페이지에 현지 언어 버전을 개설하고 K리그 공식 샵에는 현지 언어로 변환 설정할 수 있게 하여 상품을 결제하거나, 현지에 직접 판매할 수 있도록 해야 한다.

13-5. 프로축구연맹과 대한축구협회 - 대등한 협력적 동반자 관계

연맹은 축구협회와의 관계도 대등한 협력 관계로 재정립해야 한다. 앞서 이야기했다시피 연맹과 축구협회 둘 다 사단법인으로 등록된 엄연한 독립된 기관이다. 그렇지만 축구협회는 국가대표의 인기를 바탕으로 거액의 후원을 받아 국가의 지원을 받지 않고 자체 예산으로 운영하고 있지만, 연맹은 축구협회에서 지원받아 운영되고 있는 현실이다.

물론 연맹도 자체적으로 스폰서의 후원을 받으면서 운영하고 있기는 하지만, K리그 우승 상금이 겨우 5억 원일 정도로 재정적으로 넉넉하지 못한 현실이다. 이를 벗어나려면 K리그가 더욱 흥행해서 지금보다 기업 투자나 후원이 많아져야 K리그의 우승 상금이 지금보다 더 많아지는 것은 물론 축구협회처럼 재정적으로 자립해 운영할 수 있을 것이고, 이때 연맹은 축구협회와 대등한 관계로 실질적인 독립 기관이 될 수 있다. 연맹의 실질적인 독립화도 중요하지만 가장 중요한 것은 연맹과 축구협회는 한국 축구의 발전을 위해서 서로 협력해야 한다.

그렇다면 축구협회와 연맹은 어떻게 협력해야 할까? 먼저 심판 문제에서는 연맹과 축구협회가 협의해서 공정한 판정을 내릴 수 있는 환경을 만들어야 한다. 축구뿐만 아니라 모든 스포츠의 심판은 경기를 공정하게 판정해야 하는 의무가 있다. 특히 프로스포츠에서 심판이란, 그 흥행에 결정적인 역할을 한다. 심판이 공정하게 판정을 한다면 사람들은 그 프로스포츠의 경기를 자연스럽게 보러 가게 된다.

현재 K리그의 심판들의 모습은 어떨까? 부끄럽지만 과거 K리그가 관중이 많았을 때 잘못된 심판 판정에 실망하고 분노한 이들이 축구장을 떠나기도 했고, 15-16 시즌의 경남 FC와 전북 현대 모터스의 심판 매수 사건으로 팬들의 K리그에 대한 불신이 극에 달할 때도 있었다. 지금은 사후징계 제도를 통해 잘못된 판정을 바로잡으려고 노력하지만, 여전히 심판에 대한 징계가 공개되지 않고 있다.

심판 문제에 대해서 한번 생각해 보자. 심판은 축구협회에서 선발하고 관리하고 있으며, 1급 심판은 K리그 심판을 할 수 있는 자격이 주어지는데 문제는 K리그 심판 선발과 관리를 어디에서 해야 하는가 하는 것이다. 2016년 프로축구연맹에서 심판전담제라는 제도로 K리그 경기의 심판을 선발하고 관리했지만, 5년 뒤에 그 관리 권한이 대한축구협회로 다시 넘어갔다. 문제는 대한축구협회에서 K리그 심판까지 일괄적으로 관리하다 보니 연맹에서 선수들에 대한 사후징계 외에는 심판에 대해서 아무런 권한을 가질 수가 없다는 것이다.

이 부분에 대한 해결책을 마련해야 하는데 바로 잉글랜드 프로경기심판기구(PGMOL)처럼 축구협회와 연맹이 협력해서 독립적인 심판 관리 기구를 만드는 것이 필요하다. PGMOL처럼 **K리그의 심판 관리 기구를 만들어 심판 관리를 하고 심판 판정의 공정성을 판단하고 그에 대한 심판 징계 여부를 판단**할 수 있도록 해야 한다. 물론 여기서 가장 중요한 것은 **심판 관리와 징계 문제를 투명하게 공개**해야 하며, **연맹과 축구협회 관계자뿐만 아니라 외부 이사들을 초빙해 모니터링이 활성화**될 수 있도록 만들어야 한다.

두 번째는, 연맹에서 주최하는 K리그 우승 클럽과 축구협회에서 주최하는 FA컵 우승 클럽이 대결하는 **슈퍼컵을 부활**해야 한다. 과거 슈퍼컵은 1999년부터 시작했지만 저조한 흥행으로 인해 2006년을 끝으로 폐지되었다. 대신 K리그 개막전에 K리그 우승 클럽과 FA컵 우승 클럽 간의 대결로 편성하고 있다.

만약 슈퍼컵이 부활한다면 과거보다 더 주목받을 수 있게 만들어야 한다. 먼저 네덜란드 레전드 요한 크루이프(Johan Cruyff)의 이름을 딴 요한 크루이프 실드(Johan Cruyff Shield)처럼 한국축구의 전설적인 선수의 명칭을 붙여서 슈퍼컵 명칭을 변경해 더 권위 있게 만들어야 하고, 그 다음 별도의 스폰서로부터 후원을 받아 운영되어야 하고 개최지는 K리그가 열리지 않는 중소도시나, 혹은 해외 마케팅의 일환으로 해외 현지에서 열리는 방안도 생각해 봐야 한다.

지금까지 어떻게 하면 연맹이 제대로 된 역할을 할 수 있는지 알아보았다. 다음 챕터에서는 풀뿌리 축구이기도 한 세미프로와 한국 아마추어 축구에 관해 이야기해 보도록 하자.

Chapter 14

뿌리가 튼튼한 세미프로와 아마추어 축구 만들기

필자가 즐겨보는 TV 프로그램 중 하나가 JTBC에서 방송하는 「뭉쳐야 찬다 2」이다. 「뭉쳐야 찬다 2」는 축구선수 출신이 아니라 전·현직 다른 분야의 스포츠 선수들이 아마추어 축구클럽과 대결하는 프로그램이다. 이 프로그램을 보면 많은 한국인이 축구를 즐기는 것을 확인할 수 있다.

한국에서 가장 인기 있는 생활스포츠는 당연히 축구다. 동네마다 조기축구회가 있고 학교 운동장에서는 점심때마다 축구를 하는 학생들이 많다. 그만큼 매일 전국 각지에서 축구를 즐기는 사람들이 많다. 축구를 관리하는 축구협회에서는 이런 축구 애호가들을 위해 2019년부터 K5-K7 리그라는 아마추어 리그를 만들어 정식 축구 리그에 참여할 수 있도록 하기도 했다.

14-1. 뿌리가 튼튼한 세미프로와 아마추어 리그 클럽 만들기

이제부터는 세미프로 K3-K4 리그와 아마추어 K5-K7 리그에 대해서 알아보도록 하자.

챕터 7에서 다룬 리그 시스템에서 프로 리그에는 K리그 1과 2가 있고 세미프로 K3-K4 리그, 아마추어 K5-K7 리그가 있다고 했다. 여기에 K리그 2와 K3 리그, K4 리그와 K5 리그 간의 승강제가 시행되지 않는다고 했다.

K5-K7 리그는 2019년부터 시작된 대한축구협회 산하의 생활축구본부와 지역축구협회에서 운영하는 순수 아마추어 리그다. K5 리그는 6개 권역으로 나눠 13개 리그 84개 클럽이, K6 리그는 30개 리그에 192개 클럽이 참가하고 있고, K7 리그는 194개 리그에 1,223개 클럽이 참가하고 있다.

K3-K4 리그는 실업리그 내셔널리그와 2007년 창설된 세미프로 K3 리그를 통합되어 만든 세미프로 리그이다. 2022년 K3 리그는 15개 클럽, K4 리그는 16개 클럽이 참가하고 있다. K3-K4 리그는 참가 클럽이 시도민구단과 공기업, 중소기업, 법인 형태로 된 축구클럽, 그리고 K리그 클럽 B팀으로 구성되었다.

K5-K7 리그에 참가하는 클럽은 1,200여 개가 넘지만, K3-K4 리그에 참가하는 클럽의 수는 겨우 31개에 불과하다. K3-K4 리그의 참가 클럽 수가 왜 이리 적은지 한번 알아보도록 하자.

사실 K3-K4 리그는 2007년 K3 리그 창설 당시부터 참가 클럽들의 변동이 잦았다. 그 이유는 먼저 K3 리그 클럽이 K리그 2에 참가하다 보니 K3 리그에서 이탈했는데, 2013년의 부천 FC, 1995, 2022년의 김포 FC, 2023년의 천안 시티 FC와 충북 청주 FC가 K리그 2에 참가했다. 그리고 해체된 대부분 클럽은 재정적인 문제가 주요 원인이었다.

K3-K4 리그는 K리그와 달리 따로 법인을 세우지 않고 자치단체와 기업에서 직접 운영하다 보니 자치단체와 모기업의 재정 상황에 따라 운영 여부가 결정된다. 그러다 보니 모기업과 자치단체의 지원이 끊기면 바로 해체될 수밖에 없는 운명이기도 하다. 설령 법인으로 된 클럽이라도 기업 스폰서를 받지 못하거나 자치단체에서 지원이 끊기면 해체되는 운명을 겪게 되는데 2022년 K4 리그의 남동 FC의 경우, 인천광역시 남동구의 지원을 받지 못해 시즌 도중에 해체되는 아픔을 겪었다.

이외에도 고양시민축구단은 계속되는 고양시의 무관심 때문에 2021년에는 고양시에서 홈 경기를 펼치지 못했고, 계속되는 구단 재정난으로 선수 임금마저 체불되면서 2022년에 라이선스가 박탈되어 해체되는 아픔을 겪었다. 그리고 창단하자마자 2022년 K4 리그에서 우승한 고양 KH FC는 모기업 KH 그룹의 정치·경제적인 문제 때문에 재정난을 겪게 되었고, 2023년 시즌을 앞두고 고양시와 재계약을 맺지 않으면서 다른 지역으로 연고 이전을 시도했지만, 번번이 실패했고 결국엔 해체되었다.

일부 자치단체에서 K3-K4 클럽 창단에 관심을 가지고 있다. 하지만 K3-K4 리그 클럽들이 제대로 뿌리를 내리고 오랫동안 클럽을 유지하기 쉽지 않다. 그런 만큼 K3-K4 리그 클럽들이 제대로 정착할 수 있도록 만들어야 하는데 그전에 K3-K4 리그의 뚜렷한 목표를 세워야 한다.

그 목표의 첫 번째는 **K3-K4 리그에 참가하는 클럽이 지금보다 더 늘어나서 리그가 확장**되는 것이다. 그 예로 K3 리그를 단일리그로 하고 K4 리그를 중부와 남부로 나누는 방법과 K3 리그를 중부와 남부로 나누고 K4 리그를 중·남부권 각각 2개씩으로 나눠서 진행하는 방법이 있다. 또 하나 목표는 **K3 리그 최상위권이 K리그 2에 승격하고 K4 리그 최하위권이 K5 리그에 강등당하는 시스템이 구축**되어야 한다.

이 두 가지 목표가 이뤄지려면 어떻게 해야 할까?

먼저 K3-K4 리그 클럽 라이선스를 K리그에 준하는 라이선스로 구축해야 한다. 기존의 K3-K4 리그 대부분 클럽은 자치단체와 기업에서 직접 운영했지만, K리그 클럽처럼 따로 법인으로 만들어서 운영할 수 있도록 만들어야 한다. 그리고 K3-K4 리그 클럽들의 경영정보를 투명하게 공개하고 시즌 뒤에는 경영정보에 따라서 라이선스 평가를 해야 하고 클럽의 존속 여부를 결정해야 한다.

현재는 K3-K4 리그 클럽들이 K리그 참가를 희망한다면 연맹을 통해서 별도로 신청해야 한다. J리그 백년구상 클럽[1]처럼 향후 K3-K7 리그 클럽을 대상으로 K리그 참가 라이선스를 만들어 K리그 참가를 희망하는 클럽들이 참가 라이선스를 통해 참가 자격을 부여받도록 하는 게 필요하다. 그뿐만 아니라 K4-K5 리그 승강제를 시행할 때 K5 리그도 K4 리그에 참가할 수 있도록 K3-K4 리그 라이선스에 버금가는 라이선스 제도를

1) 「Jリーグ百年構想クラブ」, Wikipedia.

도입되어야 한다.

14-2. 권위 있는 FA컵 만들기

대한축구협회에서 주최하는 FA컵이란 축구협회에서 등록된 클럽들이 참가하는 축구 토너먼트 대회이다. FA컵은 총 7라운드로 결승전을 제외하고는 단판전으로 치러지고, 결승전은 홈 앤 어웨이 방식으로 진행된다. 현재 FA컵은 K리그 1부터 K4 리그 전 클럽들이 참가하고 있고(K리그 B팀 제외), K5 리그 최상위 8개 클럽이 1라운드에 참가하고 있다.[2] FA컵 우승을 한다면 우승 클럽은 우승 패치와 상금 3억 원을 받고 다음 시즌에 ACL 본선으로 직행할 수 있다.

그런데 FA컵은 대부분 사람들이 모를 정도로 다른 대회에 비해 상대적으로 인지도가 떨어지는 편이다. 먼저 FA컵의 취지는 축구협회에 등록된 클럽들이 참가해서 경쟁하는 토너먼트인데 K5 리그 상위권 8개 클럽을 제외하고는 K5-K7 리그는 참가하지 못한다.

그리고 축구협회에서 FA컵에 큰 관심을 가지지 않고 있다는 문제가 있다. 대표적으로 FA컵 명칭 자체가 너무 평범하고 천편일률적이며, K리그와 달리 상대적으로 중계 그래픽과 중계 기술에 투자하지 않는다. 또 유튜브, 인스타그램 같은 SNS 등 뉴미디어를 통해 제대로 홍보도 하지 않고 있다. FA컵이 지금보다 더 권위가 있고 더 많은 사람의 호응을 이끌기 위

2) 대회 - FA컵 대회소개, 대한축구협회 홈페이지: https://www.kfa.or.kr/competition/fa_cup.php.

해서 어떻게 해야 하는지 고민해 봐야 한다.

먼저 FA컵에 참가할 수 있는 클럽들이 늘어날 수 있도록 토너먼트 방식을 변경해야 한다. K5-K7 리그 클럽들을 대상으로 예선 라운드를 신설하고 예선을 통과하는 클럽들에 FA컵 1라운드 참가 자격을 줘야 한다. 경기 방식에는 UEFA 챔피언스리그 예선 라운드처럼 토너먼트 방식으로 진행하거나, 아니면 특정한 기간과 장소에 모여서 따로 대회 방식으로 진행하는 방법이 있다. 그러면서 FA컵 본선 1라운드는 예선 라운드 통과 클럽과 K4 리그 전 클럽들을 대상으로, 2라운드는 1라운드를 통과한 클럽과 K3 리그 전 클럽들을 대상으로, 3라운드는 2라운드를 통과한 클럽과 K리그 2의 전 클럽을 대상으로, 4라운드는 3라운드를 통과한 클럽과 ACL의 본선에 진출한 클럽을 제외한 K리그 1 클럽들을 대상으로 라운드를 진행해야 한다(물론 나중에 K리그와 K3-K4 리그 참가 클럽들이 늘어나면 라운드 방식은 그에 맞춰서 바뀌어야 한다). 그리고 기존의 FA컵 4강전은 단판전, 결승전은 홈 앤 어웨이로 되어 있지만, 4강전은 홈 앤 어웨이로, 결승전은 서울 월드컵경기장 단판전 방식으로 하여 FA컵을 지금보다 더 주목받고 권위 있는 대회로 만들어야 한다.

그다음에는 축구협회에서 지금보다 더 적극적으로 FA컵을 브랜드화하여 많은 사람에게 알려야 한다. 그러려면 밋밋한 FA컵의 명칭을 바꿔야 하는데 어떤 것으로 바꿔야 할까?

대표적으로 코파 이탈리아(Coppa Italia), 쿠프 드 프랑스(Coupe de

France)처럼 국가의 이름을 컵 대회 명칭으로 사용하면 어떨까? '한국' 이나 '코리아' 같은 국가명을 컵 대회 이름으로 쓴다면 한국을 대표하는 축구 토너먼트로 인식될 것이고 우승 클럽에는 한국을 대표할 수 있는 클럽이라는 명예로운 칭호가 붙을 것이다. 지금보다 사람들이 그 클럽에 대해 더 주목할 것이다.

토너먼트 방식 변경, 명칭 개선에 이어, K리그처럼 중계 그래픽을 표준화하고 지금보다 더 중계 기술에 투자해서 중계품질을 더 좋게 만드는 일도 필요하다. 그뿐만 아니라 FA컵 공식 SNS와 유튜브 채널을 개설해 많은 사람이 FA컵에 관심을 가질 수 있는 콘텐츠를 개발할 수 있도록 해야 한다. 그래야 FA컵은 지금보다 더 많은 사람이 관심을 가질 것이고 더 권위적인 한국축구대회가 될 것이다.

이번 챕터에서는 세미프로와 아마추어 축구에 대해 이야기해 보았다. 다음 챕터에서는 여자축구에 대해서 깊게 이야기해 보겠다.

Chapter 15

여자도 축구를 할 수 있는 환경 만들기

필자가 즐겨 보는 TV 프로그램 2개 중 다른 하나가 SBS에서 방영해주는 「골 때리는 그녀들」이다. 「골 때리는 그녀들」은 여자 연예인이나 셀럽들이 실제로 축구경기를 하는 모습을 보여 주는 프로그램이다. 과거에는 축구는 남자들만의 전유물로만 생각했다. 특히 오래전부터 대한민국 여성들이 싫어하는 남자들의 이야기 두 가지는 바로 군대 이야기와 축구 이야기였지만, 「골 때리는 그녀들」이 방영되면서 여자들도 서서히 축구에 관심이 커지기 시작했다.

유럽축구에서는 여자축구에 관심이 늘어나면서 투자도 점차 늘어나고 있다. 과거 유럽에서는 여자축구에 관한 관심은 별로 없었고 오히려 미국과 캐나다, 일본, 중국, 북한 등에서 관심을 가지고 투자를 많이 했다. 그렇지만 지금은 유럽 명문 리그에서 내로라하는 클럽 대부분이 여자축구 클럽도 가지고 있다. 대표적으로 예전부터 여자축구에 투자한 독일 프라

우엔-분데스리가(Frauen-Bundesliga)에 소속된 VfB 볼프스부르크 프라우엔(VfL Wolfsburg Frauen)과 프랑스 디비지옹 1 페미닌(Division 1 Féminine)에 소속된 올랭피크 리옹 페미닌(Olympique Lyonnais Féminines)이 각각 리그 최강자로 군림하고 있으며, 스페인 프리메라 디비시온 페메니나(Primera División Femenina)에 소속된 FC 바르셀로나 페메니(F.C. Barcelona Femení)는 20-21 시즌에 트레블을 달성하였다.

유럽 여자축구 국가대표팀도 국제무대에서 좋은 성적을 거두면서 많은 사람에게 관심을 받고 있다. 2019년 프랑스에서 개최된 여자 월드컵은 8강 진출 국가 중 미국을 제외한 나머지 7개 국가 모두 유럽국가였다. 잉글랜드에서 개최된 여자 유로 2022 결승전 잉글랜드와 독일의 경기는 잉글랜드 축구 성지 웸블리 스타디움(Wembley Stadium)에서 열렸는데 이때 관중이 87,192명으로 남녀 유로 대회를 통틀어 역대 최다 관중을 기록했다.[1)]

그뿐만 아니라 2015년에는 여자월드컵 결승전을 위한 공인구 커넥스트 15 벤쿠버와 2019년에는 여자월드컵 토너먼트 공인구 트리콜로 19를 별도 제작하기도 했다.

그리고 나이키와 아디다스에서 후원하는 일부 유럽 축구 국가대표팀 대상으로 홀수 해에 열리는 여자 월드컵과 여자 유로 대회 전에 여자 축구 국가대표팀을 위한 유니폼을 제작했다. 2023년 호주-뉴질랜드 여자 월드컵을 앞두고 나이키와 아디다스에서는 여자축구 국가대표팀을 위한

1) 황민국, 「31경기에 관중 57만4875명…여자 유로 '예견된 대박'」, 『경향신문』, 2022.8.1.

유니폼을 발표했는데 나이키에서 후원받는 대한민국은 사상 최초로 여자축구 국가대표팀을 위한 유니폼을 입게 되었다.

2023년 여자 월드컵 맞이해서 발표한 아디다스 후원 여자 국가대표팀 유니폼
(출처: 사커바이블)

이처럼 유럽에서는 여자축구에 적극적으로 투자하고 있다. 그렇다면 과연 한국의 여자축구 현실은 어떤지 한번 알아보도록 하자.

한국 여자축구의 역사는 1990년부터 시작되었다. 1990년에 베이징 아시안게임에서 여자축구를 정식종목으로 채택하면서 처음으로 대한민국 여자축구 국가대표팀을 구성했는데, 1990년 아시안게임 이전까지 국가대표 선수단은 물론, 여자축구 프로선수와 클럽도 없었던 우리나라는 다른 종목에서 뛰었던 선수들을 급조하여 팀을 구성했다. 그 결과 여자축구에 참가한 6개 국가 중 5위를 차지했는데, 홍콩과의 경기에서 1:0으로 이겼지만, 나머지 경기는 7점 차의 대패를 당했다.[2] 이에 축구협회에서는 여자축

2) 신명철, 「[아시안게임] 여자 축구 상전벽해, 1990년 스코어 VS 2018년 스코어」, 『스포티비뉴스』, 2018.11.22.

구 장기 프로젝트를 구상했고 점차 여자축구에 참가하는 초, 중, 고, 대학교와 실업구단을 늘렸으며, 2001년에는 여자축구연맹을 창설해 여자축구를 체계적으로 관리하기 시작했다.

그 결과 2003년 여자축구 국가대표팀이 미국에서 열린 여자 월드컵에 처음으로 참가했다. 이후 2010년 7월 독일에서 열린 U-20 여자 월드컵에서 3위를 차지하였고 그때 맹활약한 지소연 선수는 실버볼(최우수 선수 2위)과 실버슈(득점 2위)를 차지했고, 같은 해 10월 트리니다드 토바고에서 열린 U-17 여자 월드컵에서는 우승을 차지했고 그때 맹활약한 여민지 선수는 골든볼(최우수 선수)과 골든슈(득점왕)를 차지했다. 지소연과 여민지의 활약을 통해 U-17 월드컵과 U-20 월드컵 멤버를 주축으로 2015년부터 3회 연속으로 여자 월드컵 본선에 진출할 수 있었고, 2015년 캐나다에서 열린 여자 월드컵에서 사상 처음으로 16강에 진출할 수 있었다.

바르샤와 리옹 여자 축구팀 (출처: Barca Blaugranes)

2009년에는 여자축구리그 WK리그가 창설되어 2023년 기준으로 8개의 클럽이 참가하고 있다.

2023년 WK리그 참가 클럽

클럽	창단연도	홈경기장
경주 한국수력원자력	2016	경주축구공원(황성공원) 제3구장, 경주시민운동장
문경 상무	2007	문경시민운동장
서울시청 아마조네스	2004	서울월드컵경기장 보조구장
세종 스포츠토토	2011	세종중앙공원 축구장 제1구장
수원 FC 위민	2008	수원종합운동장
인천 현대제철 레드엔젤스	1993	남동아시아드럭비경기장
창녕 WFC	2018	창녕스포츠파크 주경기장
화천 KSPO	2011	화천종합운동장 주경기장

그렇지만 2023년 기준 리그에 등록된 여자축구 선수는 겨우 1,463명이고, WK리그가 여자농구와 여자배구와 달리 프로가 아니라 세미프로리그라는 점을 고려하면 한국의 여자축구 시장은 너무나 작다. 더 암울한 사실은 등록된 여자축구 선수의 수가 점차 줄어들고 있으며 해체되는 여자축구클럽 수 또한 늘어나고 있다는 것이다.

대표적으로 한때 WK리그 초창기 최강팀이자 인천 현대제철 레드엔젤스와 라이벌 관계였던 이천 대교는 모기업 대교 그룹의 사정으로 인해 2017년 시즌을 끝으로 해체되었다.

지금 한국 여자축구는 위기에 있지만, 잠재력을 제대로 살리고 발휘한다면 성공의 기회로 삼아 한국 여자축구는 얼마든지 발전할 수 있다.

그럼 여자축구가 발전하기 위해서는 어떻게 해야 할까?

먼저 **지금보다 더 많이 여자 유소년 축구에 투자하고 지원**해서 더 좋은 여자축구 선수를 양성해야 한다. WK리그는 K리그처럼 참가하는 클럽에 여자 유소년 축구클럽을 의무적으로 갖출 수 있도록 만들어야 한다. 그리고 지역축구협회와 여자축구연맹은 초, 중, 고, 대학교가 산하의 여자 유소년 축구클럽을 창단할 때 지원해 주고 남자축구처럼 지역마다 여자축구 리그를 만들어야 한다. 그러면서 여자축구연맹은 여자 유소년 축구를 체계적으로 관리할 수 있는 유소년 여자축구 라이선스 제도와 별도의 부서를 만들어야 한다. 또 인기 있는 축구 선수를 활용하여 전국의 학교를 순회하면서 여자축구 유소년 클럽을 만들 수 있도록 권장해야 한다.

다음으로는 **WK리그는 완전한 프로 리그로 정착하고 점차 승강제를 도입**할 수 있도록 만들어야 한다. 현재 WK리그에 참가하는 클럽은 총 8개고, 세미프로이다 보니 따로 법인을 두지 않고 대부분 자치단체와 기업에서 운영하고 있다. 그러면서 선수 최대 연봉을 5천만 원까지 한정하는 샐러리캡[3)]을 도입하고 있어 WK리그는 여자농구나 여자배구와 달리 시장에서 매력도가 크지 않고 마케팅에 활용하기가 어렵다.

이런 현실에서 WK리그가 완전한 프로화를 통해서 지금보다 더 시장

3) 사단법인 한국여자축구연맹, 제4조 4항 계약조건, 『선수선발세칙』, p.4.

을 확대하려면 어떻게 만들어야 할까?

먼저 유럽축구 리그 클럽처럼 **K리그 클럽이 별도의 여자축구클럽을 만들어 WK리그에 참가**할 수 있도록 해야 한다. 대표적으로 현재 수원 FC 여자축구클럽인 수원 FC 위민이 WK리그에 참가하고 있다.

K리그 클럽들이 여자축구클럽을 만들어서 WK리그에 참가한다면 어떤 효과가 있을까? 먼저 K리그 여자축구클럽을 만들면 여자축구 팬들이 지금보다 WK리그를 보러 갈 것이고 K리그 클럽도 지금보다 팬이 늘어날 것이다. 그다음은 여자축구클럽이 늘면 여자축구 선수들과 종사자들의 일자리가 늘어나는 효과가 생길 것이다. 물론 리그 확장이 되면 리그의 질이 하락할 수 있다는 우려도 있지만, 현재 한국 여자축구 현실에서는 턱없이 부족한 선수층을 보완해야 하는 문제가 시급하다.

여기서 하나의 의문점이 생긴다. 만약 K리그 클럽이 여자축구클럽을 창단하고 WK리그에 참가한다면 같은 연고지에 있는 기존 여자축구클럽과 어떤 관계를 설정할지, 또 다른 모기업이 있으면 어떻게 할 것인지 생각해 봐야 한다.

현재 같은 연고지를 두고 있는 클럽이 있다면 FC 서울과 서울 이랜드 연고지의 서울시청 축구단, 인천 유나이티드 연고지의 인천 현대제철 레드엔젤스가 있다. 만약 이 클럽들이 여자축구클럽을 창단하게 된다면 기존의 여자축구클럽을 운영하는 서울시청과 현대제철과 협의를 통해서 같이 운영할 수 있도록 만들어야 한다.

이와 함께 WK리그를 주관하는 **여자축구연맹은 여자축구클럽에 프로화를 위한 법인 설립과 여자 유소년 축구클럽을 의무**화할 수 있도록 만들어야 한다. 그뿐만 아니라 K리그처럼 WK리그도 여자축구연맹과 WK리그 클럽들이 지금보다 더 적극적으로 유튜브와 같은 뉴미디어를 활용해야 한다. 즉, 유튜브에서 WK리그 전 경기를 생중계하고 WK리그와 WK리그 클럽을 위한 다큐멘터리 영상 콘텐츠 등도 만들어야 한다.

WK리그가 완전한 프로화가 되고 참가하는 클럽들이 많아지면 K리그처럼 승강제도 도입해야 한다.

또 하나는 **여자축구 국가대표팀에 대한 지원 확대**이다. 현재 여자축구연맹에서는 WK리그와 여자 유소년 축구를 관리하고 여자축구 국가대표팀은 국가대표팀 감독선임위원회에서 관리하고 있다. 그렇지만 여자축구를 체계적으로 관리하기 위해서는 축구협회에서 **별도의 여자축구 전담부서**를 만들고 연령대별 관리를 포함한 관리는 물론서 여자축구 국가대표팀을 관리하여 여자축구 장기 프로젝트를 계획하고 실행해야 한다.

잉글랜드 여자축구 국가대표팀 공식 인스타그램

여자축구 국가대표팀 자체를 브랜드화하여 자체적인 마케팅도 해야 한다. 현재 여자축구 국가대표팀은 남자축구 국가대표팀과 같은 SNS와 KFATV라는 유튜브 채널을 사용하고 있다. 하지만 여자축구 국가대표팀이 지금보다 더 많은 사람의 관심을 받으려면 남자축구와 다른 개별적인 SNS와 유튜브 계정을 신설하고 여자축구 국가대표팀만을 위한 굿즈를 개발하고 판매해야 한다.

여자축구 발전을 위해 가장 중요한 것은 무엇보다 **여자들도 축구를 즐길 수 있는 환경이 조성**되어야 한다. 「골 때리는 그녀들」이 인기를 끌며 축구를 취미로 하는 여성들이 늘어나고 있고, K리그에서는 K리그 퀸컵이라는 여자축구 대회를 진행하고 있다. 그래서 대한축구협회와 여자축구연맹에서는 풋살 퀸컵을 포함한 아마추어 여자축구 리그와 대회를 만들어서 여자축구를 즐길 수 있는 환경을 만들어야 하고, 더 나아가 아마추어 여자축구클럽들이 늘어나 여자축구에도 승강제를 할 수 있는 기틀을 마련해야 한다.

이번 챕터에서 여자축구에 관해서 이야기해 봤다. 다음 챕터에서는 또 다른 축구, 풋살과 비치 사커에 대해 한번 알아보도록 하자.

Chapter 16

또 다른 축구 - 풋살 & 비치 사커

축구는 보통 11명의 팀으로 구성되어 녹색 그라운드에서 공을 차는 스포츠이다. 하지만 인원이 이보다 적어도 장소 불문하고 골대만 있으면 어디든지 축구를 즐길 수 있다. 그것이 바로 실내에서 다섯 명으로 팀을 구성해서 축구 그라운드의 1/4 크기로 축구를 하는 풋살과 해변에서 5명의 팀으로 구성해서 맨발로 모래사장에서 축구하는 비치 축구다. 현재 FIFA에서는 1987년부터 풋살 월드컵을, 2005년부터 비치 사커 월드컵을 개최하고 있다.

한국의 풋살과 비치 사커의 현주소는 어떤지 한번 알아보도록 하자.

16-1. 한국에서의 풋살(futsal)

한국에서 풋살은 대중적인 생활스포츠로 많은 사람이 실내체육관이나 야외 풋살장에서 즐기고 있다. 현재 한국에서는 'FK리그'라는 이름의 세미프로 리그가 시행되고 있다. 1부는 슈퍼리그 6개 클럽이, 2부는 드림 리그 8개 클럽이 참가하고 있고, 한국풋살연맹에서 FK리그와 한국 풋살 전체를 관리하고 있다.

풋살에도 대한민국 국가대표팀은 존재하지만 안타깝게도 대한민국은 풋살 월드컵은커녕 아시아에서는 동남아시아에도 밀릴 정도로 뒤떨어진 중하위권 수준이다.

한국은 풋살에서도 축구처럼 탄탄한 리그를 갖추고 아시아 최강자로 만들어야 한다. 이를 위해 축구협회에서는 풋살에 대한 투자를 아끼지 말아야 한다. 현재 아시아에서도 중하위권인 풋살 국가대표팀이 아시아 최강자로 자리 잡기 위해서는 장기적인 프로젝트를 세우고 국가대표팀에 대한 연령대 육성과 체계적인 관리를 할 수 있어야 한다.

우선 축구협회에 **풋살 국가대표팀을 관리할 수 있는 부서**가 만들어져야 한다. 그리고 풋살연맹에서는 현재 풋살리그를 1·2부 세미프로 리그로 운영하고 있지만, 더 많은 풋살 클럽이 참가해 리그가 확장될 수 있도록 해야 한다. 또 현재 운영하는 **풋살리그 1·2부가 프로화**가 이루어질 수 있도록 해야 한다. 프로화를 이루기 위해서는 여자축구처럼 K리그 클럽과 K3-K4 리그 클럽들이 풋살리그에 참가하게 한다면 더 수월해질 것이다. 현재 라 리가의 명문인 FC 바르셀로나와 리가 포르투갈의 명문 벤피카와 스포르팅 CP(Sporting CP)에서는 풋살 클럽을 만들고 풋살리그에 참가하고 있다.

리스본 더비 풋살 버전 (출처: 포르투갈축구협회)

그렇지만 제아무리 K리그와 K3-K4 리그 클럽들이 풋살 클럽을 만들고 풋살리그에 참가한다고 해도 풋살리그 선수에 대한 처우개선이 없으면 프로화가 제대로 이루어질 수 없다. 풋살리그 선수들이 온전히 경기에만 전념하는 환경이 필요한 만큼 임금과 복지도 풋살연맹과 풋살리그 클럽, 선수협회에서 관심을 두고 개선해야 한다.[1] 그러면서 풋살리그가 어느 정도 환경이 개선되고 더 많은 풋살 클럽이 리그에 참가를 희망한다면 축구리그처럼 3·4부는 세미프로로, 5부에서 7부 리그는 순수 아마추어 리그로 확장해야 한다.

그뿐만 아니라 축구협회와 풋살연맹에서는 더 적극적으로 풋살리그와 풋살 국가대표팀을 뉴미디어와 각종 이벤트를 통해서 더 많은 축구 팬들

1) 조성룡, 「[칼럼] 한국 축구의 아킬레스건, '본선 진출 無' 풋살 월드컵」, 『스포츠니어스』, 2016.9.24.

에게 홍보해야 한다. 그랬을 때 더 많은 사람이 풋살 국가대표팀과 풋살 리그에 더욱 관심 가질 것이다.

16-2. 한국에서의 비치 사커(beach soccer)

2021년 러시아 비치 사커 월드컵 경기 장면 (출처: FIFA)

한국에서 비치 사커는 거의 생소한 스포츠이다. 먼저 한국은 여름이 짧고, 그리고 비치 사커를 할 수 있는 해수욕장의 개장 기간이 겨우 1~2개월 정도밖에 안 된다. 거기다 대부분 한국축구 팬은 해수욕장 모래사장에서 축구경기를 하는 것은 거의 상상도 못한다.

하지만 어떻게든 사람들에게 전파하고 보급해야 한다면, 해수욕장이 있는 지역의 지역축구협회에서 여름 시즌에 일정 기간 해수욕장을 대여하여 관련 리그와 대회를 개최하면서 동시에 각종 이벤트와 마케팅을 병행해야 한다.

그렇게 해서 더 많은 사람이 비치 사커를 즐기고 어느 정도 대중적으로 보급된다면 비치 사커 국가대표팀을 구성해 체계적으로 관리하면서 비치 사커 월드컵에도 출전할 수 있도록 만들어야 한다.

이번 챕터에서는 또 다른 축구, 풋살과 비치 사커를 알아보았다. 다음 챕터에서는 진정한 축구 팬이란 무엇인지 알아보도록 하자.

Chapter 17

당신은 진정으로 축구를 사랑하시나요?

어느 스포츠에서나 팬(fan)은 항상 존재한다. 팬은 특정 선수나 스포츠팀, 국가대표팀을 응원하고 그들을 응원하기 위해 경기장을 직접 가서 응원하거나 집이나 팬들이 모여 있는 다른 장소에서 응원한다. 때로는 자신이 응원하는 선수와 팀과 관련된 굿즈를 사기도 한다. 어쩌면 팬들이 존재하는 덕분에 선수와 클럽 또한 존재하는 이유이기도 하다.

축구에서도 마찬가지로 특정 선수와 클럽을 사랑하는 팬들이 존재하고 일부 팬들은 그들을 위해 먼 거리까지 찾아와 응원하기도 한다. 때로는 수원 삼성의 한 팬처럼 108배(拜)를 하며 더욱 간절하게 응원[1]하기도

1) 명재영, 「'새벽부터 경기장 와서 108배' 어느 수원삼성 팬의 진심」, 『스포츠니어스』, 2022.10.16.

하고, 선수가 경기장에 오면 직접 입구까지 가 맞이하기도 한다. 경기가 승리로 끝나면 함께 모여 응원가를 부르며 자축하며 기뻐하기도 한다. 그 정도로 팬들은 선수와 팀에서 가장 중요한 존재이다.

17-1. 'FC 코리아'가 없어져야 진정한 축구 팬이 된다!

한국 역시도 여느 나라처럼 축구를 좋아하고 사랑하는 팬들이 많다. K리그를 응원하는 팬들이 있고, 저 멀리 있는 유럽축구클럽과 국가대표팀을 응원하는 팬들이 있다. 하지만 대한민국에서는 가장 많은 팬을 보유한 곳이 바로 대한민국 축구 국가대표팀인데, 문제는 대한민국 축구 국가대표팀의 경기만 챙겨보는 일명 'FC 코리아'가 대다수이다.

'FC 코리아'는 평소에는 축구에 관심이 없다가 국가대표팀 경기에는 과도한 관심을 가지는 팬을 말한다. 이런 팬들은 한국축구의 근간이 되는 K리그에는 일절 관심 없으면서 근거 없이 깎아내리기만 하는 모습을 보여주고 있다.

그들의 특징을 이야기하자면 먼저 **축구 국가대표팀의 현실을 제대로 파악하지 않고 너무 과장되게 평가하는 모습**을 보인다. 어떤 사람들은 축구 국가대표팀을 마치 브라질, 프랑스 국가대표팀처럼 지나치게 과대평가하는가 하면, 어떤 사람들은 동남아시아 국가대표팀처럼 지나치게 과소

평가하기도 한다. 그들은 또 상대와 상관없이 경기결과뿐만 아니라 경기 내용까지 보면서, 이성보다 너무 감정적으로 생각하고 경기결과와 상관없이 못 하는 선수가 있다는 사실을 희생양 삼아 선수 개인의 SNS에 악성 댓글을 달기도 한다. 한편으로는 국가대표팀의 상황을 제대로 알지도 못하면서 아는 척하고 지나칠 정도로 함부로 이야기하기도 한다.

'FC 코리아'라는 현상의 극단적인 예를 들자면, 2017년에 잠시 존재했던 '축구를 사랑하는 국민(약칭 축사국)'이라는 자칭 축구 팬을 자처하는 인터넷 모임이다.

2017년 슈틸리케호가 계속되는 부진 속에서 러시아 월드컵 아시아 최종예선에서 탈락할 위기를 겪자 슈틸리케 감독이 경질되었다. 후임으로 신태용 감독이 선임되었는데 당시 히딩크 전 감독이 축구 국가대표팀 감독에 관심이 있다는 설이 있었다. 그때 신태용 감독은 월드컵 본선 진출을 달성할 수 있었지만, 그 이후 성적과 경기력이 좋지 못했다. 그런 와중에 히딩크 전 감독의 국가대표팀 감독 이야기가 나오기 시작하면서 그 과정에서 김호곤 당시 기술위원장이 거짓말을 했다는 이야기가 나돌았고 축구협회에 대한 개혁 요구가 빗발치기 시작했다. 이때쯤 축사국이 만들어졌는데 축사국을 통해 만들어진 여론이 축구협회의 개혁을 이끄는 긍정적 역할도 했다.

하지만 축사국은 너무나 문제가 많은 단체였다. 먼저 너무 히딩크 전 감독에만 집착했다. 그 당시 축구협회에서는 신태용 감독을 경질하지 않고 스페인을 월드컵과 유로 대회 우승으로 이끈 토니 그란데(Toni

Grande) 수석코치와 하비에르 미냐노(Javier Miñano) 피지컬 코치를 선임했지만, 축사국에서는 신태용 감독을 적폐라고 매도하였고 경질을 요구하며 무조건 히딩크 전 감독을 선임하라고 주장했다.

히딩크 전 감독은 2017년 기준으로 보면 당시 경력이 너무나 좋지 않았는데도 이를 간과했다. 히딩크 전 감독은 러시아 국가대표팀 감독으로 재임했을 당시, 2010년 남아공 월드컵 유럽 지역 예선 플레이오프에서 슬로베니아에 밀려 본선 진출에 실패했고, 튀르키예 국가대표팀 감독 재임 당시에도 유로 2012 지역 예선 플레이오프에서 크로아티아에 밀려 본선에 진출하지 못했다. 2014년 2번째로 재임한 네덜란드 국가대표팀의 지휘봉을 쥐었을 때는 유로 2016 지역 예선에서 성적 부진으로 도중에 사퇴하는 불명예를 안았고, 2018년까지 네덜란드 축구 암흑기를 가져오게 하는 결정적 원인을 제공하기도 했다. 거기다 2014년 브라질 월드컵 때 브라질은 2002년 한일 월드컵 우승의 주역이었던 루이스 펠리프 스콜라리(Luiz Felipe Scolari) 감독을 과거의 영광만 믿고 재선임을 했지만, 브라질은 2002년과 달리 선수층이 그리 좋지 못했고, 월드컵 때는 기존 선수들의 부진과 맞물려 거의 네이마르(Neymar)에 의지하는 축구를 보여 주었고, 네이마르와 주장 치아구 시우바(Thiago Silva)가 없었던 4강 독일전에서 7:1이라는 끔찍한 참패를 겪는 치욕을 맛보게 되었다. 만약 우리 대한민국이 독일에 약한 모습을 보였던 히딩크 감독을 선임했다면 '카잔의 기적'과 같은 일이 일어날 확률은 낮았을 것이다.

축사국은 또 자신들의 선호에 맞지 않는 선수들을 근거도 없이 인맥에 근거한 기용이라며 매도했고, 그 선수의 생활을 마감을 시키는 만행을 저질렀다. 2017년 10월 러시아와 A매치 경기에서 센터백 김주영이 자책골을 무려 2번이나 넣고 마는데 그때 축사국을 위시한 'FC 코리아'는 김주영에 대해 선을 넘는 비난을 가했고 그 충격으로 김주영은 소속팀을 구하지 못한 상태로 이른 나이에 은퇴하고 정신과 진료까지 받았기도 했다.

또 한가지 사례로는, 2018년 아시안게임 와일드카드로 손흥민, 황의조, 조현우가 뽑히게 되었는데, 축사국 회원이었던 유재호 전 성남시 의원이 황의조 선발에 대해 인맥 축구라는 거의 마타도어(matador)에 가까운 비방을 했다. 실제로 황의조는 성남 FC U-18 풍생고등학교 축구부 출신이고, 성남 FC에서 프로로 데뷔한 국가대표급 스트라이커였지만 유재호 당시 의원은 황의조의 출신과 활약상을 제대로 파악하지 못하고 김학범 감독의 인맥에 따른 선발이라며 근거없이 비방하였다. 그렇지만 황의조는 그런 비방에 대해서 비웃기라도 하듯, 아시안게임에서 맹활약해 대한민국의 금메달에 이바지하였고 그 활약을 바탕으로 국가대표팀 주전 스트라이커로 거듭나면서 유럽리그에 진출할 수 있었다. 거기에 대해 유재호 의원은 사과 한마디도 하지 않았고 오히려 자신에게 사과를 요구하는 기자와 네티즌을 차단까지 하는 만행을 저지르기도 했다.

그 정도로 얼마나 축사국이라는 단체가 축구에 대해 제대로 알지 못하고 아는 척만 하는, 답이 없는 집단이었는지를 많은 사람들에게 보여 주었다.

축사국은 한국축구의 현실을 제대로 파악하지 않았고 제대로 된 대안을 제시하지도 않았다. 축사국은 축구협회, 특히 현대가는 무조건 청산되어야 할 적폐 집단이라고 몰아붙이고 반대로 허승표를 대표하는 축구계 야권에 대해서는 그들의 실체를 제대로 파악하지도 못한 채 구세주로 생각하곤 했다. 더 심각한 문제는 그들은 국가대표팀의 장기적 발전 방향에 대해 아무런 이야기도 하지 않았고, 무조건 히딩크 전 감독이 아니면 안 된다는 식이었으며, K리그에는 하나도 관심을 두지 않고 폄훼만 하였다.

이후 축사국은 2018년 러시아 월드컵 '카잔의 기적'과 2018 자카르타-팔렘방 아시안게임 금메달 이후로 세력이 쪼그라들기 시작하였고, 현재는 축구 팬 사이에서도 흑역사로 치부될 정도로 존재감이 사라졌다.

그런데도 여전히 축구 팬 사이에 'FC 코리아'들이 다수를 차지하고 있으며, 일부 정치인들과 기자들은 'FC 코리아'의 입장에 동조하여 부추기고 K리그를 깎아내리고 있다. 대표적으로 팟캐스트 「매불쇼」를 진행하는 최욱은 2021년 12월에 있었던 「골 때리는 그녀들」 조작방송 이후로 K리그도 승부조작을 해야 한다는 망언을 하기도 했다. 어느 스포츠이든 승부조작은 도저히 용서할 수 없는 행위임에도 최욱은 사과하지 않았고 오히려 자기가 K리그를 흥행시키겠다는 궤변까지 했다. 하지만 축구 팬들은 계속 최욱을 비판하였고 최욱은 마지 못해 팟캐스트 방송을 통해 공개 사과를 하였다.

이보다 더 최악의 사례는 유명 모 헬스 유튜버의 발언이다. 그는 K리그는 존재할 가치가 없다며 아예 리그를 없애버리자는 최악의 망언을 대놓고 말하기도 했다. K리그를 없앤다는 것은 그저 한국축구 자체를 망가뜨리는 최악의 행위이면서 동시에 선수와 코칭스태프, 프런트, 경기장에서 일하는 직원과 상인 모두 실업자로 만드는 최악의 망언이며, 이에 대해 소신 발언이라고 기사를 쓴 기자는 제대로 해명하고 둘 다 공개적으로 사과해야 한다.[2)]

'FC 코리아'의 모습을 보면서 그들이 과연 진정한 축구 팬이 될 자격이 있는지 생각해 봤다. 한국축구가 지금보다 더 발전하고 나아가기 위해서는 'FC 코리아' 자체가 사라지고 모두가 진정한 축구 팬이 되어야 한다.

'FC 코리아'가 사라지고 그들이 진정한 축구 팬이 되기 위해서 어떻게 해야 할까?

먼저 평소에 **K리그와 유럽축구를 보면서 축구에 관한 관심을 키워야 한다.** K리그는 축구 국가대표팀 선수들 대부분이 속한 리그고 그들의 활약을 보며 저들이 과연 국가대표감인지 생각할 수 있고 유럽축구를 봄으로써 세계 축구 트렌드를 알 수 있다. 무엇보다 가장 중요한 것은 진정으로 대한민국 국가대표팀을 사랑한다면 K리그를 반드시 봐야 한다.

다음은 한 경기, 한 사건마다 너무 지나치게 감정적으로 대응하기보다는 **왜 이런 일이 벌어졌는지를 생각해 보고 그에 대해 좋은 대안을 생각**해야 한다. 그러면서 **꾸준히 국가대표팀을 모니터링**을 해야 한다. 그래야 'FC 코리아'라는 말 자체가 사라지고 모두가 진정한 축구 팬이 될 것이다.

---

2) 유수연, 「"K리그 없어져야" …유튜버 흑자헬스, 수원삼성-FC서울 집단폭행 논란에 소신」, 『톱스타뉴스』, 2021.6.22.

17-2. 모두가 사랑받는 서포터즈가 되기 위한 조건

K리그 클럽을 사랑하고 꾸준히 응원하는 서포터즈들은 늘 K리그 경기 때마다 응원을 통해서 경기 분위기를 한껏 끌어모으고 선수들에게 큰 힘을 전달해준다. 그러면서 본인이 응원하는 클럽의 성적이 좋지 않거나 중요한 경기를 앞둔 상황에서는 '버스 맞이'로 선수들을 따뜻하게 응원해 주고, 경기가 끝나고는 선수단에 칭찬과 격려, 혹은 애정 어린 질책을 주기도 하고, 경기에서 이겼을 때는 함께 응원가를 부르면서 자축을 하기도 한다.

2023년 초에 벌어진 승부조작범을 포함한 축구인 100명을 사면한 사건에 온 국민이 분노했는데, 서포터즈를 중심으로 사면 건에 대해 격렬하게 저항했다. 특히, 붉은악마는 규탄 성명서에 A매치 보이콧까지 언급할 정도로 강하게 저항하였고 대전 하나 시티즌 서포터즈인 대전 러버스부터 시작해서 수많은 서포터즈에서 규탄 성명서를 냈다. K리그와 FA컵 경기에서도 규탄 걸개를 통해 축구협회의 결정에 반발하였다.

이렇게 서포터즈들은 클럽과 축구계가 자행한 잘못된 행위를 묵인하지 않고 제일 먼저 규탄하고 행동하면서, 축구 팬의 여론을 환기할 수 있는 순기능을 해주고 있다.

하지만 일부 축구 팬은 서포터즈에 많은 불편함을 느낀다. 왜냐면 서포터즈의 응원과 문화에 진입 장벽이 생각보다 높다고 느낀다. 이 때문에 일부 극단적인 주장을 하는 사람들은 서포터즈를 없애야 K리그가 흥행할 수 있다는 말을 하기도 한다.

그렇다면 서포터즈에 대해 한번 생각해 보고 과연 한국축구가 그들과 공존할 수 있는지 생각해 봐야 한다.

일부 축구 팬과 일반인들은 K리그 서포터즈를 보면 상당히 선민의식이 강하고 배타적인 집단이라고 느낄 것이다. 대표적으로 K리그 응원가와 축구 은어를 들어보면 새로 유입한 축구 팬들은 친숙하게 느껴지지 않아 어려운 장벽으로 여겨진다. 그렇다 보니 일부 축구 팬과 일반인들은 서포터석에서 응원하는 것을 꺼리는데 이러한 점을 알고 있는 일부 K리그 클럽들은 그들을 끌어모으기 위해서 치어리더 응원을 하게 된다.

극단적인 경우이지만 서포터들 내부에 폭력성이 잠재되어 있다. 사실 이 문제는 K리그보다 프랑스, 이탈리아, 그리스, 튀르키예, 세르비아 등등 일부 유럽 지역과 남미 지역에서 큰 문제이지만, K리그도 과거에는 폭력 사태가 일어날 정도로 말이 많았다. 다행히도 예전보다는 드물었지만 2022년 K리그 1의 15라운드 슈퍼매치에서 수원 삼성 팬이 FC 서울 팬을 폭행하는 사건이 일어나면서 K리그도 팬들의 폭력에서 완전히 자유롭지 않다는 것을 보여 주었다.

또한, 2023년 4월 1일에는 전북 현대와 수원 삼성이 K리그에서 좋지 못한 성적을 거두면서 서포터즈의 응원 보이콧과 함께 일명 '버막'이라는 버스를 막는 행위로 감독과의 면담을 하였던 일도 있다. 물론 이 사건의 이면을 보면 그 근본적인 책임이 감독과 프런트에 있다(사실 여기에 대한 내막은 너무 길어서 추후에 따로 글이나 영상 콘텐츠로 구체적으로 이야기하겠다).

응원 보이콧과 감독과의 면담은 어쩌면 서포터즈들이 일반 팬들에게 클럽의 상황을 제대로 알려줄 방법이지만, 문제는 과연 모두가 이런 일에 공감할 수 없다는 것이다. 유튜브를 통해 보여 준 버막 영상에는 차마 들을 수 없는 심한 욕설이 나오기도 했다. 직관 간 사람 중에서 팀의 상황을 아는 사람들은 어느 정도 이해하겠지만, 그렇지 못하고 그저 축구장에 놀러 온 개인이나 가족 단위 관전객은 이런 일을 보고 다시는 경기장에 가기를 꺼릴 것이다.

K리그 서포터즈들은 팀에 대한 응원과 격려는 좋지만 일반인의 눈높이를 고려해야 한다. 그래야 축구 팬과 일반인들이 경기장을 다시 찾게 된다. 축구 국가대표팀 공식 응원단이기도 한 붉은 악마 집행부는 거의 K리그 클럽 서포터즈들로 구성되어 있고 일부 K리그의 콜리더로도 활동하고 있다. 우리는 붉은 악마가 왜 지금까지도 사랑받고 있는지 생각해 봐야 한다. 붉은 악마 응원은 모두가 기억할 정도로 쉽고 친숙했다.

이제 K리그 서포터즈도 쉬운 용어와 익숙한 가요를 바탕으로 응원가를 만드는 추세다. 먼저 울산 현대는 가수 이현의 「잘 있어요」를, 포항 스틸러스는 가수 최백호의 「영일만 친구」를, 광주 FC는 가수 김수희의 「남행열차」를 공식 응원가로 사용하고 있다. 그리고 대구 FC는 삼성 라이온즈 응원가이기도 한 독일 밴드 굼베이 댄스 밴드(Goombay Dance Band)의 「엘도라도(El Dorado)」를 응원가로 사용하고 있다.

그뿐만 아니라 수원 삼성 레전드 염기훈 선수의 응원가는 조용필의 「여행의 떠나요」를 변형해 사용하고 있고, 대전 하나 시티즌은 걸그룹 오마이걸의 노래 「돌핀」 가사 일부를 응원구호로 사용하고 있다.

가장 중요한 것은 서포터즈들이 특정 좌석을 넘어 모든 축구 팬이 함께 즐길 수 있도록 원정석을 제외한 모든 좌석에도 함께 응원가를 부를 수 있도록 만들어야 한다. 모두가 따라 부를 수 있을 정도로 대중성이 있는 응원과 응원가를 만드는 것은 물론 다양한 응원 콘텐츠를 개발과 더욱 적극적으로 일반 팬들과 함께 할 수 있도록 만들어야 한다.

전북 현대와 수원 삼성처럼 클럽이 잘못된 길로 가면 서포터즈가 단호하게 행동하는 것이 맞지만, 그 과정에서 일반 축구 팬도 공감할 수 있는 방법을 찾아야 하고, 심한 욕설이나 막말은 배제하면서 누구도 상처를 입지 않도록 조심해야 한다. 그랬을 때 진정으로 붉은 악마처럼 모두가 인정하고 사랑받는 서포터즈가 될 것이라고 확신한다.

지금까지 진정한 축구 팬이라면 가져야 할 자세에 대해 알아보았다. 마지막 챕터에서는 한국축구가 어떻게 발전되어야 하는지를 이야기해 보도록 하자.

Chapter 18

더 나은 한국축구를 위해

2023년 3월에 야구 월드컵이라 불리는 월드베이스볼 클래식(이하 WBC)이 열렸는데, 한국은 일본, 호주, 체코, 중국과 같은 B조여서 상대적으로 수월한 조에 편성되었다. 허구연 총재는 이전 두 번의 조별 예선 탈락의 아픔을 만회하기 위해 국가대표팀에 물심양면 지원을 해주었다.

하지만 정작 본선에서 호주에게 8:7로 지고, 일본에는 사실상 콜드경기에 가까운 13:4라는 패배를 당하면서 2승 2패로 3연속으로 조별 예선에 탈락하고 말았다.

한때 한국 야구는 전 세계에서 세 손가락에 꼽을 정도로 막강했다. 2008년 베이징 올림픽에서 금메달, 2006년 WBC에서 4강에 진출하였고, 2009년 WBC에서 준우승, 2015년 프리미어12에서는 우승까지 차지했었다. 뛰어난 국제성적 덕분에 KBO리그는 10개 구단으로 구단 수가 늘었고, 총관중 800만 명을 돌파하였으며, 온라인 시청 수는 2천만 명에 육박할 정도로 가장 인기 있는 프로스포츠이자 최고의 문화 콘텐츠가 되었다.

하지만 한국 야구는 내실을 다지는 것보다는 그때의 영광에 안주하려고 했다. 거기다 선수들이 저지른 사건 사고가 계속 터지고 KBO는 제대로 수습하기보다는 거의 내버려 두다시피 제대로 된 해결책을 제시하지 않았다. 그 결과 한국 야구는 예전보다 실력이 떨어지고 WBC 3연속 조별 예선 탈락의 수모와 함께 2020년 도쿄 올림픽 노메달 수모까지 겪고 말았다.

축구도 마찬가지로 현재에 안주하지 말아야 한다. 2002년 한일 월드컵 4강 신화와 2022년 카타르 월드컵 16강의 영광을 바라보기 전에 2011년 K리그 승부조작 사건과 2014년 브라질 월드컵을 전후로 겪은 한국축구 암흑기를 반드시 기억해야 한다. 그때 K리그와 한국축구가 얼마나 망가졌는지 그리고 우리가 그 어려움을 어떻게 극복했는지 생각해야 한다.

2023년 지금 대한민국 축구는 바뀌지 않으면 안 되는 엄청난 위기 상황에 왔다. 한국축구는 변화하기 위해 K리그를 포함해 여러 부분의 내실을 지금보다 탄탄하게 만들어 놓아야 한다. 그리고 2023년 초에 벌어진 범죄인 사면 번복 사태처럼 어떠한 일이라도 축구인들은 스포츠 정신에 위배되는 범죄를 저지르지 않아야 하고 그 범죄자들에게 어떠한 관용도 베풀어서는 안 된다. 그랬을 때 비로소 모두가 바라고 꿈꾸던 한국축구가 될 수 있다고 확신한다.

본 책에서 꿈꾸는 한국축구란 다음과 같다.

첫 번째, K리그가 대한민국에서 가장 인기 있는 프로스포츠가 되어야 한다.
두 번째, 국가대표급 대부분 선수들이 유럽 무대에서 맹활약해야 한다.
세 번째, 국가대표팀과 K리그 클럽들이 아시아 무대와 국제무대에서 좋은 성적을 거두어야 한다.
네 번째, 대한민국 국민 모두가 축구를 즐기는 세상이 되어야 한다.

필자는 이 네 가지 목표를 가지고 이 책을 집필하였다. 이 네 가지는 언젠가는 꼭 이루어질 꿈이라고 생각하고 이 꿈이 단순히 필자의 꿈에 그치는 것이 아니라 한국축구의 꿈이 되어야 하고 지금보다 더 나은 한국축구로 나아갈 수 있도록 만들어야 한다.

언젠가 월드컵 대회에서 대한민국이 다시 브라질을 만나서 그 경기에서 승리하는 모습을 꼭 보고 싶다. 그때는 우리가 브라질을 실력으로 이기는 것이 아니라 브라질처럼 축구가 하나의 문화가 되는 세상이었으면 하는 바람이다.

그날이 될 때까지…!

함께 한국축구를 바꾸어 가요!

Epilogue

길고 길었던 추운 겨울이 지나가고 봄이 찾아왔습니다.

오랫동안 코로나19와 싸웠던 시간들, 그리고 제 개인적으로도, K리그와 한국축구가 힘들었던 시간들이 다 지나가고 새로운 봄날을 맞이했습니다.

사실 이 책을 쓰는데 중학교 1학년 때부터 구상하고 메모했던 내용을 정리하고 집필하여 꼬박 2년을 몰두했습니다. 그 과정에서 수많은 어려움이 내게 찾아왔고 개인적으로 힘든 시기도 있었습니다. 하지만 K리그와 한국축구가 지금보다 더 좋아질 것이라는 희망을 품고, 또 절대 꺾이지 않는 마음으로 집필하였고, 마침내 여러분에게 보여줄 수 있어 대단히 기쁩니다.

2023년은 K리그가 시작한 지 어느덧 40년이 되었고, 대한축구협회가 창립된 지 90년이 되는 해에 책을 내놓게 되어 대단히 영광스럽습니다. 더불어 한 가지 기쁜 사실은 제가 응원하는 대전 하나 시티즌이 8년 만에 1부 리그로 승격해 K리그 1에서 뛰는 모습을 볼 수 있게 되었다는 점입니다.

한국축구는 2002년 한일 월드컵 4강 신화, 2018년 카잔의 기적, 차범근과 박지성의 유럽 리그 진출, 그리고 손흥민과 김민재, 그리고 지소연의 유럽 리그 맹활약 등과 같은 놀라운 역사를 썼고, 이러한 역사는 앞으로도 꾸준히 이어질 것이라 확신합니다.

그리고 K리그도 아시아를 넘어 전 세계를 호령하고 대한민국 최고의 문화 콘텐츠로 자리 잡아 더 많은 사람이 찾아볼 수 있기를 간절히 바랍니다.

다시는 2011년 K리그 승부 조작 사건과 승부 조작범을 포함한 범죄를 저지른 축구인 100명에 대한 2023년의 사면 시도와 같은 일이 절대 있어서는 안 됩니다. 축구계는 더 이상 범죄에 대한 관용이 없어져야 하고, 더 건강하고 사랑받는 한국축구가 되길 간절히 희망합니다.

저의 작은 소망으로 나온 이 책이 K리그와 한국축구의 발전이 밑거름 되기를 간절히 바랍니다.

이 책을 쓰는 데 많은 어려움이 있었지만, 늘 묵묵하게 지원해 주신 부모님과 응원해 주는 나의 친구들, 여러 지인분, 이 책을 집필하는 데 필요한 자료를 제공해준 여러 사람에게 진심으로 감사의 인사를 드립니다.

수많은 사람에게 감사를 전하지만 특히 이 책의 출판을 허락해 주신 '밥북' 출판사 대표와 직원들께도 진심으로 감사의 말씀을 드립니다.

그리고 꼭 전해주고 싶은 한마디가 있습니다.

2022년 10·29 이태원 참사 때 희생된 아는 지인분이 있는데, 그분께 멀리서라도 감사하다고 전하며, 이 책을 바치겠습니다.

이 책은 여기서 마치지만 K리그와 한국축구는 세상 끝날 때까지 멈추지 않을 것입니다.

그래서 제가 좋아하는 대전 하나 시티즌의 일본인 선수 마사처럼 저도 K리그와 한국축구를 위해 인생을 걸 것이고, 앞으로도 글과 영상 콘텐츠로 계속해서 여러분을 찾아뵙고자 합니다.

저는 한국축구 발전에만 관심이 있을 뿐, 어떤 축구계 요직에는 관심 없습니다. 또한, 한국축구의 구원자라고도 생각지 않습니다. 저는 한국축구를 사랑하기에 이 책을 집필했습니다. 앞으로도 그저 축구계 현장에 있는 사람들이 더 잘할 수 있도록 도와주는 축구 팬으로 만족하겠습니다.

끝으로 여러분에게 전해주고 싶은 한마디가 있습니다.

"우리 함께 축구장으로 가요!"

2023년 어느 날

Cesare Nam

한국축구 바꿔야 산다!

펴낸날 2023년 8월 8일

지은이 Cesare Nam
펴낸이 주계수 | **편집책임** 이슬기 | **꾸민이** 이승훈

펴낸곳 밥북 | **출판등록** 제 2014-000085 호
주소 서울시 마포구 양화로7길 47 상훈빌딩 2층
전화 02-6925-0370 | **팩스** 02-6925-0380
홈페이지 www.bobbook.co.kr | **이메일** bobbook@hanmail.net

ISBN 979-11-5858-997-4 (03690)